一卷國際

美國百年外交大敗局

從一戰到俄羅斯侵略烏克蘭，美國外交政策為何總是事與願違？

余杰 著

目錄

序章　百年鏖戰，美國為何雖勝猶敗？　009

歷史沒有終結，美國還在危機四伏的路上　010

美國外交政策為何總是事與願違？　014

梁啟超看到的美國四大危機，至今愈演愈烈　019

羅馬被蠻族攻破，作為「新羅馬」的美國如何汲取前車之鑒？　024

唯有回到上帝的懷抱，美國才能贏得終局之戰　029

第一章　兩次世界大戰：種下的是龍種，收穫的是跳蚤　037

美國參戰，讓歐洲戰爭變成第一次世界大戰　040

一戰不是「終結所有戰爭的戰爭」，此戰之後，群魔亂舞　045

一戰最大的獲益者不是威爾遜，而是列寧　051

如果美日結盟對抗蘇俄，日本是否就不會偷襲珍珠港？　057

「羅斯福新政」失敗了，是戰時經濟挽救了羅斯福的謊言　067

二戰最大的獲益者不是羅斯福，而是史達林　072

第二章　美國調解國共內戰失敗，馬歇爾是丟掉中國的罪人　083

調停國共內戰是一項不可能完成的任務　086

國民黨、共產黨及第三勢力都不是馬歇爾期待的「健康力量」 092
馬歇爾以為延安是桃花源，其實延安是「動物農莊」 097
中共是「儒家黨」、「農民黨」或「人造奶油式共產黨」？ 103
美國無法改變和改造中國：中國的政治邏輯、民情秩序與美國有天壤之別 110

第三章 如果麥克阿瑟掌握最高決策權，韓戰將是完勝的結局 119

「如果我們不立即行動，就只有死路一條」 122
「我們需要能領導我們的領導人，而不是阻礙我們、使我們流血的人」 129
麥克阿瑟與共產勢力的三次交鋒 134
一個前國民警衛隊上尉開除一位五星上將 142
「我們的英雄兒女，響應呼召去保衛從未見過的國家和素不相識的人民」 147
杜魯門與麥克阿瑟的根本分歧：歐洲（大西洋）優先，還是亞洲（太平洋）優先？ 154

第四章 越戰：對越共一無所知，卻以反共之名開戰 165

越南是一系列多米諾骨牌的第一塊嗎？ 169
白宮的主人何其無能：「萬物分崩離析，中心難以控制」 174
美軍在戰場上沒有輸：美國士兵沒有辜負美國，也沒有辜負自由 180
與窮凶極惡的北越相比，南越至少是「次壞」 187
共產主義是一種邪教，你不能跟共產黨打一場理性的「有限戰爭」 193

西方左派以反越戰為名，占據了道德制高點　198

第五章　柏林牆：眼看他起高牆，眼看他牆倒了　207

第三次柏林危機中的甘迺迪：「說起話來像邱吉爾，做起事來像張伯倫」　211
修建柏林牆的建築材料，居然是西方賣給東德的　217
柏林牆一定會倒下：雷根篤信「你們一定會輸，我們一定會贏」　224
東歐民主轉型為何成功？俄羅斯民主轉型為何失敗？　231
電影《再見列寧》的美國版：美國左派想重溫柏林牆後面的「幸福生活」？　240

第六章　九一一：對「歷史的終結」的終結　249

法拉奇的憤怒與自豪：美國是被所有的極權主義仇視的地方　253
西方面臨的根本問題是一個不同的文明——伊斯蘭　258
美國在伊朗的挫敗：「白色革命」為何敗給「黑色革命」？　264
「阿拉伯之春」演變為「阿拉伯之冬」，誰之過？　273
美國最重要的外交政策遺產之一，就是幾十年來和以色列維繫著牢固的關係　282

第七章　阿富汗戰爭與伊拉克戰爭：「新保守主義」夢想的墳墓　293

老布希是謹言慎行的東部菁英，小布希是橫衝直撞的西部牛仔　296

戰略目標的悄然偏移：從摧毀恐怖分子的巢穴到建構美式民主國家　302
「布希主義」不是「雷根主義」，而是「新威爾遜主義」　310
源於左派的「新保守主義」是保守主義中的異端，向左派坍塌是必然　318
茶黨及川普的崛起，與「新保守主義」的終結　326

第八章　斗米養恩，擔米養仇：美國三次拯救歐洲，歐洲卻忘恩負義　339

歐洲是破滅與暴政之地，美國是照出歐洲之醜陋的一面鏡子：歐洲憎恨美國，正如希臘憎恨羅馬　343
如果美國不出兵，歐洲能制止發生在家門口的巴爾幹種族屠殺嗎？　350
去美國化的歐洲，是「拉丁帝國」，還是「日耳曼帝國」？　357
哪一條才是正道：歐洲「脫美入中」與英國「脫歐入美」　366
俄羅斯侵略烏克蘭，是北約失能和美國失焦的惡果　375

對於一個渴望占據世界領導地位的大國來說，我們的政治體制在很多方面的設計並不理想，也就難以保證我們制定成功的外交政策。

——喬治・肯楠（George Frost Kennan）

序章

百年鏖戰，美國為何雖勝猶敗？

我們出生在一個黑暗的時代，這並不是我們應該身處的時代。但我們還是有令人感到安慰的事情：如果不是這樣，我們就不會明白我們熱愛的東西，至少不會知道那麼多。我想只有離水的魚才能對水有一個模糊的概念。我們是一六二〇年建立普利茅斯的英國清教徒、異鄉人、被放逐者，但我們很快就會回到家鄉。

——約翰・托爾金（John Tolkien）

歷史沒有終結，美國還在危機四伏的路上

晚近一百年來，美國通過參與一戰、二戰，從北美洲一個中等國力的區域性國家，冉冉上升為世界第一強權。美國放棄了十九世紀謹守的「門羅主義」（美國是美洲國家，不是世界帝國），不僅自視為「山上之城」，還要將整個世界打造成「山上之城」。

二戰之後，美國領導民主自由陣營，與蘇俄為首的共產主義陣營在全球展開持續近半個世紀的冷戰。其間，歷經韓戰、越戰等熱戰，美國備受煎熬卻挺過重重危機，終於迎來雲開月現。

一九九二年，蘇聯解體，冷戰結束，美籍日裔學者福山（Francis Fukuyama）視之為「歷史的終結」和美式自由民主的大獲全勝。但他很快就意識到，這個結論大錯特錯了。

冷戰之後，美國國力臻於巔峰，成為唯一的超級大國，猶如《紅樓夢》中描述的康乾盛世：「把銀子花的像淌海水似的……別講銀子成了糞土，憑是世上有的，沒有不是堆山積海的。」然而，那些眼睛只盯著腳前的人們，哪知樂極生悲、盛極而衰的道理！

美國人慶祝完勝利剛剛十年，就發生了九一一恐怖襲擊事件。伊斯蘭恐怖分子將民航飛機當做核武器，從未遭外敵攻擊的美國本土淪為修羅場。世貿大廈倒下的瞬間，美國人天真爛漫的「世界已然變好」的心態碎成一地玻璃渣。九一一帶給美國民眾的精神震撼，比六十年前日本海軍偷襲珍珠港更驚心動魄。由此，「反恐」成為美國對外政策中的首要任務。

以「反恐」為旗號，小布希（George Walker Bush）冒失地發動阿富汗戰爭和伊拉克戰爭。美軍勢如破竹，但戰後的「國家體制建設」難於上青天。付出死亡官兵比戰時多得多的代價，伊拉克勉強維持了腐敗且低效的半民主制，阿富汗卻在美國撤軍後再次淪為塔利班（Taliban，神學士）的魚肉。

隨後，看似自由民主風捲殘雲的「阿拉伯之春」演變成專制暴政升級的「阿拉伯之冬」，利比亞和敘利亞內戰一發不可收拾，數十萬人喪生、數百萬人流離失所。

由於拜登（Joe Biden）政府的軟弱和放任，普丁（Vladimir Putin）以為自己勝券在握，遂對烏克蘭發動侵略戰爭；同樣的原因，讓伊朗支持巴勒斯坦哈瑪斯（Hamas）和黎巴嫩真主黨（Hezbollah）兩大恐怖主義組織，對以色列發動恐怖襲擊，中東地區再度陷入血腥戰火之中。

國際政治學者曼德爾邦（Michael Mandelbaum）指出，美國的外交政策在中亞和中東很多地方失敗，是因為當地缺乏必要的社會條件支持美國想要樹立的公共體制，在這些個案裡，「美國已經把馬帶到水邊了，可是馬兒不喝呀」。[1]美國應當意識到「美國價值」和「美國制度」雖有普世性，但仍然受制於不同的歷史和文化傳統，所謂「橘生淮南則為橘，生於淮北則為枳。葉徒相似，其實味不同。所以然者，水土異也」。

當美國在反恐戰爭中苦戰之際，中國贏得三十年寶貴的戰略空窗期。在天安門屠殺的血泊和數億現代奴隸勞工的「低人權優勢」以及西方政客、商人貪婪之心的滋養中，中國成長為張牙舞爪的喪屍帝國。

美國與中國之間不可避免地走向一場新冷戰。曾參與美國對華政策制定的「擁抱熊貓派」代表人物白邦瑞（Michael Pillsbury）坦承，中美對決是一場百年馬拉松，自己及絕大多數美國外交政策的決策者過去對中國的判斷錯得一塌糊塗，對中國的誤判「是美國有史以來最有系統、最為關鍵，也最為危險的情報大失敗」。[2]

另一方面，歐盟「利維坦化」（利維坦〔Leviathan〕最早在聖經中提及，指巨型海怪；後來政治哲學家霍布斯〔Thomas Hobbes〕沿用此典故，形容不受制約的巨型國家及政府權力）和「脫美入中」，西方陣營內部出現嚴重分裂。被福利國家拖垮的歐洲已淪為美國的「豬隊友」。這不是因為美國對其三次拯救的歐洲頤指氣使，而是習慣了將美國當做免費保鏢的歐洲忘恩負義。歐美分裂的根源在於詩人艾略特（T. S. Eliot）所說的「教堂空空如也」，即歐洲基督教文明的衰微（美國基督教文明也在衰微中，只是速度比歐洲慢）和左翼思想的坐大。

冷戰結束那一年，我通過高考的獨木橋，從中國西部偏遠的小鎮考入北京大學。之後三十年，我親歷並參與了這個世界的劇變，自己的人生也發生了翻天覆地的變化：我從一名被天安門屠殺的槍聲驚醒並誓言反抗共產極權體制的熱血青年，成長為堅定地反左膠和反大中華膠的異議人士。二〇一二年，我與家人逃離如同動物農莊般兇猛殘忍的中國，抵達美國。六年後，我宣誓歸化為美國公民，以捍衛美國、守護臺灣和解構中國為一生中的三大使命。

在美國生活的十多年間，我眼睜睜地看著共產中國的野蠻崛起，看著美國和西方被新綏靖主義牢牢捆綁，看著作為「美國魂」的清教秩序和曾以為穩如磐石的憲法被雨打風吹去，看著左派在美國洗腦年輕一代——不僅取消文化，更取消言論自由。在與邪惡的馬克思主義的戰鬥中，美國沒有「不戰而勝」，反而走到了「不戰而敗」的邊緣。我告訴自己，必須做點什麼，即便不能力挽狂瀾，也要提醒鐵達尼號上玩忽職守的領航員：冰山就在前面，趕快發出警報！

我是一名熱愛美國的美國公民，也是「美國例外」和「美國第一」論者。我不會反美和疑美、不會唱衰美國。我對美國的批判，乃是「愛之深，責之切」。在民主國家，「反政府」是公民的美德，英國歷史學家哈特（Liddell Hart）忠告說：「『反政府』比表面上看起來更具有哲學的意味，因為所有的『政府』都有違背正直和真理標準的傾向——這是它們本性中所固有的，因而在運作中也就很難避免。因此，不在政府中任職的良好公民的義務就是牢牢看住它，以免政府妨礙了那些基本的目標，而政府存在的目的就是為了服務於這些目標。政府是一種必要之惡，所以需要保持不間斷的警覺和監督。」永遠的反對者和批判者，是我的自我定位，我以此為榮。

在中國病毒肆虐全球之際，我完成並出版了《美國左禍與自由危機》一書，仍覺意猶未盡。這本書集中討論美國內部的問題，它還需要有一部姊妹篇——專門討論美國的外交政策。三年後，我完成了這本《美國百年外交大敗局》，它們共同構成沉甸甸的「當代美國憂思錄」。

美國外交政策為何總是事與願違？

一九五三年，「冷戰之父」肯楠被排擠出國務院，結束長達二十七年的外交官生涯，退居普林斯頓高等研究院，剩下的只有「獨處、沉思和寫作」三件事。他曾考慮永遠離開美國，他認為從美國的統治菁英到普通民眾，都狂妄自大、驕奢淫逸，無視國家面臨的深重危機。他不無傷感地寫道：「我想這個國家注定要失敗的，這種失敗一定是悲劇性的，代價巨大的。」[3]

正是在這一人生轉折點上，肯楠開始思考政治、道德和宗教之關係，他在日記中寫道：「我相信，上帝不會輕易寬恕我們所做的那些自我貶損、有害尊嚴的事情。」他在從華盛頓開往普林斯頓的列車途中寫道：「這個國家已經激不起我的興趣了。這是一個極其讓人厭煩的國家，雖然它自己絲毫沒有意識到，卻已經注定了悲哀和可憐的命運。」歷史屢屢證明並再次證明，先知在其故鄉是不受歡迎的。

肯楠在二十一世紀之初去世，幸運地看到美國贏得冷戰的勝利（其中有他很大的功勞），卻沒有看到美國很快迎來更重大的危機。

今天，美國面臨著建國兩百五十年以來最嚴峻的內憂外患。外患首先是奉行共產極權主義和天下帝國主義的中國，其次是伊斯蘭恐怖主義，再次是自私自利、以左為旗的「豬隊友」歐盟。內憂則是仇恨美國建國根基的左派勢力——蘇聯共產主義實驗沒有成功讓他們痛心疾首，他們企圖直接在美國內部發起一場無聲的革命，將美國變成第二個蘇聯。

晚近百年來，美國身為占據全球主導地位的超級大國，其外交政策對國際局勢的走向舉足輕重。美國擁有足夠的資源和能力，又站在正義和自由一邊，但美國的外交政策常常荒腔走板、得不償失。美國參與一戰和二戰，付出數十萬子弟兵的生命代價，為何沒有讓世界變得更好，最大的獲利者成了蘇俄？二戰結束後，美國未能避免中國走向赤化，誰應當為丟掉中國負責？韓戰中，美國為何未能取得完勝？美國又是如何身不由己地捲入越戰並留下難以癒合的傷痕？冷戰之後，為何整個伊斯蘭世界高舉反美的旗號？美國幫助中國走向改革開放、擺脫貧困，為何沒有料到重演了「農夫與蛇」的寓言？

美國外交政策的失敗，從技術層面而言，源於民主制度內在的缺陷——擔任總統職位的，有可能是對國際事務一無所知的笨蛋，而總統的任期限制及總統對選民（選票）的依賴關係，使得總統通常忙於能有立竿見影效果的事務，不願耗費過多時間精力制定長遠的外交政策。

長期以來，一個孤僻的菁英群體壟斷了外交和國安領域，並讓此一領域「三權合一」，不受公眾之監督與質疑。他們一次次地留下爛攤子，卻總能全身而退，卸下公職後還能到商界發大財。

今日，人人都在辱罵美國（辱罵美國成為正義的標榜，不用付出任何代價），世界卻比美國建國以來的任何時候都更需要美國。

中國、俄國、伊朗三個邪惡國家已結成新的軸心國同盟，而美國的盟友大都陶醉於安樂、喪失了戰鬥精神。美國面對俄烏戰爭、以哈（哈瑪斯）戰爭（正在擴大化為以色列與伊朗兩大近東強權的戰爭）及臺海危機，如何避免顧此失彼、顛倒緩急？如何出手見招拆招、逐個擊破？

這是前所未有的嚴峻考驗。國際關係學者羅特科普夫（David Rothkopf）指出，美國政治體系的醜陋和失靈，讓很多有能力提出和回答問題的有識之士對政府職位望而卻步。擁有決策權的人往往不是最聰明睿智的人。美國領導人和美國政府面臨的最大的問題是「缺乏長遠眼光，忘記正在應對的是什麼，真正的目標又是什麼」。長遠眼光不是指優良的視力，而是知己知彼、胸有成竹：「長遠眼光需要了解形勢和各種選項，這反過來要求我們了解美國的資源、優先事項以及追求的價值。這不僅僅是對領導人、決策者的要求，在民主國家，這也是對普通民眾的要求。」

羅特科普夫採訪過五十年來的幾乎每一位國家安全顧問，發現美國的外交關係領域不乏技術專家，或許有能力幫助總統解決某一具體的外交難題（即便不能解決，也可以將其暫時掩蓋起來），卻少有將視野放寬在二、三十年之後，乃至更長時間段的、有遠見卓識的戰略家。他由此得出頗為悲觀的結論：「美國國家安全架構不具備戰略思考的能力，不能為未來貢獻有用的思想。……這一結果很好地解釋了為什麼美國從冷戰勝利者、世界唯一超級大國一下就走向衰退，並出現一系列引人注目、讓人不安、相互關聯的國際政策失敗、失靈和『啞火』。」[4]

美國並不能自動成為世界領袖，美國必須做出配得上此身分的成就才能贏得盟友的尊敬和信賴，以及敵人的畏懼。外交戰略學者米德（Walter Russell Mead）指出：「美國現在正面臨歷史上真正重要的轉折點，所以它必須做出以前從未做過的事情：為了美國在和平時期的世界領導地位，形成一貫的、在政治上能起支持作用的戰略。」他進而指出，美國應發揮強有力和卓有遠見的領導作用；美國的持續強大和安全，在很大程度上有賴於國家在選擇和追求目標時表現的智慧、勇氣和果斷——「那些嚴謹的美國政策學者以及那些志在領導國家的人面臨的任務，是在歷久不衰的美國政治傳統中找到有效方法，與美國人民的願望和價值取向取得共鳴，贏得他們堅定不移的支持——進而使制定的政策能讓人民在將來某一天為維護它而付出有意義的犧牲。」但是，他發現，美國政府出現了嚴重的人才匱乏，教育體系和價值判斷漸漸被毒化，「美國最稀罕的事就是找一個受過良好教育的年輕人，並且把他在平凡的工作中贏得普通美國人的尊重，視為一個人形成堅強個性和創造有意義的事業所必備的品德基礎」。[5]

從理念和價值層面而言，外交失敗源於內政的混亂，而內政的混亂源於建國原則的動搖。社會學家舒德森（Michael Schudson）承認，今天的美國「被種族或民族對立弄得四分五裂，貧富懸殊不斷擴大，貧困家庭的孩子難以改變命運，即使是中產階級家庭的孩子也為不安全感所困」。[6]這些社會現象背後的根源，如貝拉（Robert Bellah）所說，若公民社會、公民宗教和能在政治領域有所發揮的「公民美德」走向衰敗，一個自由民族就無法存續，「一個自由社會解決問題的方式，不僅取決於它的經濟和行政資源，還取決於它的政治想像力」。[7]

美國從來不曾在對外戰爭中傷及肺腑，卻有可能在內部的「文化戰爭」和「心靈失序」中坍塌。在此意義上，美國最大的危機，不是外部敵人的挑戰和威脅，而是民眾的敗壞、道德的淪喪、家庭的解體、信仰的式微。政治哲學家施特勞斯（Leo Strauss）從德國流亡美國之後，離群索居，卻從未停止思考美國的命運。他的結論是，倘若正義和節制、勇敢和智慧喪失了，共和政體就走到了末日。如今，很多美國人宛如尼采（Friedrich Wilhelm Nietzsche）筆下的「末人」（der letzte Mensch）——末人們自我陶醉，自我滿足，不知驚訝也不知敬畏，不知恐懼也不知羞恥。他們的靈魂退化了，令人厭惡至極。施特勞斯嘲諷說：「是在死人中活著更好呢，還是在一個無聊者的社會中死去更好。」[8] 美籍印度裔公共知識分子德・索薩（Dinesh D'Souza）也指出，美國不會被敵人打敗，美國若是走向衰亡，唯一的原因是自殺，實施這項計畫的是歐巴馬（Barack Hussein Obama II）及其背後的「深層政府」（Deep State）。[9]

梁啟超看到的美國四大危機，至今愈演愈烈

一八三一年，法國政治學家托克維爾（Alexis de Tocqueville）訪問美國，寫下經典著作《民主在美國》（*Democracy in America*），他聲稱「我在美國看到的超過了美國自身持有的」。

七十一年之後的一九〇二年，清帝國流亡政論家梁啟超走訪北美。由於交通條件的進步，梁啟超在美國參觀訪問的地方和範圍比托克維爾更多、更廣。梁啟超的《新大陸遊記》雖不如托克維爾的《民主在美國》那麼深刻，但他發現當時美國的憲政和民情已浮現出四大問題，並記錄下對美國的憂思。

第一個問題是移民如潮水般湧入。

梁啟超寫道：「美國立國之元氣何在？亦曰條頓民族之特質而已。使政治上、社會上種種權利，全移於條頓以外諸民族之手，則美國猶能為今日之美國乎，吾所不敢知也。昔北歐蠻族南下，而羅馬之文物以亡，美國若有潰虞，其必自此焉。」[10]

梁啟超認為，美國文化雖有強大的同化能力，但「其同化之效率，不能與外加驟進之力相應也」。數量過多的、缺乏公民美德的移民湧入，其結果必然是：「外來者以無智、無學、無德之故，實不能享有共和國民之資格，以一國主權授諸此輩之手，或馴至墮落暴民政治，而國本以危。」

梁啟超的觀察相當精準，但他僅以民族差異而論，未能發現比民族性更關鍵的因素乃是價值觀（清教秩序）。移民有合法移民與非法移民之分，更有信仰美國立國價值的移民與仇恨美國立國價值的移民之分。前者是美國強大的源泉，後者是美國衰敗的災禍。

美國人沒有意識到，在他們竭盡全力向美國之外的地方推廣美式民主時，自己家中卻門窗俱破，陌生人登堂入室。由於民主黨希望得到移民、特別是非法移民的選票（大量非法移民違法投票，造成全國性的舞弊），縱容大量左派、無神論、忠於敵國、重大刑事罪犯的非法移民潮水般湧入美國。二〇二四年九月，美國移民邊防局（ICE）向國會遞交的一組統計資料顯示，在拜登與賀錦麗（Kamala Devi Harris）竊據白宮期間，該機構統計的七百萬名非法移民中，六十六萬三千人有犯罪記錄；四十三萬人為被定罪的罪犯；一萬三千零九十九人被判殺人罪；一萬六千人為強姦犯。該資料駁斥了左派主流媒體的謊言，充分說明非法移民犯罪率遠高於普通美國人。美國的移民系統曾吸收了全世界受過良好教育、有專業能力的菁英人士，但在拜登與賀錦麗大開國門的政策下，已經變成世界各國往美國倒垃圾人口的快捷通道！而拜登與賀錦麗為了在選舉中獲勝，根本不顧這些罪犯進入美國帶來巨大災難，甚至將非法移民投票視為民主黨永久執政的保證。

第二個問題是政界的腐敗和從政之人素質的低迷。

梁啟超引用英國學者布萊斯（James Bryce）在《美國政治論》（*The American Commonwealth*）中的看法，「美國第一流人物多不肯投身政治界」，甚至「高才之士亦多有不自願為大統領者」，因為「大統領者殆不免為黨派中之一傀儡，其廢置一在黨中策士之手。既傀儡矣，則其好用庸才也亦宜」。

梁啟超發現，美國任用官吏法，「殆如一市場」或「拍賣場」，其大統領一旦當選，便立即任命數百名官吏，「以酬選舉時助己者之勞」。最後使得「美國政治家之貪瀆，此地球萬國所共聞也」。

到了一百多年後的今天，此情形愈演愈烈，華府淪為深不見底之沼澤地。三任民主黨總統柯林頓（Bill Clinton）、歐巴馬和拜登及其家族都糾纏於腐敗、說謊、吸毒、淫亂等罪惡之中。拜登就是梁啟超所說的牽線傀儡，被權貴集團隨意擺弄。遇到問題只會發出惡魔般狂笑的賀錦麗，居然能代表民主黨參選。

二〇二四年九月二十六日，紐約市長亞當斯（Eric Adams）被聯邦檢察官以貪汙等五項罪名起訴。聯邦調查人員從他的警察局長、學校系統總監、兩名副市長以及市政廳內外其他親信人員手中收繳了設備，獲得大量證據。此前兩週，紐約市警察局長和公立學校系統的負責人均已宣布辭職。顯見這是系統性、全局性的腐敗。而亞當斯的腐敗，可追溯到十多年前他擔任布魯克林區區長期間。亞當斯以高票當選紐約市長，每一個投票給他的選民都要為自己的愚蠢付上沉重代價。

第三個問題是美國「日趨於中央集權」。

美國建國之初，是地方分治思想占上風，各自治領的建立先於聯邦政府，如梁啟超觀察到的那樣，即便「聯邦政府亡，而各省還其本來面目，復為多數之小獨立自治共和國，而可以自存。此美國政治之特色，而亦共和政體所以能實行能持久之原因也」。但南北戰爭以來，中央集權思想占了上風，聯邦日漸擴權，地方逐漸削權。老羅斯福（Theodore Roosevelt）總統巡行全國，其演講主題為「剷除村落思想」，在梁看來「此實美國厲行帝國主義日趨中央集權之表徵也」。

時至今日，聯邦政府空前膨脹，僱員高達三百萬人（占美國總人口的百分之一），聯邦政府如同一臺抽水機，抽乾地方的源頭活水。相當一部分聯邦政府公務員尸位素餐，混吃等死，有百害而無一利。

第四個問題是美國出現強勁的社會主義思潮。

德國學者桑巴特（Werner Sombart）認為，「美國是一個沒有社會主義的國家」。梁啟超卻發現，美國有很多信仰社會主義的人士，他在四個城市都遇到社會主義者。紐約《社會主義叢報》總撰述哈利遜殷勤勸說，「中國若行改革，必須從社會主義著手」。梁啟超發現，社會主義者有一種墨家式的狂熱，對馬克思（Karl Marx）之著作「崇拜之，信奉之，如耶穌教人之崇信新舊約然。其汲汲謀所以播殖其主義，亦與彼傳教者相類，蓋社會主義者一種迷信也。天下惟迷信力為最強，社會主義之蔓延全世界也亦宜」。他預測，社會主義既在歐美不可行，也在中國不可行，但它「為今日世界一最大問題，不及十年將為全地球政治界第一大勢力」。

梁啟超寫下這段文字時，全球有九百萬社會主義者，中國一個都沒有；之後四十七年，中國成為共產黨一黨獨裁的國家；之後一百二十年，共產主義已造成全球數億民眾死亡卻並未消停——中國擁有九千萬共產黨員；在美國和西方，各種形式的左派思潮如「亂石穿空，驚濤拍岸，捲起千堆雪」。

共產主義者深知，要摧毀美國、降下星條旗，先要腐蝕教會、學校和家庭。百年來，左派在這場沒有硝煙的戰爭中運籌帷幄、步步為營、逐漸坐大。冷戰結束後三十年，左派抓住美國民眾驕傲倦怠、馬放南山的心態，在思想文化領域加速攻城掠地，將馬克思主義的階級鬥爭轉化為種族鬥爭、性別鬥爭及環保鬥爭，讓美國在冷戰中勝利的成果一一化為烏有，讓美國屈從於一個敵基督的深層政府與世界秩序。

凡是左派執政之處，必然腐化墮落、人心惟危。雷根（Ronald Wilson Reagan）總統或許不會預料到，他當過州長的美麗加州，會在短短三十多年後成為左派的大本營。在雷根時代，加州是共和黨穩如磐石的加州，是資本主義欣欣向榮的加州，左派在這裡是邊緣的邊緣。如今，被譽為「黃金州」的加州，拜民主黨和賀錦麗所賜，已然「委內瑞拉化」，舊金山遍地屎尿、毒品和流民。紐約、芝加哥、巴爾的摩、費城等大城市，都成為「黑命貴」（Black Lives Matter）肆虐、犯罪率居高不下、教育體系崩壞的索多瑪和蛾摩拉。如果整個美國都淪為「罪惡之地」，未來還有希望嗎？星條旗還能繼續飄揚嗎？

羅馬被蠻族攻破，作為「新羅馬」的美國如何汲取前車之鑒？

美國常常被形容為「新羅馬」，美國國父們從未掩飾過向羅馬學習的意願——美國的自由與羅馬的自由是相通的，美國的共和與羅馬的共和也是相通的。

歷史學家畢爾德（Mary Beard）指出，共和體制下的羅馬人留給世人一個重要的概念：自由。歷史學家李維（Titus Livius）的《羅馬史》（*Ab urbe condita*）第二冊第一個單詞也是自由（Free），這個單詞在前面幾行總共重複了八次。共和時期的羅馬建立在自由之上，這個觀念從此迴響在羅馬的文學和政治哲學之中。華盛頓（George Washington）談到在西方恢復自由的神聖之火，不是偶然；美國憲法起草人以巴布里烏斯（Publius Valerius Poplicola）之名為自由辯護，也不是偶然——這個筆名取自羅馬共和時期一位早期執政官的名字。[11]

羅馬帝國的衰亡，是美國的前車之鑒。

西元前一四六年，經過漫長而血腥的圍城後，羅馬軍團占領並摧毀了強敵迦太基（Carthage）。這個盛極一時的港口城市和貿易中心被夷為平地，城中倖存的居民被賣為奴隸。此役之後，羅馬不僅是亞平寧半島（Apennines）的眾多強權之一，確立了地中海唯一強權的地位，並邁出走向帝國的決定性一步。[12]

指揮這次戰役的羅馬名將小西庇阿（Scipio Aemilianus）站在城牆前，注視著火焰中的迦太基，絲毫沒有自豪的榮光，反倒默默留下眼淚，並用雙手遮住臉頰。其好友、歷史學家波利比烏斯（Polybius）迷惑不解地問主帥：「我們不是大獲全勝了嗎？」小西庇阿回答說：「是的，我們打贏了。但是，我擔心有一天我們的國家也會經歷這樣的滅頂之災。」

隨後，波利比烏斯果然觀察到羅馬文化的若干變異：「一些羅馬年輕男人沉湎於同性間的風流韻事，而另一些則成天與妓女廝混，還有很多人放縱於音樂、宴會以及其他慾望所及的奢靡享受。……年輕的男子把心思花在亂七八糟的事情上遠遠多於花在耕地上，貪戀魚子醬對味覺的刺激而不願勤勤懇懇地勞作，這一些正是共和國開始衰敗的明顯徵兆。」[13]

差不多與此同時，羅馬的政治家和作家薩盧斯特（Sallustius）也發現，迦太基的覆滅，同時敲響羅馬的喪鐘：「對敵人的憂患有助於帝國美德的留存。但是，一旦這種憂患消失，繁榮引發的最大惡習——放縱與驕傲就必然浮出水面。……領導者開始操縱他們的權力，民眾開始揮霍他們的自由，每個人都渴望滿足內心的慾望，掠取一切想弄到手的東西。」

歷史學家李維在羅馬鼎盛年代寫下預言：「以這種觀察來描述羅馬帝國國格淪喪的過程，一開始慢慢地下沉，接著加速下滑，最後猛地紮進毀滅的泥潭，直到那一天，我們既不能忍受自身的病痛，也無法吸收良方的藥效……財富引發人們心中的貪慾，而對感官享樂的無窮渴望，在自我放縱的催化之下，點燃人們毀滅自己和惹禍其他事物的熱情。」

以上這些描述，放在冷戰之後三十多年的美國，一點也沒有違和感。

今天美國面臨的問題，跟昔日的羅馬帝國極為相似：有愈來愈多國家與羅馬結盟，躋身「羅馬的朋友」之列，各國政治開始在羅馬政治的大框架之下運作。各國遊說人員攜帶重金來到羅馬，羅馬官員公然收受外國賄賂，幫助通過對外國有利卻對羅馬不利的法律和政策。

西元前一一一年至一〇五年的朱古達戰爭（Jugurthine War）最能說明此種處境。這不是一場在前線相持不下的戰爭，而是一場在羅馬的政治場域中以骯髒的金錢而非刀劍為武器的戰爭。

朱古達是羅馬扶持的北非努米底亞（Numidia）王國的王子，其父親死後，他不甘心與其他兩位兄弟三分天下，悍然出兵殺害一個兄弟，並占領另一個兄弟阿德赫巴爾（Adherbal）的屬地。阿德赫巴爾流亡羅馬，向羅馬求助。羅馬派出使團，聽取兩方面的意見並為雙方合理劃分努米底亞王國。

之後，朱古達不遵守協議，繼續出兵占領對方領土。同時，他拿出巨款賄賂羅馬元老院成員，讓羅馬對其暴行保持沉默。於是，這一外交事務在羅馬成為貴族與平民之間的矛盾焦點——平民認為，羅馬有權勢的菁英已被朱古達買通，羅馬真正的朋友阿德赫巴爾孤立無援。

朱古達以為羅馬對其言聽計從，繼續出兵攻占王國首都西爾塔（Cirta），虐殺阿德赫巴爾及其追隨者，若干在此生活的羅馬人也成刀下亡魂。

羅馬民眾震怒，在輿論壓力之下，羅馬執政官率領大軍興師問罪，朱古達不戰而降——這實在不能算是一場戰爭。

朱古達繼續賄賂羅馬達官顯貴，讓自己被押送到羅馬接受元老院質詢之後全身而退。離開之時，他輕蔑地評論羅馬是「一座準備出賣的城市，一旦碰到買主，就註定會滅亡！」此後，朱古達再度反叛，企圖通過游擊戰擊敗羅馬。直到西元前一〇六年，他被擊敗、俘虜、押回羅馬處決，這場戰爭才落下帷幕。[14]

朱古達這個小國君主通過在羅馬帝國首都「散財」的運作，在相當程度上影響帝國外交決策。對於羅馬來說，這是一個極其危險的徵兆。

羅馬的衰亡不僅僅是一段翻過去的歷史，歷史的悲劇常常重演。今天已有人喊出：「美國人是今天的羅馬人。」——不是強勢時期的羅馬人，而是衰落時期的羅馬人。美國人的祖先，當年是苦幹實幹、開拓西部的篷車英雄，是誠樸忠實的基督徒，這些可貴的倫理規範一旦喪失，此預言便會成真。

美國各級官員紛紛淪為外國勢力的代言人。紐約市長亞當斯與多個國家的外交官進行祕密合作，這些國家包括法國、中國、斯里蘭卡、印度、匈牙利和土耳其等。他利用這些外交關係謀取私人利益，頻繁接受免費或享有折扣的國際航班服務。聯邦檢察官威廉斯（Damian Williams）表示，亞當斯多年來利用其政治地位換取外國利益，甚至幫助土耳其官員加速新建外交大樓的消防檢查，藉此回報他們的賄賂行為。

更可怕的是，美國外交政策的最高決定者總統亦成為敵國勢力的牽線木偶。拜登及其家族就是中國政府「獵官」的對象，中國政府的手直接伸進白宮。眾議院監督委員會發現，在腐敗和貪汙盛行的華盛頓，拜登夫婦已將腐敗程度推向令人眩暈的高度。該委員會主席科默（James Comer）的調查結果表明，超過一千萬美元的外國資金像河流一樣流入為拜登夫婦的財務利益而設立的二十多家空殼公司和有限責任公司。其中大部分資金在落入總統家族的九名成員手中之前，被偷偷地在各種帳戶中洗牌。這些公司沒有明顯的商業目的，只是作為一個容器，藏匿來自中國等外國政府的賄賂資金。僅從與中國共產黨及其特工的大量交易中，拜登家族就存入大約六百萬美元。拜登賣的是什麼？科默以拜登的軟性中國政策為由，將拜登處理 COVID、TikTok、間諜氣球、盜竊智慧財產權和中國操縱美國貨幣的問題聯繫起來，也許可以解釋他對保護美國重要利益的漠不關心和不具任何有意義的行動。拜登為了冰冷的現金而出賣美國，危及美國的國家安全。[15]

唯有回到上帝的懷抱，美國才能贏得終局之戰

美國秩序的根基，不是制度，不是軍力，不是經濟，不是國土，而是公民美德及其背後的信仰、價值、觀念秩序。用美國保守主義思想家柯克（Russell Kirk）的話來說，美國秩序的根基就是「上帝之下的自由和正義」——憑借古典和宗教性美德以及新舊世界的社會經驗、自我犧牲與高尚的想像力，搭建起個人與公共秩序的精妙結構。[16] 根基牢靠，美國的內政和外交才能行在正道上，才能無往而不利。

從威爾遜（Woodrow Wilson）、小羅斯福（Franklin Delano Roosevelt）到小布希的理想主義、世界主義的「全球民主化」政策之所以失敗，是因為他們試圖在不具備「美國秩序」、「美國信念」的地方，強行推廣美國的政治制度和生活方式。然而，「皮之不存，毛將焉附」，好的制度無法在壞的民情秩序之上生根發芽。

美式民主的推廣，比麥當勞、肯德基、星巴克和可口可樂的推廣難上千百倍。若沒有「美國秩序」、「美國信念」的族群，不配享有美式民主和自由，這種說法看似冷酷，卻是卑之無甚高論的常識與常理。杭亭頓（Samuel Phillips Huntington）強調說，真正的保守主義在於維護已經存在的東西，而不應到國外四處討伐或在國內引起激變。「最需要的不是創

造更多的自由制度，而是成功地保護那些已經存在的制度。」

二〇〇八年的總統選舉中，很多保守派選民對歐巴馬的出生地和信仰存有懷疑，認為他很有可能是「隱藏的穆斯林」。此前曾擔任美軍最高軍職（參謀長聯席會議主席）的非裔美國人鮑威爾（Colin Luther Powell）為之辯護說：「如果有人問歐巴馬是不是伊斯蘭教徒，我會說不是，他一直是基督教徒。然而，正確的答案是，就算他是伊斯蘭教徒又怎樣？在美國，信仰伊斯蘭教有什麼問題嗎？回答是否定的。在美國，這種事不應該是問題。」鮑威爾名為共和黨人，實為民主黨人。他錯了：在美國總統競選中，候選人的宗教信仰當然是一個不容迴避的問題。基督教不是美國的國教，卻是美國的公民宗教，美國是一個建立在基督教價值之上的國家，美國選民當然不可能選一名伊斯蘭教徒為總統。如果美國選出一個伊斯蘭教徒為總統，也就意味著美國國運的終結——有哪一個伊斯蘭國家是民主自由國家？

歐巴馬在就職演說中否認美國是一個基督教國家，認為美國是一個多元信仰和多元文化的國家：「我們拼圖一般的遺產是美國的強項而不是弱點。我們美國是由基督教徒、穆斯林、猶太教徒、印度教徒和不信神的人構成的國家。」宗教學者埃克（Diana Eck）在《宗教分裂的美國》（*A New Religious America*）一書中也認為：「對我們大多數人來說，最重要的課題是將美國看作是一個多元宗教共存的國家，在此基礎上構築未來的藍圖。」他們的說法似乎符合後基督教時代美國多元文化的現狀。

這些看法，對美國乃是致命毒藥。美國文化和價值的多元性，應當是一元（絕對的上帝之主權）之下的多元，一旦不承認至高的一元，多元將彼此衝突、彼此為敵。這至高的一元，用米克爾約翰（Alexander Meiklejohn）的話來說就是「新教國家」，「新教主義的勝利堪稱西方文明三百年間最為偉大之勝利」。[17]美國國父們的信仰未必純正，私人生活也有弱點和失敗，但都是宗教生活的先驅，「忠誠於使命，對個人獲得自由、對反對威權、對個人能力的認知以及對自身命運的渴望，感到歡欣鼓舞」。

柯克堅信，聖約觀念影響了美國人所有的政治信念，美國民主社會端賴於清教徒和其他喀爾文主義信念。他引用羅斯特爾（Clinton Rossiter）的說法：「雖然美國的民主有種種缺陷和坎坷，雖然它還有很長的路要走，它一直是而且現在仍是一項具有高度道德意義的事業。不管人們對這一民主體制的淵源可能還有什麼疑問，賦予它生命和本質的道德體系的主要源頭則是毫無疑問的……」這一清教徒遺產帶來「契約及隨之而來的衍生物；比『天空中某種徘徊不定且無所不在的東西』更宏闊的高級法；自足且負責任的個人的觀念；經濟個人主義的某些關鍵要素；堅持公民應該受教育以理解其權利和義務的主張；以及中產階級的美德——它是道德穩定性的堅實基礎，而美國人則認為，成功的民主體制必須永遠仰賴它」。柯克總結說，如果不訴諸於律法和先知，美國的政治理論和體制以及美國的道德秩序便不可能獲得很好的理解。

杭亭頓提出「誰是美國人」的追問，他的答案是：美國的盎格魯—新教文化結合了繼承自英國的政治、社會制度以及各種習慣常規，其中最明顯的就是英語以及新教教義的事項與價值觀。[18]因為這個問題及答案嚴重政治不正確，使他在哈佛大學和知識菁英中遭到空前孤立，並被扣上種族主義者的帽子。但這個問題始終存在：誰是美國人？誰是好的美國人？

好萊塢塑造了形形色色的美國英雄，從西部遊俠到藍波（Rambo），從美國隊長從超人，從蝙蝠俠到鋼鐵人，各有其追捧者。但他們真能代表美國人嗎？

保守主義思想家維沃（Richard M. Weaver）講述了一個泯然眾人的美國英雄故事：在二戰早期，媒體報導了一位來自奧克拉荷馬州窮鄉僻壤的農民的經歷。這位農民（一個沒有被寵壞的人）聽到珍珠港遇襲的消息之後，和妻子搬到西海岸，在一家造船廠工作，為海軍修建戰艦。他的妻子找到一份服務生的工作，養活他們兩人。由於不識字，這個新來的工人不明白工廠每週發給他的小紙片是做什麼用的，直到他的支票攢到一千美元之後，才被同伴告知這是薪水——原來拯救自己的國家是有報酬的。他原本以為國難當頭，匹夫有責，履行責任就意味著無償為祖國付出。

這就是至為寶貴的「起初的愛心」。維沃認為，像這位單純到有些愚鈍的愛國者，是美國精神的傳承者和美國秩序的捍衛者——也正是日本海軍名將山本五十六害怕的「被驚醒的巨人」的力量來源。他們是二戰中八百八十萬軍人和數千萬工人中的一員——僅僅是洛杉磯特米諾島（Terminal Island）的加州造船公司，在戰爭期間就建造了四百六十七艘戰艦。僅僅是波音一家公司，每九十分鐘就有一架轟炸機被製造出來。這樣的美國是不可戰勝的。

讓我們向這位心甘情願共赴國難的美國工人（農夫）致敬。他們在戰場上戰鬥，在工廠和農場裡勞作，在教堂裡敬拜，為慈善事業捐款，在醫院充當志工，在門口掛起國旗……他們或許沒有受過高等教育、地位低下、言語粗魯、衣冠不整，但比起大城市裡被寵壞的富人、貴人、知識分子，他們更符合美國公民的標準。

這位農夫和工人，就是「紅脖子」，就是被歐巴馬和希拉蕊（Hillary Clinton）稱為「失敗者」的「祖國的陌生人」。左派社會學家霍赫希爾德（Arlie Russell Hochschild）在南方州阿拉巴馬田野調查多年後發現，這些被全球化傷害的美國人的感受是，「你是故土的陌生人。從別人的目光中，你已認不出自己……你步步後退，退得很隱蔽，而這並不是你自己的錯。」[19]再次偉大的美國，必須重新讓他們成為美國的主人，成為榮耀的美國之子。

當我開車行走在美國中部和南方腹地，看到無數農場和房屋中懸掛的星條旗，就知道在這面偉大而壯美的旗幟背後，有一張張堅毅的臉龐，有一雙雙粗糙的大手，有一個個敬虔勤勞的家庭，有在大地上奔跑長大的孩子……我不禁為之熱淚盈眶。唯有回到上帝的懷抱，唯有讓「故土的陌生人」恢復其主人翁地位，唯有讓好萊塢虛無縹緲的「復仇者聯盟」回歸維沃筆下那位平凡、質樸、單純、堅韌的美國農夫（工人），美國才能再次偉大、繼續偉大、長久偉大。

作為一名自我選擇成為美國公民的美國公民、基督徒和保守主義者，我願意為實現此一願景而祈禱、而戰鬥——我在書齋中的寫作，是我的戰鬥的一部分。回歸上帝之道的美國，方能重振雄風、百戰不殆。柯克如此形容其寫作初衷：「在這項保全我們文明的精神、思想和政治傳統的事業中，寫作本書是個人為其出的一份力量；如果我們要拯救現代思想，我們必須盡快採取行動。」這也是我寫作本書的目的：探討美國鳳凰涅槃、回歸柯克所說的「美國秩序的根基」的可能性，探討美國的外交政策如何回歸正道，像燈塔一樣照亮這個晦暗不明的世界。

詩人艾略特像舊約中的先知一樣高聲吟唱哀歌，卻仍然對西方文明的浴火重生懷有必勝的信心，更何況遠渡重洋「潤」到美洲新大陸的我呢：

這個世界正在嘗試創造一種文明的、非基督教的意識心靈。這個試驗將會失敗，但我們在等待它失敗的時候得非常耐心；同時，我們將贖回時代，這樣信仰才能倖存於我們眼前的黑暗時代，才能復興並重建文明，才能遏止世界自取滅亡。[20]

注釋

1 麥可・曼德爾邦（Michael Mandelbaum）：《美國如何丟掉世界？》，（臺北）八旗文化，2017年，頁430。

2 白邦瑞（Michael Pillsbury）：《百年馬拉松：中國稱霸全球的祕密戰略》，（臺北）麥田，2015年，頁56。

3 喬治・凱南（George Frost Kennan）：《凱南日記》，（北京）中信出版社，2016年，頁306-307。

4 戴維・羅特科普夫（David Rothkopf）：《國家不安全：恐懼時代的美國領導地位》，（北京）社會科學文獻出版社，2016年，頁14、頁18。

5 沃爾特・拉塞爾・米德（Walter Russell Mead）：《美國外交政策機器如何影響了世界》，（北京）中信出版社、遼寧教育出版社，2003年，頁353、頁356。

6 邁克爾・舒德森（Michael Schudson）：《好公民：美國公共生活史》，（北京）北京大學出版社，2014年，頁268。

7 羅伯特・貝拉（Robert Bellah）等：《失序的心靈：美國個人主義傳統的困境》，（臺北）八旗文化，2023年，頁372。

8 列奧・施特勞斯（Leo Strauss）：《論僭政》，（北京）華夏出版社，2016年，頁317。

9 迪內希・德・索薩（Dinesh D'Souza）：《一個國家的自殺》，（成都）四川人民出版社，2015年，頁4-5。

10 梁啟超：《新大陸遊記》，《梁啟超全集》（第二冊），（北京）北京出版社，1999年，頁1157。

11 瑪莉・畢爾德（Mary Beard）：《SPQR：璀璨帝國・盛世羅馬・元老院與人民的榮光古史》，（臺北）聯經，2020年，頁162。

12 麥克・鄧肯（Mike Duncan）：《在風暴來臨之前：羅馬共和國殞落的開始》，（臺北）馬可孛羅，2019年，頁39-40。

13 托馬斯・F・梅登（Thomas F. Madden）：《信任帝國》，（上海）學林出版社，2009年，頁203。

14 托馬斯・F・梅登：《信任帝國》，頁181-182。

15 見福斯新聞報導，https://www.foxnews.com/opinion/explosive-new-evidence-biden-family-breathtaking-corruption。

16 拉塞爾・柯克（Russell Kirk）：《美國秩序的根基》，（南京）江蘇鳳凰文藝出版社，2019年，頁477。

17 亞歷山大・米克爾約翰（Alexander Meiklejohn）：《何謂美國？》，（北京）北京大學出版社，2020年，頁199。

18 薩謬爾・杭亭頓（Samuel Phillips Huntington）：《誰是美國人？：族群融合的問題與國家認同的危機》，（臺北）左岸文化，2008年，頁75。

19 阿莉・拉塞爾・霍赫希爾德（Arlie Russell Hochschild）：《故土的陌生人：美國保守派的憤怒與哀痛》，（北京）社會科學文獻出版社，2020年，頁163。

20 T・S・艾略特（Thomas Stearns Eliot）：《現代教育和古典文學》，（上海）上海譯文出版社，2012年，頁148。

第一章

兩次世界大戰：種下的是龍種，收穫的是跳蚤

徹底的勝利從來不曾給勝利者帶來其所期待的結果——美好而持久的和平。勝利總是為新的戰爭播撒下種子，因為它讓戰敗者滋生出一種伸張冤屈和報仇雪恥的願望，也因為勝利培育了新的競爭者。

——李德．哈特

一九一七年四月二日晚上，美國總統威爾遜在國會發表了一場慷慨激昂的演講，請求國會同意對德國宣戰。這場演講，他猶豫了兩個月，此前他一直竭盡全力充當歐洲戰爭雙方的和事佬，希望在美國未參與戰爭的情況下平息這場戰爭。然而，這個想法最終破滅了。[1]

威爾遜在演講中宣稱：「必須建立一個對民主是安全的世界……我們沒有什麼私利可圖。我們無意征服，無意統治。」他在結尾處轉述了馬丁．路德（Martin Luther）在沃木斯會議（Diet of Worms）上對其指控者的巧妙回答，正是這次對教廷的批駁觸發了宗教改革。這不像是偶然提及——以威爾遜作為牧師之子的宗教背景和前普林斯頓大學校長的學識，他不可能沒有意識到，一九一七年是路德的〈九十五條論綱〉（*95 Theses*）發表四百週年。威爾遜說，美國是為其最高理想而參戰，「上帝保佑它，它別無選擇」。

國會以高票通過了對德國宣戰的議案。威爾遜在離開國會時，耳朵裡還迴響著議員們和民眾讚同的鼓掌聲，他轉頭對身邊的官員說：「我的咨文對我國青年來說是一張索命文書。人們竟然鼓掌表示讚同，真是令人難以理解。」[2]

威爾遜參戰的原因絕非演講中所說的那麼冠冕堂皇。威爾遜之前的美國總統，對參與國際事務（尤其是歐洲事務）興趣索然，威爾遜本人在戰前也是如此，他在一九一三年就職典禮前夕對朋友說：「如果我的政府不得不主要處理外交事務的話，那將是命運的諷刺。」命運確實諷刺了他：他的競選廣告是「他使我們遠離戰爭」、「投票給威爾遜就是投票給和平」，如今他卻成了他最不願意擔任的戰時總統。

威爾遜為何改變不參戰的基本立場？他在國會演講中提出兩個參戰理由：第一，德國發動潛艇戰，擊毀的英法船隻上有上百名美國公民喪命，所以他認為德國的行為是「反人類」。實際上，德國的潛艇戰是對英國違背國際法的封鎖的回應，若要譴責德國，也應當同時譴責英國。而且，美國國會早已在一份決議案中呼籲，美國公民若堅持乘坐交戰國的船隻旅行，只能自行承擔風險。第二，英國情報部門將一份德國外長齊默爾曼（Arthur Zimmermann）發給德國駐墨西哥大使的電文轉交美方，這份電文顯示，德國政府策動墨西哥向美國發起攻擊，然後由德國和墨西哥瓜分美國——這份電報激起美國人的公憤，民意由反戰轉向參戰。其實，這份電報是英國情報部門偽造的，德國政府從未承認有此計畫。

威爾遜在演講中說，美國對德國宣戰的重要原因是德國政府的獨裁本性，他曾去信德皇威廉二世（Wilhelm II），勸告其退位。但當時德國是君主立憲的半民主制，有國會、有相對獨立的司法機構和媒體，威廉二世是權力有限的君主，好幾次勸說軍方放棄戰爭；反之，比德國更加獨裁的，是協約國之一的沙皇俄國及後來推翻羅曼諾夫（Romanov）王朝的布爾什維克（Bolshevik），威爾遜卻對此避而不談——英國歷史學家約翰．特納（John Turner）承認，從國際上看，沙皇俄國加入協約國作戰行動，削弱了這一聯盟進行戰爭的意識形態純潔性。

美國參戰，讓歐洲戰爭變成第一次世界大戰

威爾遜參戰的真正理由，他在接見作家簡．亞當斯（Jane Addams）等和平主義活動家時，一度全盤托出：「作為一個參戰國的領導人，在和平會議的檯面上，美國總統會有一個座位。但是，若他仍然是一個中立國的代表，他最多只能『隔著門縫喊』。」[3]換言之，體量已快速增長的美國，產生了參與歐洲事務的野心。

美軍到遙遠的歐洲大陸參戰，使美國由「美洲的美國」、「門羅的美國」，搖身一變成為「世界的美國」、「威爾遜的美國」。主宰外交政策一百年的「門羅主義」被廢棄——它正是確保美國不介入歐洲內部紛爭的界碑。

歷史學家斯特恩（Fritz Stern）指出：第一次世界大戰是二十世紀所有災難的開始，此後各種災難便接踵而至。那麼，誰是這場讓歐洲大陸燈光熄滅的戰爭的罪魁禍首？誰是

這場戰爭正義的一方？

美國國父們早就斷定，歐洲列強的戰爭大都是「春秋無義戰」。一戰亦如此。相對而言，同盟國（德國和奧匈帝國）一邊更占理：奧匈帝國皇儲費迪南（Archduke Franz Ferdinand）夫婦訪問塞拉耶佛（Sarajevo）時，被塞爾維亞幕後支持的恐怖分子暗殺——這位未來的皇帝是懷柔主義者，建議與塞爾維亞建立和平關係，頗為成功地遏制了總參謀長康拉德（Franz Conrad）至少二十五次建議對塞爾維亞發動「預防性戰爭」的衝動。他告訴外交大臣，他不願看到帝國被拖入康拉德的「女巫」戰爭廚房。[4] 恐怖分子殺害溫和派，等於是逼迫強硬派登場。

暗殺發生之後，塞爾維亞政府竭力隱瞞真相，不願交出策劃暗殺的人士。這一事件跟阿富汗塔利班政權收容和保護賓拉登（Osama bin Laden）相似。奧匈帝國對塞爾維亞開出的最後通牒，並不比一九九三年北約發給塞爾維亞的最後通牒嚴厲和苛刻。當事各大國中，沙俄第一個發出全國總動員令——從某種程度上來說就是宣戰。協議國一方的俄國是大戰爆發的首要責任方。

歷史學家英格朗（Peter Englund）認為，當時沒有任何一項問題必須藉由戰爭才能解決，而且這些問題也絕對沒有嚴重到非訴諸戰爭不可，戰爭的原因模糊不清，也缺乏明確目標。[5] 英國軍事史家哈特分析了各方政治領袖和軍方將領的心態之後得出結論：在他們的想法背景中，除了軍國主義的野心之外真正重要的是恐懼。[6] 到了戰爭爆發前決定性的幾週，人們可以看到在奧地利和俄羅斯兩國政府中，對過去遭受屈辱的怨恨和對任何新的「丟面子」可能的恐懼，產生了多麼大的作用。這兩個政府都寧願讓數百萬人遭受苦難，也不願意委屈那受傷的自尊心。[7]

英國歷史學家克肖（Ian Kershaw）指出，列強最害怕的是彼此。恐懼驅動了軍備競賽，也促使列強及早出手，搶在敵人前先發制人。所有大國有一個共同的恐懼，那就是在最後關頭退縮而顏面掃地。各方甘冒戰爭之險，還因為它們都相信戰爭不會持續多久。各方這樣想，與其說是有根有據，不如說是一廂情願，不願意去想萬一事與願違又將怎樣。每個國家的決策者中，都只有寥寥數人對戰爭會造成的嚴重後果表示過擔心。無論各國決策者內心有何擔憂，他們的行動都是以戰爭很快就會打完為前提的。[8]

英國歷史學家克拉克（Christopher Clark）認為，引發一戰的那場危機是各國政治文化交織在一起的結果所致，「一九一四年的這些主角們像是一群夢遊者，他們懸著一顆心，卻又視而不見，他們被自己的夢困擾著，卻沒有一個人睜開眼去看看，他們將帶給這個世界怎樣的一場災難」。[9]

威爾遜是最後加入這場血腥遊戲的「夢遊者」之一。對威爾遜整體上持肯定態度的美國歷史學家霍夫施塔特（Richard Hofstadter）承認，將美國拖入歐洲戰爭這件威爾遜事業的最後一部分工作「完全像一個夢遊者做的，每天按指定路線不差分毫地重複兜圈子，而思想卻在一個與世隔絕的幻境中遊蕩」。

美國於一九一七年加入一戰，為協約國的勝利增加了勝算。在戰爭最後一年，協約國遭受重創——英法聯軍的攻勢失敗，俄國發生革命並退出戰爭、義大利在卡波雷托（Caporetto）慘敗。美國的參戰填補了俄國退出戰場後協約國在人力資源上的不足。

率領美軍赴歐洲作戰的統帥潘興將軍（John J. Pershing），綽號「黑桃傑克」（Black Jack），堅決反對美軍在法國統帥指揮下作戰。一九一八年春，德軍大肆進攻、企圖在協約國得到美軍援力前速戰速決的危急時刻，他在該原則上做出讓步。美陸軍第三步兵師驍勇善戰，贏得「馬恩河磐石」（Rock of the Marne）之美譽。

潘興將軍足智多謀，但一百二十萬菜鳥級別的美軍在絞肉機般的戰場上傷亡慘重，多達十一萬六千多名美軍喪生歐洲戰場，三十八萬人受傷，此前從未有哪場海外戰爭讓美軍遭受如此慘重的傷亡。

如果說歐洲國家的領導人及其軍事顧問對現代大炮和新型機關槍的殺傷力估計不足，那麼美國領導人對此應當更有了解——半個世紀前美國發生的內戰，比歐洲的傳統戰爭更殘酷，造成七十萬名官兵陣亡。威爾遜熟讀南北戰爭歷史，對戰爭的危害不會一無所知。

戰後，威爾遜對戰死異鄉的美國官兵心懷內疚，在蘇里斯尼斯（Suresnes）美軍墓地，他痛苦地喊道：「我把這些孩子弄到這裡來送死！」在普韋布洛（Pueblo）發表的長篇演說中，他令人驚奇地坦白說：「在法國戰場上失去了兒子的母親們來到我身邊，拉住我的手，不僅眼淚滴在我的手上，而且還對我說：『總統先生，願上帝保佑你！』她們為什麼祈求上帝保佑我呢？是我要美國國會造成了參戰的形勢，結果導致她們的兒子們陣亡。」沒有什麼像戰爭那樣，徹底粉碎烏托邦幻想，將理想主義轉變為現實政治，將善意轉變為怨憤。威爾遜深受刺激，在同一天中風。[10]

美國的參戰，以及日本、中華民國、澳大利亞、紐西蘭等國的參戰，讓此次歐洲戰爭溢出歐洲的地理範疇，波及亞太地區和非洲，成為名副其實的第一次世界大戰。

在這場戰爭中，美國幾乎一無所獲。美軍的重大犧牲為威爾遜在調停歐洲事務上贏得話語權，但威爾遜在歐洲巨星般的威望對美國來說並非好的徵兆。

人們忘記了一七九六年九月十七日華盛頓向內閣發表的告別演說：「歐洲有一套基本利益，這些利益對於我們毫無或極少關係。歐洲經常發生爭執，其原因基本上與我們毫不相干。因此，如果我們捲進歐洲事務，與他們的政治興衰人為地聯繫在一起，或與他們友好而結成同盟，或與他們敵對而發生衝突，都是不明智的。」華盛頓對於捲入國外爭端的警告，後來被稱為「華盛頓的偉大法規」。

一戰之後，歐洲及美國公眾愕然發現，美國突然躍升為歐洲的保護者，《紐約時報》專欄作家亞德利（Jim Yardley）評論說：「第二次馬恩河戰役為歷史翻開了新篇章。由此，美國成為西歐的保護神，繼而成為世界警察。這樣的角色從一開始便引起國內外軒然大波，如今仍在中東民族宗教衝突、俄烏邊境爭端、中國沿岸領海主權等問題的介入上引發眾議。」[11]

一戰不是「終結所有戰爭的戰爭」，此戰之後，群魔亂舞

美國參與一戰，乃是重大決策錯誤。每當美國參與一次大規模對外戰爭（除了極少數捍衛自身生存的戰爭），表面上取勝，提升國際地位、贏得國際聲望（第一次世界大戰讓美元取代英鎊成為世界貨幣），但長遠而言，戰爭對美國憲法、美國建國精神和清教秩序造成巨大傷害。

對外戰爭讓美國走向大政府模式。每經歷一次戰爭，美國社會和美國民眾都被拖離美國憲法、美國建國精神和清教秩序；每經歷一次戰爭，左派思潮、集體主義和大政府模式就抬頭乃至猖獗，沒有一次例外。

第一次世界大戰永遠地改變了美國的政治與經濟結構。戰爭期間和戰後，聯邦政府迅速膨脹，前所未有地干涉公民日常生活。政府將稅率提高到此前無法想像的水準，以圖支付戰爭所需。美國參加一戰消耗了三百二十億美元，占國民生產總值的百分之五十二。

聯邦政府為掌控戰時經濟，創設一系列新的聯邦層級的機構，如國防委員會、戰時工業委員會、食品管理局和燃料管理局等——華爾街金融家巴魯克（Bernard Mannes Baruch）領導戰時工業委員會，該委員會的權力超過其他任何政府機構。[12]很多機構在戰後繼續存在（有的只是改了名稱、換了牌子），很多技術官僚攫取前所未有的權力，他們一旦嘗到權力的滋味就再也不願放棄。早在一七九五年，美國開國元勳麥迪遜（James Madison Jr.）就

指出：「戰爭或許是最可怕的，因為它包含了會孕育所有其他敵人的種子。」戰爭不只提高債務和稅收，還意味著行政部門的決定權擴大，對官職、祿位和報仇的影響力劇增，所有引誘和收買人心的手段紛紛出籠。

金融寡頭與工業巨頭大發戰爭財。一九一五年二月，摩根（Morgan）銀行與英國政府簽訂合約，成為英國政府在美國採購的總代理。同年春天，該銀行又和法國簽訂類似合約。到戰爭結束時，摩根銀行一共為英國購買了價值三十億美元的軍需物資，相當於美國參戰前聯邦政府收入的四倍。摩根家族收取百分之一手續費，賺取三千萬美元。摩根銀行還幫助美國工業企業特別是軍工產業迅速擴張，以滿足戰爭之需。到戰爭結束時，美國的軍工產業規模已超過英法兩國總和。

戰爭期間，威爾遜政府以「合法」手段，對私人事務嚴厲控制，鎮壓批評意見。對於停戰後立即盛傳的大赦和赦免請求，他無情地拒絕。在其批准下，郵政總局局長伯利森（Albert S. Burleson）對報刊和郵件繼續實行嚴格檢查。司法部肆意抓捕並驅逐並沒有犯罪的外國人，並容忍警察對被告使用肉刑。威爾遜聲稱他在打一場「讓世界贏得民主的戰爭」，但戰爭結束之後，美國人的民主和自由卻大大限縮。前最高法院大法官休斯（Charles Evans Hughes）驚呼：「鑒於目前所創造的一些先例，我們完全有理由懷疑，這個共和國迄今保持的憲法政府能否再熬過另一次大戰。」[13]

戰後，威爾遜以救世主的姿態赴歐洲參與巴黎和會。在啟程前往巴黎之前，他意識到其使命有可能失敗：「我好像看到了一場辜負眾望引發的悲劇——我真心希望自己感覺錯了。」果然，他企圖締造的「沒有勝利的和平」淪為笑柄。他先亮出的美國不尋求任何好處的底牌，沒有得到其他戰勝國的欽佩。他的「十四點和平原則」（Fourteen Points）充滿自相矛盾之處（比如，捍衛各國主權和領土完整與民族自決的原則彼此顛覆）。被其形容為「人類希望的無可比擬的大團圓」、「列強簽訂的第一份不為私利的和約」的《凡爾賽條約》（Treaty of Versailles），引發更大的民族仇恨。

弔詭的是，威爾遜以反帝先鋒自詡，卻讓美國搖身一變成為新帝國。第一次世界大戰留下一個四分五裂的歐洲，奧匈帝國、德意志帝國、俄羅斯帝國和奧斯曼土耳其帝國等四大帝國解體，作為戰勝國的法國和英國精疲力盡，無力維持歐洲新秩序，美國也沒有經驗——威爾遜有意願，卻沒有能力，美國國會否決了美國加入國際聯盟（League of Nations）的議案，對其雄心壯志是致命一擊。

美國對歐洲的傳統帝國充滿偏見——實際上，像奧匈帝國這樣的歐洲帝國，其統治方式多元而寬厚。奧匈帝國早在一九〇六年就立憲，人民被授予許多額外特權。如果不是戰爭的催命符，「根據奧匈帝國內部運作的歷史力量，至少在不久的將來，更有可能發生的是將目前的二元君主國轉變為一個聯邦國家，在這個國家，不同民族團體的地方自治都將得到尊重和承認。但無論結果如何，有一點顯而易見，即在解決錯綜複雜的問題之前，我們將聽到新奧匈帝國的聲音。奧地利帝國與匈牙利王國建立普選權和由此產生的議會代表權，使人們不再對議會權威提出任何質疑，這將大大有助於改善國家的無政府狀態，並在不同的民族之前設立一種新的可行性方案」。[14]

戰爭扼殺了這個帝國新生的希望，美國是這個帝國的死亡證書的簽署者之一。美國國務卿蘭辛（Robert Lansing）呼籲，「將奧匈帝國從歐洲地圖上抹去」；威爾遜宣布，「必須將所有斯拉夫民族從德國和奧匈帝國的統治下完全解放出來」。戰後，奧匈帝國原有版圖上產生了六個國家，卻彼此仇恨，戰火四處瀰漫。奧地利淪為一個微不足道的德語民族國家，多數奧地利人起初寄望於與德國合併，但協約國打破了這個希望。在那以後，奧地利就幾乎不存在建立政治團結的基礎了。

威爾遜充滿理想主義的「民族自決」（self-determination）原則或許是真誠的，但他和他的團隊完全不曉得如何實現此一願景。國務卿蘭辛困惑地說：「總統在談論『自決』時，指的是什麼單位？是種族、領土單位還是某個群體？」[15]

「民族自決」聽起來很美妙，但從潘朵拉盒子中放出來魔鬼卻是民族主義。一旦這個魔鬼被釋放，便再也無人能約束它。克肖如此形容戰後的歐洲：「歷史證明，民族主義、領土衝突和階級仇恨一旦結合起來，就具有高度的爆炸性。民族主義是一戰的一項主要遺產。它造成最大破壞的地方，恰恰是中歐和東歐那些幾世紀以來不同民族一直混居的地方。在那些地方，戰後重劃的國界引發了爭議。有些地方被劃給了別的國家，這造成了激烈的矛盾、衝突和仇恨。……階級衝突與族裔及領土矛盾相互交織，使狂暴的敵意幾乎達到沸點。暴力在人們心中埋下仇恨的種子，二十年後在歐洲一場破壞性更大的衝突中爆發了出來。」[16]威爾遜根本無力解開這一團亂麻。

梅特涅（Klemens von Metternich）主持的維也納和會為歐洲帶來一百年和平，威爾遜主持的巴黎和會創造的和平局面只維持了一年。在和約簽署之際，歐洲很多區域仍籠罩在不亞於戰時的暴力衝突之下。一九一九年，俄國政治經濟學家斯特魯夫（Peter Struve）指出，對於生活在中東歐的人來說，一戰遠未結束：「這場世界大戰隨著停戰協議的簽署而正式結束……然而事實上，從那時起我們所經歷的，以至後來還在繼續經歷的一切，都是這場世界大戰的延續與變形。」

威爾遜樂觀地預測，戰後世界將「對民主制度相當安全」，但實情與之背道而馳——歐洲在一九一八年所建立的大部分民主國家，很快被非此即彼（共產主義或法西斯主義）的極權體制所取代。一戰不是「終結所有戰爭的戰爭」，也沒有讓世界成為「民主制度不受威脅」的空間，一戰後的歐洲反而創造出遠比一九一四年前更危險的權力不對稱。到了第二次世界大戰前夕，歐洲的民主國家數目比一戰前少了許多。[17]歷史學家約翰・康納利（John Connelly）指出，戰後的東歐處於險惡的國際環境之中，多族群困境再加上低社會發展水準，挫敗了自由民主的承諾。[18]

比起奧匈帝國那樣保持貴族精神的傳統帝國，新誕生的現代民族國家更好戰、更野蠻，更傾向於殘酷的種族清洗。歐洲陸地型帝國突如其來的瓦解與繼承國的難產，是戰後暴力加劇的重要原因。很多自認為是民族國家的新國家，其實是「迷你型的多民族帝國」。如果其中的多數族群要將民族國家的定義絕對化，種族清洗就成了蠱惑人心的口號。這種多數族群及其領袖為鞏固權力而採取的「理所當然的罪惡」，在今天的世界仍屢屢發生。

一戰期間及一戰之後歐洲政治、經濟、文化的潰敗，讓所有對民主制度殘存的信心受了致命傷。民族主義與民粹主義相互激盪，讓人們對新的意識形態及其解決困局的政策產生熱烈期望。於是，共產主義與法西斯主義兩個惡魔應運而生。

戰後德國走向納粹之路，其根源是德國文化中自由精神的缺失，但美國也犯有嚴重錯誤——威爾遜帶給歐洲轉瞬即逝的璀璨煙火，留下的卻是遍地灰燼。

美國沒有派兵占領德國，也沒有從德國撈取戰爭賠款，卻坐視法國刻意羞辱德國。《凡爾賽條約》充滿不公不義，它所產生的結果與其說是實現持久和平的框架，不如說是導致未來災難的毒藥。四大國經過妥協後造就的歐洲，如同一座弱不禁風的紙牌屋。戰勝國希望通過割地、賠款等措施來讓德國成為解除武裝的巨人，永遠變得軟弱無力。殊不知，這樣的做法只能激起德國人的憤怒與仇恨，削弱威瑪共和國（Weimar Republic）的合法性，讓人心倒向巧舌如簧的希特勒（Adolf Hitler）。

威爾遜厭惡君主制，沒有聽從邱吉爾的建議，保留德國的霍亨索倫（Hohenzollern）王室，而是拔苗助長地幫助德國建立仿效美國制度的威瑪共和國。威瑪共和國未能在納粹的攻擊下倖存下來。這個錯誤，此後美國在幫助重建二戰後的日本時沒有重犯——麥克阿瑟

（Douglas MacArthur）保留了日本天皇制的外殼，並成功地換掉日本的「制度之芯」。

哈特的忠告，言猶在耳：當年，英國名將威靈頓公爵（Duke of Wellington）擊敗拿破崙後，對歐洲前途的最大貢獻是與法國簽訂和平協定。在擬訂和約條款時，普魯士和其他日耳曼國家為了補償損失和獲得安全保障，均要求分裂法國並索要巨額賠償，威靈頓動用所有影響力抵制這種要求。他以非凡的洞察力認識到，建立在壓迫基礎上的和平是靠不住的。後來的結果證明，他的克制政策是正確的。正因為他真正了解戰爭，他才如此善於確保和平。他是最沒有黷武精神的軍人，也不貪求榮耀。正是因為他看到和平的價值，才會在戰爭中立於不敗之地。和拿破崙不同的是，威靈頓不受戰爭浪漫氣息的影響，那會導致錯覺和自我欺騙。這就是拿破崙為什麼失敗而威靈頓為什麼會成功的原因。[19]或許，威爾遜的內心與威靈頓一樣仁慈，他卻不具備威靈頓實踐其仁慈的決心與韌性，結果其仁慈變成被人不齒的謊言。

一戰最大的獲益者不是威爾遜，而是列寧

巴黎和會上沒有德國等戰敗國代表出席，也沒有推翻沙皇政權的布爾什維克代表與會——戰勝國對馬克思所宣稱的「共產主義的幽靈」深感恐懼，邱吉爾譴責說：「文明已經遭受大面積的完全滅絕，而此刻布爾什維克卻像一群兇狠的狒狒，在城市的廢墟和遇難

者的屍體上蹦著、跳著。」咒罵歸咒罵，改變不了冷酷的事實：一戰最大的贏家是俄國的布爾什維克黨人。

沙皇政權是改革中的威權政府，推翻它的布爾什維克卻建立起人類歷史上前所未有的極權政體。近代以來，沙俄被歐洲視為可畏的北極熊，而蘇俄共產政權將是二十世紀人類最大的惡夢——在布爾什維克革命之後三年的內戰中，造成七百萬男女老少死亡，是俄國在一戰中損失人口的四倍，死者大多數是平民，大批人死亡的原因除了實際作戰和嚴酷鎮壓之外，還有內戰帶來的饑荒和傳染病。在殘酷的內戰中，紅軍一方最終取勝，取勝的關鍵在於，他們獲得了對俄羅斯廣袤的中部核心地區的控制，還擁有優越的組織能力和毫不留情的雷霆手段。使用高壓作為階級鬥爭的重要武器，是布爾什維克革命的一個中心內容。一九一八年，布爾什維克的報紙大聲疾呼：「讓資產階級血流成河——要有更多的流血，愈多愈好。」

戰爭期間，威爾遜聽說過列寧（Vladimir Lenin）這個被德國用密閉火車運回俄國的流亡者的名字，但並未給予更多關注。德國將列寧及其同伴送回俄國，果然顛覆了沙皇政權。列寧宣布退出戰爭，讓德國將東線兵力調往西線。但德國將為這暫時的利益付出可怕代價：若俄國沒有赤化，希特勒就不會崛起，二戰也不會爆發，戰後德國也不至於一分為二。德國是搬起石頭砸自己的腳。

一九一九年，在民主或半民主的歐美世界，列寧這個名字意味著野蠻、邪惡和殘暴，遠不能與倡導「國家不分大小，一律平等」原則的威爾遜相提並論。威爾遜提出「十四點和平原則」，是針對中歐君主國的美式方案，更是抵制布爾什維克及「無產階級專政」病毒的口罩。在他看來，抵制歐洲布爾什維克化的主要武器在於他安排的世界新秩序，這種新秩序將融解列寧的「新俄國」。[20]

美國政府拒絕承認蘇聯，威爾遜將之看作匪徒政權。一九二〇年八月，一份由威爾遜簽署的備忘錄指出華盛頓對「新俄國」的立場：

> 美國政府不可能把俄國的現存掌權者視作一個政府，也不可能同其他友好政府那樣，與之建立關係……美國政府認為，俄國的現存政權是在否認所有尊嚴和善良信仰的原則基礎上才建立起來的。

歐洲主戰場硝煙尚未消散，威爾遜派出三萬五千名美軍，與英國、日本等協約國軍隊一同出征俄國，主要目的是避免此前美國援助盟友帝俄的軍用物資落入德國（以及其盟友布爾什維克政權）之手。威爾遜不想完全干預俄國，他相信許多俄國人並不支持紅軍。咄咄逼人干預會讓俄國人團結在一起，並將美國描繪成侵略者。然而，在北俄羅斯和西伯利亞等地，遠征軍不可避免地與紅軍幾度發生小規模交手——這是美國人與俄國人的第一次對陣，也是西方對抗布爾什維克的序幕。協約國軍隊對高爾察克（Alexander Kolchak）等白俄將領提供有限支持，卻並未主動參與主要戰役。當布爾什維克在內戰中節節勝利之時，威爾遜命令美軍撤離。這是美國此後持續一個世紀反共鬥爭的不祥開端——反共不能三心二意，反共必須有足夠的勇氣和意志支撐。

威爾遜一開始請求日本派出七千人的軍隊參與「國際維和行動」。日本經過多番權衡，派出數倍軍力進軍西伯利亞——但與此前進軍北京的八國聯軍不同，日軍不受西方節制。這讓美國對日本充滿警惕，擔心日本向俄國的領土擴張。於是，威爾遜命令美軍暫緩前進，留在後方監視日軍——這種協約國內部的分裂和猜忌，讓這次干預行動無疾而終。

時任英國陸軍兼空軍大臣的邱吉爾在一場演講中說，要聯合十三個國家和英國一起阻止蘇聯革命蔓延。他並未明確列出這些國家的名字，列寧卻隨手寫下十四個國家：英國、美國、法國、義大利、日本、芬蘭、愛沙尼亞、拉脫維亞、立陶宛、烏克蘭、波蘭、喬治亞、亞塞拜然、亞美尼亞。於是，有了「十四國」干涉軍之說。其實，很多國家並未參與其事。有趣的是，當時段祺瑞主持的中華民國政府派出數千軍隊進軍海參崴，隨後被列寧列入帝國主義名單。更荒謬的是，這支外派的中國軍隊沒有經歷作戰，反倒將從歐洲購買的先進大炮賣給蘇俄，讓蘇俄用來對付日軍。

在歐洲及亞洲若干區域，一場「威爾遜對決列寧」的生死搏鬥悄然展開，儘管兩人終身未曾謀面。這不單單是兩個人、兩個領袖、兩個國家之間的鬥爭，而且是兩種意識形態、信仰和觀念秩序的鬥爭，這場鬥爭一直延續到冷戰、延續到今日——列寧的帝國已解體，中國卻繼承了此一遺產，取代蘇聯繼續充當美國和西方「掘墓人」角色。

威爾遜所倡導的國際新秩序，與列寧有異曲同工之妙，兩人的對決是在往同一目標的跑道上競技。這兩位領導人採用一種新的外交手段，直接求助於其他國家人民，他們代表不同的意識形態，人們從這個冷戰的前兆中發現，美國和俄國都決心要從歐洲傳統大國手中奪取政治和道德上的主動權。[21]他們都多少用了欺騙手段，威爾遜畫餅充饑，列寧畫出比威爾遜更大的餅。

早在一九一六年，列寧就寫出名為《帝國主義：資本主義的最高階段》（*Imperialism, the Highest Stage of Capitalism*）的宣傳小冊子——這本小冊子後來成為許多反殖民主義的行動主義者和思想家的力量源泉。列寧說，美國是和英國、日本一樣的帝國主義強權，渴求資源、領土、市場，是由壓迫、掠奪構成的資本主義世界體系的一員。他宣布將放棄沙俄在中國的特權，沙俄境內的少數民族都有自治權，許多亞洲人將此宣告視為「將新國際道德公告周知的、非凡的、超人般的不可思議之舉」。列寧掀起的旋風比威爾遜更持久：威爾遜迅速被第三世界民眾遺忘，列寧在很多後發展國家成為神一樣的存在。

巴黎和會之後，一度熱情期盼「威爾遜主義」如甘霖般降臨的中國人、越南人、朝鮮人、印度人和埃及人，並未等來公正與自由。期望破滅的人們，對忽悠他們、「畫餅充饑」的威爾遜之仇恨和憤怒，如洪水般澎湃。一九二〇年，威爾遜被授予諾貝爾和平獎，但這個獎無助於恢復其和平使者的「神光圈」。印度獨立運動領袖尼赫魯（Jawaharlal Nehru）評論說，威爾遜名聲掃地，使「共產主義的幽靈」籠罩亞洲。

一戰後，美國意外地在東亞製造了三個敵人：中國、朝鮮和越南。當時，大部分美國人在地圖上找不到這三個國家的位置（尤其是後面兩個相對比較小的國家）。日後，這三個國家都將與美國在戰場上兵戎相見，除了兩次世界大戰之外，這三個國家殺死了最多的美國士兵。

中國自認為是巴黎和會上受傷最深的國家。以顧維鈞為代表的親美派的努力失敗了。留學美國、英俊瀟灑的顧氏在和會前夕受到威爾遜接見，但威爾遜誇誇其談，無意維護中國山東的主權問題。巴黎和會宣告了北京政府死刑——儘管它又掙扎著苟延殘喘數年，但中國模仿美國建立議會民主制的努力劃上了休止符。

中國激進知識分子將目光從美國轉向蘇俄。中共創始人之一的北大教授李大釗在《新青年》雜誌撰文指出，布爾什維克的勝利就是庶民的勝利：「這件功業，與其說是威爾遜等的功業，毋寧說是列寧的功業。」

朝鮮為了引起威爾遜和巴黎和會的注意，發動反抗日本統治的三一運動。這場運動遭到日本殖民當局殘酷鎮壓。朝鮮人沒有資格參加和會，在會場外的遊說活動沒有得到威爾遜任何實質性支持。

年輕的越南革命者胡志明身無分文，靠著在一艘輪船上當廚師換取船票，得以來到巴黎，卻萬分失望地離開。威爾遜不會料到，數十年後，胡志明領導的越南獨立運動和共產主義運動，終結了法國印度支那殖民帝國的迷夢，並將美國拖入傷亡慘重的越南戰爭。

中國、朝鮮和越南的革命者，將威爾遜及其自相矛盾的世界主義與民族主義宣言拋到腦後，先後成為馬克思列寧及其共產大同世界願景的信徒。這三個國家的共產黨都取得了政權，並視美國為敵國。至今，這三個國家仍然是美國外交政策中難以處理的硬骨頭。

如果美日結盟對抗蘇俄，日本是否就不會偷襲珍珠港？

小羅斯福（Franklin Delano Roosevelt）在一九一三年曾被威爾遜任命為海軍助理部長，並在此職位上工作了七年之久。他非常推崇威爾遜，在某種程度上是威爾遜主義者。威爾遜推動美國參與一戰，小羅斯福則推動美國參與二戰。

宏觀而論，美國在二十世紀上半葉的亞洲政策中，最大的戰略錯誤是，威爾遜和小羅斯福都沒有將日本當做抵禦蘇俄在亞洲輸出革命的盟友和橋頭堡，反而將日本當做戰略競爭對手和敵人。

明治維新以來，日本一直是美國的學生和盟友。一八九五年，在日清戰爭中擊敗清帝國之後，明治天皇曾告誡國民：「勿隨意輕視其他國家，不要因勝利而自我膨脹、傲慢自大，這會讓日本失去其他強國的尊重……我們尤其不能侮辱他國，這將使友邦失去對日本的信任。」那時，日本意識到，成為強國不僅僅是實現現代化和軍事化，還需要遵守規則並贏得國際尊重。

一九〇五年，日俄戰爭爆發，日本擊敗了外強中乾的俄國。這是美國樂見的。美國總統老羅斯福支持日本提出的「亞洲門羅主義」，因為「日本是唯一一個理解了西方文明的原則與行為方式的國家」。但美國輿論對此不予理會，認為美國的門羅主義旨在保持美洲的政治現狀，而日本則旨在「改變亞洲的經濟現狀，使之向有利於日本的方向發展」。[22]

日本在巴黎和會上得到了在中國的利益，卻沒有得到與西方列強平等的尊重。日本在和會上獲得五個代表席位，但在最高理事會，日本人總是被忽略。日本提出的種族平等的修正案，被支持民族自決的威爾遜否決。日本人參與這個遊戲，證明自己準備好了加入國際社會，其發展模式也完全照搬英美，在一戰中為協約國出力甚大，卻因為種族原因而受到歧視。自由的、具有國際意識的日本人對「所謂的文明世界」大失所望。[23]

此後，日本配合英美出兵西伯利亞，卻備受猜忌。日本遂與英美漸行漸遠。在與白人國家合作維護國家秩序或照料好自己並獨自在亞洲稱霸之間，日本選擇了後者。歷史學者堀田江理指出，日本作為現代的單一民族國家所取得的成功，加上歷史上遭遇西方不公待遇而積累的怨恨，由此變得更加盲目自信，認為自己能憑藉堅定的決心和好運氣，度過各種國內外危機。這種自信最終驅使日本入侵中國，加劇與中國的衝突。基於同樣的自信，日本謀求奪取東南亞的資源，以支持中日戰爭的持續，直到取得滿意的結果，並以此擺脫對外界的經濟依賴，於是日本朝著太平洋戰爭的錯誤方向邁出第一步。[24]

中日矛盾激化，每個步驟都是蘇聯及中共在背後搞鬼。有充分的證據表明，一九二八年，退回關外的張作霖在皇姑屯被炸死，不是日本軍方的安排，而是蘇聯情報部門的傑作。一九三六年，張學良發動西安事變，扣押蔣介石，背後是中共的唆使。愚蠢的張學良充當了中共起死回生的工具。

導致中日爆發全面戰爭的盧溝橋事變，也是中共幕後策劃的。戰後，日本關東軍少將田中隆吉在東京國際法庭上陳述：「七七事變是中共挑起的，當時，關東軍主戰派的長茂川秀，配合中共演出這齣戲。」當時，毛澤東下令北方局負責人劉少奇，主導了這場陰謀。劉少奇找到在國民黨軍隊中擔任高級將領的地下黨員張克俠、何基灃進行操練，由中共地下黨員組織特別行動隊，先下手綁架一名演習的日本士兵，逼迫日軍進入宛平縣城內找人。然後，中共地下黨員在龍王廟前放鞭炮，盧溝橋守軍誤以為日軍開火了，何基灃下令吉星文反擊，這才打響盧溝橋第一槍。這位被綁架的日兵後來被釋放，戰後接受日媒訪問時說：「我是上廁所時被土匪（共產黨假扮的）綁架，過幾天又被釋放。」一件無足輕重的小事，引發中日全面戰爭，中共的陰謀終於得逞，而中共完全是蘇聯的馬前卒。

小羅斯福對中國抱有不切實際的期待且強烈憎惡日本，對於日本在亞洲地位的認識，他沒有老羅斯福那麼睿智。

如果得不到已經現代化的日本的幫助，單靠未現代化的中國，無法抵禦蘇聯輸出的赤潮。但美國的決策者無視此一事實。起先，歐美國家以為辛亥革命之後的北京政府可以獨自茁壯成長，沒有給予其足夠的支持，卻未料到，受蘇俄操縱的廣東國民黨割據勢力發動北伐，顛覆了北京政府。之後，南京的蔣介石政權發動清共，選擇親美，但其骨子裡仍是蘇俄模式——國民黨是半列寧式政黨，黨國一體、黨政一體、黨軍一體。不過，蔣「獨裁無膽，民主無量」，其政權的專制成分比蘇俄（及中共）低得多，靠三民主義、儒家思想、蘇俄特質與法西斯傾向等大雜燴維持的南京政府，無法承擔美國及西方在亞洲的代理人重擔，更遑論與蘇俄抗衡。

美國和蘇聯的對立是意識形態和信仰的對立，這種對立無法調和，不會因時代變遷而改變。從蘇俄政權一誕生起一直到其覆滅的七十多年間，唯有在二戰期間美蘇是勉為其難的盟友。反之，美國與日本的矛盾是地緣政策和國家利益衝突，可通過外交手段弭平，一旦時勢變化，雙方的矛盾立即消失——二戰之後，被美國打敗的日本很快成為美國在亞洲乃至全球最忠實的盟友，盟友身分維持至今。在戰前，如果兩國決策者讓兩國不經戰爭而達成此種關係，聯手對付蘇聯，幫助中國現代化，又何須一戰？

日本的民主制度並不完善，但它畢竟是亞洲唯一堅定反共的、現代化的軍事強國，過去數十年來它一直是俄國的勁敵。防共、反共本是日本的基本國策，也是美國的基本國策，兩國可找到合作基礎。美國應採取的亞洲戰略是：放下身段與日本合作，鼓勵日本的親美派掌權，在日本尊重美國「門戶開放」政策的前提之下，支持日本維持在朝鮮半島、滿洲國、臺灣乃至中國本土某些區域的開發經營，支持日本在東亞打造反共、反蘇且相對仁慈的東亞殖民帝國。此前，日本在朝鮮半島、滿洲國和臺灣的治理，總體上看是成功的，大部分生活在這些地方的居民頗為滿意。上千萬中國居民爭先恐後地移居滿洲國，就是明證。所以，美國可以通過外交手段與日本共同承擔規訓亞洲大陸諸國的使命，並分享相關利益。

然而，羅斯福卻做出了相反的戰略選擇。一九三三年，美國正式承認蘇聯政權，這突顯了美國寧願疏遠日本的態度。

隨後，羅斯福與蘇聯外長李維諾夫（Maxim Litvinov）展開會談。後者告之，蘇聯領導人史達林（Joseph Stalin）希望美國人幫助他們「摧毀這個身處胡桃夾子兩臂之間的國家（指日本）」。[25]羅斯福表面上不置可否，內心卻樂見其成。

一九三三年，因國際聯盟發表不承認日本扶持的滿洲國的《李頓報告》（Lytton Report），日本宣布退出國聯。當時的日本駐國聯代表（後任日本外相）松岡洋右，對紐約和華盛頓的美國高官表示，共產主義在中國的傳播是「日本焦慮的原因之一」，「我認為，雖然你們存在偏見，但你們的理智應當站在我們這邊。然而，你們卻不顧常識，在情感上站在中國那邊。」[26]他不知道，羅斯福骨子裡是左派，對共產主義頗為同情，自然不會跟日本在反共議題上產生共鳴。

一九三五年，曾任美國駐華大使的馬慕瑞（John Van Antwerp MacMurray）寫了一份極富遠見的備忘錄。他指出：「即便淘汰了日本，對遠東和世界來說也不是一件好事。這只不過讓蘇聯成為東方控制權的新競爭者。或許除了俄國以外，沒有別的國家能在這樣一場戰爭裡從我們的成功中獲利。……如果我們從日本手中『拯救』了中國，中國會受之無愧地認為，我們不應由於他們感激而要求任何權利。」

終身研究蘇俄問題的肯楠坦言自己不是遠東事務專家，但認同馬慕瑞的觀點。「在將日本從亞洲大陸挖出去的努力中，我們忽略了一個極大的可能性：如果我們成功了，比起我們搬開日本人，填補這個權力真空的很可能是我們更不希望的某種權力形式。」果然，當戰敗後的日本人完全離開中國、滿洲和朝鮮之後，美國無力阻止這些地方倒向蘇聯，並被動地參與這些地方爆發的戰爭。如此看來，如果當初美國「認真和現實地避免與日本開戰，一定會導致完全不同的結果」。[27] 也就是說，如果羅斯福聽取馬慕瑞和肯楠的建議，聯合日本一起對抗蘇俄，幫助中華民國剿滅中共，太平洋戰爭或許可以避免。中國不會赤化，美國後來也不會捲入韓戰和越戰。

但羅斯福卻沒有這樣做。一九三〇年代末，當中日衝突激化後，羅斯福認為，美國可以幫助中國擊敗日本，他完全忘記了旁邊還有虎視眈眈的蘇俄。

中日爆發全面戰爭，最大受益者是中共和蘇聯。中共免於被國民黨剿滅的厄運，在西北一隅坐山觀虎鬥，毛澤東在戰後多次感謝來訪的日本政客，說日本侵華是中共鹹魚翻身的轉折點，日本不需要因侵華戰爭而道歉，中國反倒要感謝日本。蘇聯也因此獲利甚豐：蘇聯不再擔憂被納粹德國和日本東西夾擊，從而陷入兩面作戰的窘境。中日一旦開戰，日本必然放棄北進策略，改為揮師南下，作戰對象變成美國和西方。

中日開戰，讓美日矛盾激化。但即便在此種狀況下，兩國仍可找到避免直接開戰的方法——共同支持南京汪精衛政權，在反共這個維度上，汪、日、美三方高度一致。如果親日又親美的汪精衛政權統一中國，會比後來共產黨奪取中國、中國全面赤化好得多。然而，羅斯福完全站在蔣政權一邊，無視亞洲大陸局勢發展的另一種可能性。當時，美國破譯了東京發給日本駐華盛頓使館的外交密碼——這個情報行動的代號叫「魔術」，羅斯福洞悉了日本領導層的想法，卻沒有做任何外交努力，讓日本放棄南下、改而北進。此時，羅斯福考量的重點居然是：提高史達林政權存活的機會。

羅斯福政府對日本採取嚴格的經濟貿易制裁，凍結所有日本在美國境內的資產，並進行石油和鋼鐵禁運。用國際關係學者入江昭之的說法，這是「華盛頓在日本脖子上打了滑結」。美國最大的反干涉主義組織「美國第一」（America First）批評這一禁令「不是為了民主或我們的利益，而是為了英國這個搖搖欲墜帝國的東方利益」。一九四一年七月，國務卿赫爾（Cordell Hull）說，「取悅」日本的日子已一去不復返，「強硬政策」的時代已來臨。[28]

馬歇爾（George C. Marshall）承認，羅斯福對日本的石油禁運（日本六成以上的石油來自美國），不是必要應急手段，而頗有挑釁之嫌。

哈特評論說：「沒有一個政府，尤其是日本人，會嚥下如此恥辱的條件而大失面子。」

學者沃斯（Roland Worth）寫道：「如果美國在這種情況下會發動先發制人的戰爭，日本人這麼做有什麼好驚訝的呢？」[29]

太平洋戰爭爆發前最後一任日本文人首相近衛文麿是一名親美派。一九四一年九月六日，近衛政府決定做出最後促成日美經濟和外交和解的努力，繞開軍方與羅斯福在夏威夷舉行首腦峰會。日本提出的解決方案是：在解決中國問題後，從印度支那撤軍、日本在印度支那的特殊利益獲得承認、恢復正常的日美貿易。

美國駐日大使格魯（Joseph Clark Grew）及其首席顧問多曼（Eugene Dooman）努力推動這場避免戰爭的和談。格魯強調說，美國擁有達成和解並保證和解效力的手段，而近衛文麿願意「在確保日本不發生公然暴動的情況下做出讓步」。「不可能再有這樣的機會了」，如果美方立場太過強硬，「將導致近衛下臺並被一個軍事獨裁政權取代，後者將缺乏避免與美國正面衝突的意願」。

但是，圍繞在羅斯福身邊的都是挺華反日的顧問，他們勸說羅斯福開出談判的先決條件——日軍放棄所有亞洲占領地，除非近衛接受前提條件，否則羅斯福不會與近衛談判。這等於關閉了談判大門。如果近衛答應這樣的條件，他的政府存活不了一天，他本人也會被激進軍人殺掉。[30]

於是，日本只剩下兩種選擇：答應美國的要求退出亞洲，或對美國開戰。在內閣會議上，陸軍首領東條英機主張對美國開戰的論述獲得多數支持。自認為是「一無所有的國家」

的日本決定孤注一擲，太平洋上的決戰已不可避免。日本將犯下致命錯誤：將世界上最先進的工業強國置於前所未有的死傷與厄運之中，激起它的鬥志，讓自己陷入無力招架的局面。

而在日本偷襲珍珠港之前一年，羅斯福就與蔣介石商議組建一支中美合作的空軍轟炸日本。在珍珠港事件中，羅斯福的角色耐人尋味：關於他事先從不同情報渠道得知日本的偷襲計畫、命令航空母艦離開珍珠港的傳說，至今仍爭論不休。

一九四一年十一月二十五日，白宮召開會議，戰爭部長史汀生（Henry Stimson）在日記中有一段記錄：羅斯福援引「魔術」行動中破譯的電報，宣布「我們有可能在下週一遭襲，因為日本人聲名狼藉，喜歡未做警示便發動襲擊」。史汀生說，關鍵問題是「我們如何在不過多危及自己的情況下，操縱他們（日本人），讓他們打響第一槍」。

後來，史汀生面對國會質詢時解釋說，等待敵人「跳到你身上、拿到主動權」是危險的；不管怎麼說，「讓日本人開第一槍，我們意識到為了得到美國人民的全力支持，這是可取的……應該讓每個人思想上對於誰是侵略者毫不質疑。」[31] 他的這番說辭，不足以慰藉在那場偷襲中喪生的兩千三百三十五名軍人和四十九名平民的家人。

十二月六日，羅斯福再次得到截獲的日本密電，顯示日本聯合艦隊已經出動，他告訴助手霍普金斯（Harry Hopkins）：「這意味著戰爭。」他沒有及時警告駐守夏威夷的海陸軍將領。官方以技術原因來掩飾這一「失誤」。

珍珠港襲擊發生後，所有美國政府的高級官員都大驚失色，唯有羅斯福保持「極度的冷靜」，羅斯福夫人說，「他表現得幾乎就像是一座冰山」。一名內閣成員說：「總統大大地鬆了一口氣。」

後來，駐守珍珠港的將領被當成替罪羊，受到調查並遭免職。羅斯福對身邊的人說：「我是個變戲法的，我從不讓我的左手知道我的右手在幹什麼。……我非常願意說謊和誤導別人。」

一九四五年二月，日本即將戰敗之際，近衛文麿向裕仁天皇上奏章稱：「戰爭失敗，實為遺憾，但已無可避免。最堪憂慮的，與其說是戰敗，不如說是戰敗可能引起的共產主義革命。」他指出，中國共產黨正與被俘的日本士兵合作（中共在延安頻頻向美國客人展示被他們洗腦後成為共產黨的日軍戰俘），致力於與分布在莫斯科、朝鮮的日本共產主義者建立同盟，很多年輕士兵接受了共產主義並拋棄了日本的神國政體，甚至有皇室成員也被共產主義吸引。[32] 幸運的是，戰後麥克阿瑟統治日本期間，有力地遏制了共產主義在日本的蔓延。

作為戰勝國的中國的命運卻比日本悲慘得多：羅斯福希望在戰後扶持半威權半民主的中華民國成為世界四強之一，並充當在亞洲抵抗蘇俄的中流砥柱。但他的計畫徹底失敗了。國民政府無力承擔此一使命。中共掌握反日的民族主義的話語權，以及「蘇聯就是中國的明天」的共產主義願景，奪取中國的統治權。在共產暴政之下，中國上億民眾非正常死亡，幾代中國人淪為現代奴隸。

不僅中國，大半個亞洲都淪為共產極權主義的囊中物——中國赤化，北韓赤化，印度支那赤化……亞洲變成比歐洲更危險的地方。

美國避開了中國的內戰，卻被迫捲入韓戰和越戰（在這兩場戰爭中，美國都與中國有交手）。美國的國力在這兩場「冷戰的熱戰」中消耗巨大，還造成內部的嚴重分裂。

「羅斯福新政」失敗了，是戰時經濟挽救了羅斯福的謊言

羅斯福錯誤的外交政策，是其失敗的「新政」的延伸。

羅斯福是操縱人心的大師，他比嚴肅而待人冷漠的威爾遜更加「親民」，或者更準確地說，善於營造親民形象。威爾遜的臉微長而窄，拘謹而高傲；羅斯福的臉大而圓潤，時常帶著伯父般的慈祥笑容。

羅斯福用娓娓道來的「爐邊談話」與民眾建立起一種貌似親密的關係，他比希特勒更早運用新媒體——廣播——來蠱惑人心，他在電臺說話時，散發輕鬆的親和力和現成的魅力，顯得知識淵博、有耐心、心地善良、目標堅定，說話時帶著「友善的平靜」。他靠煽動平民對資本家的仇恨，讓平民以為總統是他們之中的一員——有人說：「只要那個人在收音機裡講話，他的聲音、他的真誠和他的表達方式，就能把我融化。」一名產業工人用

他的語言表達心聲：「羅斯福先生是白宮迄今為止唯一一個總統能明白我的老闆是混蛋。」他們的感覺錯了：羅斯福一輩子都穿金戴銀、揮金如土，從來沒有過一天窮日子，他比大部分「老闆」都更有錢。

「羅斯福新政」並沒有將美國從大蕭條中拯救出來，其「成功」多是畫餅充饑——在太平洋戰爭爆發之前，美國的經濟並未恢復到大蕭條之前的水平。有經濟學家指出，直到一九三八年，失業人口還比上一年增加一百二十萬，經濟復甦遙遙無期——此時離一九二九年的大蕭條已過去九年、羅斯福上臺執政已五年。但羅斯福的宣傳術讓多數美國民眾相信：自由市場的觀念過時了，美國需要的，是新的政府管控、社會保障和政府支出項目；分權的觀念也過時了，美國需要一個集權的總統，權力集中才能辦大事——近八十年之後，「歐巴馬新政」即是對「羅斯福新政」東施效顰的敗筆。

羅斯福對其集權地位和集權程度不甚滿意，如果與希特勒、墨索里尼（Benito Mussolini）和日本天皇相比，這種不滿意是可以理解的。羅斯福的權力還比不上邱吉爾，「按照美國憲法設計者的意圖，對總統權威的限制並不來自國家政策的執行機構，而來自立法機構。羅斯福受到美國國會限制的程度是邱吉爾在英國議會那裡從未經歷過的」。[33]

與威爾遜一樣，羅斯福以讓美國避開歐戰為其選舉口號，「我國的政策不是要走向戰爭，我們政策的唯一目標就是要使我國和我國人民避開戰爭」；但他偏偏帶領美國邁向比一戰更慘烈的二戰，並成為國家英雄及半個獨裁者，而且，他刻意用參戰掩飾其新政的失敗——一旦實行戰時經濟政策，一切經濟困窘必迎刃而解。

一九三八年十一月，距離國會通過《公平勞動標準法》（Fair Labor Standards Act）不過數月，羅斯福私下告訴財政部長摩根索（Henry Morgenthau Jr.），世界滑入戰爭泥潭這件事，總體而言可能對美國有利，更能讓民主黨在政治上占得先機：「這些海外軍火訂單將為這個國家帶來繁榮，而只有我們能為美國帶來繁榮的情況下，民主黨才能贏得選舉。」相比於戰爭帶來的災難，他更在意選舉的勝利。幾年後，羅斯福帶領美國走向戰爭，告訴記者，自己「不再喜歡『新政』這個術語」，現在最喜歡的詞語是「得勝」。

參戰是羅斯福為拯救其失敗的「新政」的最後法寶。威爾遜當年就是這樣做的，羅斯福知道這個祕密。戰爭使聯邦政府可直接僱用民眾，這種做法與以工代賑一樣背離自由市場經濟的「美國道路」。開戰之後，聯邦支出占美國國內生產總值的比例，從一九三八年的百分之八猛升到一九四三年的百分之四十。無論就財政支出的規模還是僱用勞動力的數量，美國政府為贏得戰爭所投入的，都要勝過為應對大蕭條所投入的。一九四三年，失業率回落到一九二九年的水平以下——救了羅斯福的，不是「羅斯福新政」，而是「羅斯福戰爭」，七百萬人加入軍隊，這才「消滅」了失業。

古典自由主義經濟學大師米塞斯（Ludwig von Mises）指出：「戰時繁榮和地震或瘟疫帶來的繁榮是相似的。」戰時美國的經濟增長，大多數歸於軍備與武器的製造，以及給軍人的報酬。在一九四三至一九四五年之間，大約五分之一的勞動力——包括軍隊、為軍隊服務的平民僱員、在軍需行業中工作的人——都既不生產任何生活消費品，也不生產資本貨物。[34]

以加州為例，加州個人收入總和在一九三〇年為五十億美元，到一九四〇年沒有再次達到這一水平——可見羅斯福的經濟政策多麼無效。到了一九四五年，加州的個人收入增加三倍，達到一百五十億美元。戰爭期間，加州的製造業經濟增長百分之二百五十。聯邦資金通過美國軍方工業集團和墾務局，也通過一些全新的機構湧入：「重建金融公司」為工廠擴建提供資金，其分支國防工廠集團於一九四〇年八月二十二日由國會成立，最終在國有戰爭相關行業投資近七十億美元。它們一起為所有的新橡膠廠、百分之五十八的煉鋁廠及百分之七十一的飛機製造廠提供資本。保守派參議員塔夫脫（Robert A. Taft）在「重建金融公司」剛亮相時就持反對意見，認為成立該機構的法案是他見過「最匪夷所思的立法提案」，並抱怨現在聯邦政府「什麼事都想參與」，與私營企業競爭。塔夫脫說得不無道理，羅斯福部署國家權力與財力，建立或推進一個又一個的產業，一種全新的美國政治經濟出現了。[35]

戰爭必然讓政府擴權、讓公民縮權。羅斯福「新政」及隨後的戰時體制下，言論自由和新聞自由受到的打壓遠甚於威爾遜時代。知識分子的話語立場出現了令人窒息的一致局面。左派進步主義一統天下，受到大眾高度讚揚。羅斯福的撰稿人、智囊團和朋友們幾乎不會有不一致意見。他們一直在告訴總統他想聽到什麼。這種習慣剝奪了人們獨立思考的必要。

與此同時，反戰和主張小政府的古典自由主義者被妖魔化為法西斯同路人，反對戰爭的言論等同賣國。受到羅斯福政府打壓的異見者群體包括「美國第一」。該組織的成員致力於讓美國避免加入另一場野蠻的歐洲和亞洲戰爭，它擁有八十五萬成員及數百萬支持者。後來出任總統的甘迺迪（John F. Kennedy）和福特（Gerald Ford）皆是其支持者。他們樂於見到納粹德國與蘇俄兩大邪惡勢力彼此撕咬，自由世界大可袖手旁觀。軍事專家鮑德溫（Hanson W. Baldwin）寫道：「毫無疑問，允許乃至慫恿世界上兩大專制政體互相打鬥以至於精疲力盡，這符合英國、美國和世界的利益。這麼一場爭鬥，其結果是削弱共產主義和納粹主義的力量，只能有助於一個更加穩定的和平局面的建立。」但羅斯福對史達林有一種莫名其妙的好感，認為史達林比希特勒善良（實際上相反），美國有責任幫助蘇俄對抗納粹。他不能聽取國內不同意見，發起一場對「美國第一」及其支持者的迫害運動，三番五次求助於聯邦調查局和國稅局，將愛國者打成納粹的同情者。36

其實，羅斯福和左派們在很長一段時間裡都是法西斯的同路人——一九三三年，墨索里尼的航空部長、法西斯空軍元帥、利比亞殖民地總督巴爾博（Italo Balbo）訪美，受到盛大歡迎，羅斯福夫婦在白宮為之舉辦午宴。美國駐義大使布雷肯里奇·朗（Breckinridge Long）——他是威爾遜在普林斯頓大學的同班同學——向墨索里尼轉達了「羅斯福總統對於巴爾博將軍及其隨行人員精彩飛行表演的羨慕和欽佩之情」。兩年後，布雷肯里奇·朗特意訪問的黎波里（Tripoli），授予巴爾博由國會審批、羅斯福核准的「美國傑出飛行十字勳章」。

羅斯福和他的智囊大都或多或少具有反猶主義傾向。他們對猶太人遭受的種族滅絕視若無睹。陸軍部長史汀生公開辱罵猶太人。儘管納粹大屠殺已開始展開，但羅斯福政府一如既往地不想擴大一九二四年擬訂的、不允許更多移民進入美國的限制性移民配額，一九三三年至一九三八年期間，分配給德國的移民配額沒有用完。當「水晶之夜」（Reichskristallnacht）事件發生後，羅斯福讓內政部長從一段譴責「水晶之夜」的廣播演講中刪掉提到希特勒或其他納粹領導人的部分，「否則這演講就太過尖刻了」。[37] 戰後，杜魯門（Harry S. Truman）總統的歐洲特使哈里森（Earl Harrison）在一份報告中承認：「事實證明，我們對待猶太人就和納粹一樣，除了我們沒有對他們進行滅絕。」

二戰最大的獲益者不是羅斯福，而是史達林

美國在二戰中贏得表面上的勝利，卻留下內傷和沉痾。在國內，美國自身的傳統和信仰遭到嚴重削弱，左派擁有戰爭果實、成為戰爭的受益者，左派狂潮此後數十年高企不落。

全球範圍內，二戰之後迎來冷戰——因為美蘇雙方都擁有核武器，沒有演變成第三次世界大戰。

蘇聯及共產陣營向全球擴張，染指大半個歐洲，中國全面赤化，北韓、越南、柬埔寨等亞洲國家及若干非洲、中南美國家也先後赤化，並將美國捲入韓戰、越戰以及今天更嚴峻的中美對決。

二戰對美國而言，絕非葡萄美酒，而是又一杯苦酒。羅斯福這個坐在輪椅上的殘障人士，帶著龐大的國家在歧途上奪命狂奔，此一場景的諷刺意味，超過任何一部好萊塢和百老匯的喜劇。人類最大的悲劇，就是將喜劇當做正劇看，且觀眾爭先恐後參與其中。

羅斯福一直都把希特勒，而非史達林，視作對美國國家安全直接、首要的威脅。一九三九年史達林與希特勒簽署瓜分波蘭的條約讓羅斯福勃然大怒，此後蘇聯入侵芬蘭，更讓他怒斥史達林「獨裁就是獨裁，無可救藥」。但德蘇開戰後，他改變了對蘇聯的看法：「蘇聯是對抗納粹德國的決定性力量。……我覺得我們不需要擔心蘇聯統治歐洲的可能。」他認為，「對蘇聯必須給予一切幫助，並盡一切力量來和它結成同盟」。

德蘇開戰之後一週之內，美蘇雙方在莫斯科磋商，美方設立一個特別委員會處理援蘇事務——蘇聯的清單上列出六千架飛機、兩萬門大炮、總價值大約五千萬美元的成套工業設備的要求，羅斯福照單全收，並斥責國務院和陸軍部對這一要求的消極和拖延。其下屬形容說，總統的申飭「是我見過最激烈的」。

與此同時，羅斯福派遣其私人顧問霍普金斯（Harry Hopkins）訪問莫斯科，給史達林鼓勵。

隨後，羅斯福得到國會許可，給予蘇聯十億美元租借法案援助，超過了給英國的援助。[38]

羅斯福對史達林抱有天真樂觀的幻想。前美國駐蘇聯大使布利特（William Bullitt）向其直言蘇聯政權的極權本質和史達林的殘暴本性，羅斯福卻回答說：「我有一種直覺，史達林是一個講理的人，一個可以合作的人，我們可以攜手成就一個民主與和平的世界。」

在德黑蘭會議上，羅斯福建議東歐各國政府對蘇聯「友好」，還說他相信波蘭東部的人以及波羅的海三國的居民「會投票加入蘇聯」。史達林聽了之後開懷大笑。

在一九四五年二月的雅爾達會議前夕，羅斯福自信地宣稱，他將依靠其個人魅力，及在不凡人生中積累的精湛政治技巧說服史達林與之合作。「史達林？」他用嘲笑的語氣說，「我能搞定那個老滑頭」。按照霍普金斯的說法，羅斯福「一輩子都在和人打交道，而史達林說到底也是人，沒有什麼大不同」。羅斯福認為，他最突出的天賦就是讓人喜歡並信任他，在四次總統選舉中已得到證實，他也打算對史達林採取同樣的方法。[39]

不是所有美國高級官員都認可羅斯福的盲目樂觀。美國駐蘇聯大使哈里曼（William Averell Harriman）疑慮重重，尤其是總統已百病纏身、精力衰退，卻仍喜歡「作美夢」，對說服史達林的能力有不切實際的幻想。哈里曼在日記中寫道：「總統對於蘇聯絲毫沒有概念，不知道他們在利益攸關的事情上總是異常獨斷的，他們不會讓總統，或是其他任何人替他們做決定。總統還以為自己可以勸說史達林在很多事情上改變看法，我敢保證，史達林肯定不會照辦的。」「看起來很清楚，總統的寬宏大量被人看成懦弱的表現。史達林和他的助手們於是得寸進尺。」

史達林不是天真的理想主義者，也不相信國際間的正義。他以高明手段玩政治遊戲，他與希特勒交過手，練就一身外交本事。他是三巨頭中消息最靈通、最有準備者。他藉由無所不在的間諜網蒐集情報，了解對方的立場，派間諜滲透盟國政府，有時甚至比西方領導人更早讀到盟國的外交文件。[40]不是羅斯福將史達林玩弄於鼓掌之上，而是史達林將羅斯福玩弄於鼓掌之上。[41]

以歐洲而論，歐戰勝利帶來擺脫法西斯的解放，隨後卻讓蘇聯占領中東歐四十多年，蘇聯及其盟友在中東歐犯下無數暴行。正是羅斯福的天真、軟弱及毒化其思維的左派意識形態，讓他將中東歐「出賣」給史達林。

羅斯福接受蘇聯「改組」波蘭政府的主意，但未能確保這個「改組」會導致民主結果，他設法在會議最後的文件中以自欺欺人的說法來掩飾此事實。他對波蘭流亡政府總理米科瓦伊奇克（Stanisław Mikołajczyk）說：「別擔心，史達林並不打算奪走波蘭人的自由。他不敢這麼做，因為他知道你有美國政府的堅定支持。」對此，波蘭詩人米沃什（Czesław Miłosz）抱怨說，西方對待蘇俄過於天真了。

參加雅爾達會議的美國海軍上將萊希（William Leahy）批評說，那個協議「太有彈性了，俄國人可以把它從雅爾達扯到華盛頓，在技術上卻不扯斷它」，該協議「讓蘇聯人成為歐洲的控制者，其中包含著未來國際爭端的必然性和另一場戰爭的可能性」。

對蘇俄洞若觀火的肯楠寫了一篇長長的控訴書，指責西方國家在蘇聯人面前沒有正面對抗。羅斯福依然認為，這個協議是「我能搞到的最好的協議」。由此，中東歐繼續淪為「血色大地」，史達林與希特勒一樣，「使出同樣的暴政手段，用數百萬人的死亡來主張他們的政策有其必要……並以大屠殺來充當某種勝績」。[42]

蘇聯成功地在很短時間內，將差異不小的東歐各國變成一個在政治意識形態上具備同質性的地區。東歐諸國淪為蘇聯的衛星國，美國和西方負有重大責任。研究蘇聯東歐問題的學者安愛波邦（Anne Applebaum）指出：「西方人其實可以承受，也願意承受，正如他們已開始接受歐洲分裂的事實。無論是在華盛頓、倫敦或巴黎，西方國家沒有任何人曾預見紅軍將會為其所占領的國家帶來多大的物質、心理與政治變化，即便有，他們也幾乎沒有付出什麼努力去阻止這些變化降臨。」[43]

在歐戰勝利六十週年之際，美國總統小布希在里加發表演說，第一次代表美國官方公開承認當年的戰略失誤：「對大部分的東歐及中歐地區而言，勝利帶來了另一個帝國的鐵腕統治。歐戰勝利象徵著法西斯主義的終結，但它並未終止壓迫。《雅爾達協定》追隨了慕尼黑及《德蘇互不侵犯條約》的不義傳統。強國談判時，小國再次被迫犧牲自由。可是，為安定而犧牲自由之舉，卻導致了歐洲的分裂和不穩定。中歐及東歐數以百萬計人民遭到的禁錮，我們永遠不會忘記，它是歷史上最大的錯誤之一。」

在之後的波茨坦會議上，杜魯門重蹈羅斯福之覆轍——他的聰明程度遠不及羅斯福。當時，美國的領導層主要出於自己的想像，希望利用美國巨大的實力重塑歐洲。他們認為，有著開放市場和全球貿易的民主歐洲能為未來的和平與穩定提供必要基礎，卻沒有意識到，這個目標與蘇聯背道而馳。杜魯門後來說，他在波茨坦與史達林打交道時，看到的是一個「天真的理想主義者」，他對新聞秘書說，「史達林和我每天晚上相處都很融洽，除了關於保加利亞和羅馬尼亞的（外交代表）待遇問題，我們沒有什麼分歧」。他在一九四五年七月二十九日寫給妻子的信中說：「我喜歡史達林，他是個坦率的人，知道他想要什麼，得不到時會妥協。」[44] 然而，肯楠斷言，東西方的衝突在未來會增多，就其本質而言，蘇聯不是美國的朋友，而是敵人。比起凡爾賽和會那個爛攤子來說，波茨坦會議未必是巨大的進步。

以亞洲而論，羅斯福在雅爾達會議上將滿洲等地的利益劃歸蘇聯，以此換取史達林答應出兵。羅斯福的軍事顧問認為：「在對日作戰中與蘇聯結盟，結束戰爭所需的時間、付出的人員犧牲和資源消耗的代價，要比沒有這個盟友少得多。如果太平洋戰鬥中蘇聯採取不友好或負面的態度，那麼困難將會陡然增加。」羅斯福高估了日本關東軍的戰鬥力，以及蘇聯出兵滿洲的必要性。同時，他也低估了史達林為同意對日開戰而開出的價碼。對此，英國外長艾登（Robert Anthony Eden）批評說，羅斯福熱衷於同史達林搞「祕密談判」，達成有關遠東問題的協定，「既不通知他的英國同事，也不通知他的中國盟友」。

有泰山壓頂般的《雅爾達協定》在先，中國國民政府只能忍氣吞聲，與蘇聯簽訂作為配套條約的《中蘇友好同盟條約》，出讓大量領土和主權。而日本很快就因為承受原子彈打擊而投降了，蘇聯在遠東並未經歷艱苦的戰鬥。蘇聯從滿洲掠奪的財富遠遠多於其在戰場上的付出。據國民黨接收官員尚傳道回憶，一九四六年三月國民黨當局曾編製一份統計材料交給聯合國調查團，估計蘇軍運走的全部資產總值約一百億美元。

此刻，用「十分得意」來形容史達林一點也不過分：他興致勃勃地走到地球儀旁，向莫洛托夫（Vyacheslav Molotov）描繪蘇聯的邊界線：「這邊怎麼樣呢？千島群島如今是我們的了，庫頁島全是我們的了，您看，多棒呀！就連旅順口、大連都是我們的了。中長鐵路也是我們的了。中國、蒙古——一切正常……您瞧，對我們的邊界我還能不滿意？」

更重要的是，蘇聯將滿洲的地方政權、人口、武器和其他資源都轉交給蜂擁而來的中共。中共掌控了滿洲，在與國民黨的權力之爭中搶占先機，中國的赤化遂無法避免。蔣介石深知這是致命一擊，羅斯福及其繼任者杜魯門卻茫然不知。歷史學者沈志華評論說：「最成功的外交，莫過於以最小的代價取得最大的成果。蘇聯通過出兵東北，實現了在遠東的政治目標。就其結果而言，戰後蘇聯在遠東獲取的勢力和利益，不僅全部恢復了沙皇俄國四十年前之所失，而且超出了《雅爾達協定》和《中蘇友好同盟條約》的規定。同時，蘇聯為此付出的代價卻比它在歐洲戰場付出的要小得多。從這個意義上講，可以認為這一時期蘇聯在遠東的舉措，是自推翻舊政權以來一次最成功的外交。」[45]

注釋

1 休・斯特羅恩（Hew Strachan）編：《牛津第一次世界大戰史》，（北京）北京日報出版社，2021年，頁257。

2 理查德・霍夫斯塔特（Richard Hofstadter）：《美國政治傳統及其締造者》，（北京）商務印書館，2010年，頁324。

3 托馬斯・伍茲（Thomas E. Woods）：《另類美國史》，（北京）金城出版社，2008年，頁114。

4 馬丁・拉迪（Martyn Rady）：《哈布斯堡王朝》（下），（北京）北京日報出版社，2021年，頁397。

5 彼得・英格朗（Peter Englund）：《美麗與哀愁：第一次世界大戰個人史》，（臺北）衛城，2014年，頁24。

6 李德・哈特（Liddell Hart）：《第一次世界大戰戰史》（下冊），（臺北）麥田，2014年，頁70。

7 李德・哈特（Liddell Hart）：《戰爭的底層邏輯》，（北京）臺海出版社，2021年，頁141。

8 伊恩・克肖（Ian Kershaw）：《地獄之行：1941-1949》，（北京）中信出版社，2018年，頁39。

9 克里斯多福・克拉克（Christopher Clark）：《夢遊者：1914年歐洲如何邁向戰爭之路》（下卷），（臺北）時報文化，2015年，頁767-768。

10 理查德・霍夫施塔特（Richard Hofstadter）：《美國政治傳統及其締造者》，（北京）商務印書館，2018年，頁335。

11 吉姆・亞德利（Jim Yardley）：〈馬恩河之役，美軍在現代戰場上嶄露頭角〉，紐約時報中文網，2014年11月3日，https://cn.nytimes.com/world/20141103/c03wwi-marne/zh-hant/。

12 艾倫・布林克利（Alan Brinkley）：《美國史》（第二卷），（北京）北京大學出版社，2019年，頁931。

13 查爾斯・A・比爾德(C. A. Beard)、瑪麗・A・比爾德(M. R. Beard):《美國文明的興起》,(北京)商務印書館,2018年,頁1516-1517。
14 保羅・路易・萊熱(Paul Louis Leger):《奧匈帝國史》(下),(北京)中國友誼出版公司、華文出版社,2021年,頁736。
15 約翰・康納利(John Connelly):《共同體的神話:極權暴政的席捲與野蠻歐陸的誕生》(2),(臺北)臺灣商務印書館,2023年,頁39。
16 伊恩・克肖:《地獄之行:1941-1949》,頁98。
17 羅伯・葛沃斯(Robert Gerwarth):《不曾結束的一戰:帝國滅亡與中東歐國家興起》,(臺北)時報文化,2018年,頁383。
18 約翰・康納利:《共同體的神話:極權暴政的席捲與野蠻歐陸的誕生》(2),頁81。
19 李德・哈特:《戰爭的底層邏輯》,頁163-164。
20 貝恩德・施特弗爾(Bernd Stver):《冷戰:1947-1991,一個極端時代的歷史》,(桂林)灕江出版社,2017年,頁20-21。
21 理查德・克羅卡特(Richard Crockatt):《五十年戰爭:世界政治中的美國與蘇聯(1941-1992)》,(北京)社會科學文獻出版社,2015年,頁28。
22 W・拉夫伯爾(W. LaFeber):《創造新日本:1853年以來的美日關係史》,(太原)山西人民出版社,2021年,頁220-221。
23 瑪格蕾特・麥克米蘭(Margaret MacMillan):《巴黎・和會》,(臺北)麥田,2019年,頁395。
24 堀田江理:《日本導向深淵的決策》,(北京)新華出版社,2020年,頁19。
25 W・拉夫伯爾:《創造新日本:1853年以來的美日關係史》,頁221。

26 W・拉夫伯爾：《創造新日本：1853年以來的美日關係史》，頁219。

27 喬治・肯楠（George Frost Kennan）：《美國大外交》，（北京）社會科學文獻出版社，2013年，頁74、頁118、頁220。

28 W・拉夫伯爾：《創造新日本：1853年以來的美日關係史》，頁248。

29 詹姆斯・布萊德利（James Bradley）：《中國幻象：美國亞洲劫難的歷史和真相》，（臺北）八旗文化，2016年，頁262。

30 W・拉夫伯爾：《創造新日本：1853年以來的美日關係史》，頁249-251。

31 布魯斯・卡明思（Bruce Cumings）：《海洋上的美國霸權：全球化背景下太平洋支配地位的形成》，（北京）新世界出版社，2018年，頁461。

32 W・拉夫伯爾：《創造新日本：1853年以來的美日關係史》，頁304。

33 伊恩・克肖（Ian Kershaw）：《命運攸關的抉擇：1940-1941年間改變世界的十個決策》，（杭州）浙江人民出版社，2017年，頁461。

34 托馬斯・伍茲：《另類美國史》，頁144。

35 布魯斯・卡明思：《海洋上的美國霸權：全球化背景下太平洋支配地位的形成》，頁463。

36 托馬斯・伍茲：《另類美國史》，頁166-167。

37 邁克爾・多布斯（Michael Dobbs）：《棄民：美國與奧斯維辛之間的逃亡者》，（北京）社會科學文獻出版社，2022年，頁54。

38 伊恩・克肖：《命運攸關的抉擇：1940-1941年間改變世界的十個決策》，頁288-289、頁294。

39 邁克爾・多布斯（Michael Dobbs）：《1945年的六個月：從盟友到對抗》，（北京）社會科學文獻出版社，2021年，頁25。

40 浦洛基（Serhil M. Plokhy）：《雅爾達：改變世界命運的八日祕會》，（臺北）時報，2011年，頁510。

41 戴維．雷諾茲（David Reynolds）：《峰會：影響二十世紀的六場元首會談》，（北京）中信出版社，2018年，頁176-177。

42 提摩希．史奈德（Timothy Snyder）：《血色大地》，（臺北）衛城，2022年，頁586。

43 安愛波邦（Anne Applebaum）：《鐵幕降臨：赤色浪潮下的東歐》，（臺北）衛城，2024年，頁71。

44 邁克爾．內伯格（Michael Neiberg）：《1945：大國博弈下的世界秩序新格局》，（北京）民主與建設出版社，2019年，頁270。

45 沈志華：〈蘇聯出兵東北的目標和結果〉，《歷史研究》雜誌，1994年第5期。

第二章

美國調解國共內戰失敗，馬歇爾是丟掉中國的罪人

我也像馬歇爾一樣，曾受惑於史迪威（Joseph Warren Stilwell）的報告。但經驗使我對共產主義的威脅能有所警惕。

——魏德邁（Albert Coady Wedemeyer）

一九五一年四月十一日，韓戰緊要關頭，杜魯門將聯合國軍統帥麥克阿瑟免職。麥克阿瑟回到美國，受到民眾盛大歡迎。

反之，杜魯門及其國防部長馬歇爾遭到輿論猛烈抨擊。馬歇爾被傳喚至國會，受到嚴厲質詢，但他堅稱，罷黜麥克阿瑟是因為其策略「要使美國和中國、蘇俄掀起大戰」。麥克阿瑟卻在聽證會上提出截然相反的論點——美國對華戰略的失策，引起一連串災難，是美國百年來政治的最大敗筆，「我們未來幾代人要為此付出代價，或許要一百年之久。」

馬歇爾與麥克阿瑟兩位五星上將之爭論，是幾年前「誰丟掉了中國」的餘音續唱。[1]蘇聯的全球擴張和共產中國為虎作倀，使美國不斷遭受挫敗，激起美國民眾的危機感和對民主黨政府外交政策的不滿。

參議員麥卡錫（Joseph Raymond McCarthy）公開指控馬歇爾「賣國」：「馬歇爾放棄國民政府，使中國淪於中共；罷黜麥帥，使美國輸掉韓戰。」麥卡錫出版《美國從勝利中的潰退：馬歇爾將軍的故事》（*America's Retreat from Victory: The Story of George Catlett Marshall*），指控馬歇爾參與了「一個如此巨大的陰謀集團，犯下了如此黑暗的惡行，使得人類歷史上任何先前的冒險行為都相形見絀」。[2]

麥卡錫對馬歇爾的指責駭人聽聞。馬歇爾當然不是賣國賊——對於指控，他只回應了一句話：「如果我必須在此刻解釋自己不是美國的叛徒，那麼我認為是不值得。」但馬歇爾確實對丟掉中國負有相當之責任。儘管「馬歇爾計畫」在歐洲大獲成功，馬歇爾榮獲諾貝爾和平獎，但這些光輝無法抹煞他在中國失敗的汙點。

馬歇爾自詡為中國通，卻從未真正了解中國，更對中共一無所知；反倒是沒有在中國任過職的麥克阿瑟，一眼看穿中國的本質：「在過去五十年中，中國人的觀念和理想變得日益軍事化，變成了一種全民一致的、愈來愈具有支配慾和好戰傾向的民族主義。」麥帥認為，馬歇爾鑄成一個根本性錯誤：「那就是天真地以為共產黨不過是群土地改革者，因此犧牲國民黨來同共產黨妥協。這個錯誤原本可以得到糾正，但可悲的是我們白白浪費了良機。放棄原則的做法鞏固了共黨對中國大陸的統治，幫助其發展壯大，使其在爭奪世界的鬥爭中很可能成為軍事天平另一端的砝碼。」[3]

美國「丟掉中國」的命題只能算半個命題。不成立的一半是因為：美國從未真正「擁有」過中國，既然不曾「擁有」，何談「失去」？但它也成立一半：美國與中華民國政府儘管時有齟齬，但中華民國政府至少願意身處美國領導的自由陣營（雖然其威權體制下的自由「多乎哉，不多也」，但逃到臺灣後的國民政府仍然以「自由中國」自居）；而通過內戰奪權的中共政權，毫不掩飾地將美國當作敵人，而且數十年後它確實將自己鍛造成美國建國以來最危險的敵人（超過了軍國主義的日本帝國、納粹德國、史達林主義的蘇聯以及伊斯蘭恐怖分子），此種局面的形成，跟美國對華戰略一錯再錯直接相關。

「丟掉中國」的第一責任人是腐敗無能、進退失據的蔣介石及其國民黨團隊，還有投向共產黨的大部分中國民眾——他們確實選擇了共產黨，共產黨軍隊進入北平和上海等大城市時，得到多數市民熱烈歡迎。

其次，負有重大責任的是被史達林操弄、簽署《雅爾達協定》導致滿洲乃至整個中國赤化的美國總統羅斯福。

再其次，就是羅斯福的接班人杜魯門及其派到中國的特使——在中國奔波一年之久、最後「揮一揮手，不帶走一片雲彩」的馬歇爾。

調停國共內戰是一項不可能完成的任務

馬歇爾出使中國，對其個人來說，有特別之考量：接受這一遠程任命，離開華盛頓這個是非太多的政治泥潭——當時，馬歇爾面臨國會對其在珍珠港事件中失察責任之調查，其處境頗為尷尬難受。[4]而且，享有出使中國這亞洲第一大國「欽差大臣」的榮光，且為這個文明古國帶去和平，何樂而不為？

對杜魯門來說，任命功勳卓著的馬歇爾（杜魯門稱其為「二戰中我國乃至所有國家中最偉大的人物」，邱吉爾譽其為真正的「最高貴的羅馬人」和「勝利建築師」）使華，是一妙棋。

一九四五年十一月，曾參與一戰、擔任過戰爭部長的駐華大使赫爾利（Patrick Jay Hurley）突然辭職，並在華府召開記者會，公開譴責親共的外交官群體：「專業外事人員與武裝的中國共產黨和帝國主義國家集團（蘇聯）站在一邊……這些親共的專業人員支持共產黨的軍隊拒絕被國軍收編，除非只是名義上的收編——共軍繼續擁有實際上的獨立性。」他甚至點名批評杜魯門總統本人不稱職。

赫爾利是共和黨人，持堅定的反共理念，擔心蘇聯插手中國事務，將其打造成在亞洲威脅美國的盟友。另一方面，他對國民政府有相當的同情，既為蔣介石有限的軍事資源感到擔憂，但也對其抑制腐敗及派系鬥爭的能力充滿懷疑。儘管如此，他仍然將國民政府視為對抗蘇聯在遠東地區野心的堡壘，主張美國應更積極地援助國民政府。然而，他的觀點受到國務院及美國駐華使館職業外交官們的壓制，無法影響白宮。他最後憤而辭職，並訴諸輿論向杜魯門政府施壓。

杜魯門在內憂外患之下，想到請馬歇爾出馬處理中國的難題——馬歇爾可以幫他抵擋共和黨之攻勢，亦可轉移民眾之視線。杜魯門說，他「想不出其他更適合前往中國擔任這一艱難使命的人選」。

此時的馬歇爾正在享受退休的悠閒歲月。戰爭時期繁重的軍政事務讓他身心俱疲。一九四五年八月，二戰剛結束，他就向杜魯門寫信要求卸任，同時推薦艾森豪（Dwight David Eisenhower）作為繼任者。十一月，白宮舉行隆重的卸任儀式，杜魯門宣讀馬歇爾的過往以及獎令狀，並為其戴上橡樹葉勛章。儀式之後，杜魯門祝馬歇爾退休愉快，並說「我不會再打擾你」。

馬歇爾夫婦在維吉尼亞州的利斯堡（Leesburg）購買了一處農莊，安享退休生活。但杜魯門很快食言。十二月十五日，杜魯門打電話來，只說了一句：「將軍，我要你為我到中國去。」為人嚴肅內斂的馬歇爾，回答也是一句話：「知道了，總統先生。」然後迅速掛掉電話，他不想打擾夫人凱瑟琳（Katherine Boyce Marshall）的午睡。夫人午睡一小時後，來到起居室，發現丈夫正半靠在躺椅上聽收音機的新聞，播音員宣布：「杜魯門總統任命五星上將馬歇爾為駐華特使。他即將赴任。」接受此一任命，馬歇爾對凱瑟琳最感到愧疚——有一次，他對副手、後來出任國務卿的艾奇遜（Dean Gooderham Acheson）說：「我沒有感情，僅有的一點是留給馬歇爾夫人的。」

就在宣布任命的同一天，杜魯門也發表了對華政策聲明。該聲明指出：「一個強盛、團結和民主的中國，對於聯合國組織的成功和世界和平，是極端重要的。……為了美國和全體盟國最重大的利益，中國人民不應放過以迅速的和平談判方法解決內部分歧的機會。」杜魯門宣稱，美國和其他盟國都承認中華民國是中國的「唯一合法政府」。他呼籲，國民黨軍隊和共產黨軍隊應當停止敵對行動，盡早召集代表全國各主要政治力量的全國會議，以找到解決內爭的方法。他承諾以美援幫助中華民國「復興中國，改進農業和工業經濟，並建立一個足以維持和平及秩序、盡其本國及國際責任之軍事組織」。杜魯門的聲明中包含了多種互相衝突的論述，比如，既然承認中華民國政府是唯一合法的政府，那麼反對此政府的中共割據政權及其掌握的軍隊就是非法的存在，合法政府與非法勢力怎麼能對等談判呢？一旦展開此種談判，合法政府的合法性便陷入危機，而受到鼓勵的非法勢力必然得隴望蜀。

馬歇爾出發前，杜魯門特意發出訓令明確其使命：「鄙人對於中國情勢之關切，只就鄙人邀請閣下赴華之一舉而論，已足證明。予與國務卿皆深望中國能依和平民主之方法，及早實現其統一。望閣下以特使之身分，以適當而現實之態度，運用美國之影響力，達到上述之目的。具體言之，閣下宜敦促中國政府召開全國政治分子會議，使中國得到統一，尤其在華北方面停止敵對之行為。」杜魯門鼓勵說：「當茲閣下離美赴華前夕，鄙人對於閣下願承此一艱鉅使命，重申感慰。鄙人對於閣下處理此一艱鉅使命之能力，至具信心。深願盡其心力，以為閣下之後盾。」[5]

總統的信任固然重要，但馬歇爾何以認為自己能承擔且完成此一艱鉅使命？

首先，馬歇爾自以為很了解中國。他在四十四歲時（一九二四年）出任駐天津美軍第十五步兵團參謀主任，一度兼代司令官，在華兩年半，算是美軍高層中少有的「知華派」（其實，他居住在封閉的軍營中，沒有中國朋友，對中國所知有限）。當時，他在給母校維吉尼亞軍校校長考克（William H. Cocke）的一封信中寫道：「在中國任職是件快樂、有趣，有時甚至令人興奮的事情。從政治上說，這裡是當今世界最受關注和最危險的地方；從軍事上說，在中國服役比在任何地方都更能獲益。」他聲稱自己的漢語水平不錯，「在法國待了兩年後我的法語還遠不如漢語說得好」，但隨軍牧師米勒及上尉海恩斯指出，馬歇爾只是「熱愛漢語」而已，並不能用漢語進行日常交流。

馬歇爾十分珍視一九二五年中國民眾贈送給第十五步兵團的一件禮物——一尊大理石牌樓（後來被運回美國，安置於本寧堡基地〔Fort Benning〕），那是本地人感謝這支外國駐軍保護他們免受本國軍閥之害的見證。馬歇爾在一九二七年五月四日發表講話時指出，這個小型紀念品證明第十五步兵團駐華任務的性質：美國陸軍是「一支和平之師，捍衛公民的生命和財產，以妥善發展公民的權利」，這一觀念「可能孕育了此後的馬歇爾計畫」。[6]

其次，馬歇爾以為他的功勛與聲望可以壓制國共兩黨內的激進派，讓兩黨中的溫和派達成協議。他對善意和理性的力量過於樂觀，但僅憑這些不足以將敵對雙方聯合起來。他過分依賴在二戰期間與歐洲盟國談判的經驗。但他用來對付邱吉爾的手段，放在毛澤東和蔣介石身上未必有效。[7]

馬歇爾是一名幹練的技術官僚，美國參戰後，他主持籌畫了一支人數高達八百多萬、空前的武裝力量，以及從太平洋到大西洋的工業體系——戰後初期，這個「有機整體」對全球工業產值的貢獻超過一半。與其說馬歇爾是戰士或名將，不如說他是擅長後勤保障和組織管理的技術專家。所以，羅斯福任命史上規模最大的諾曼第登陸行動（Normandy Landings）的總司令時，沒有選擇馬歇爾，而選擇艾森豪。馬歇爾傳記作者、歷史學家波格（F. C. Pogue）指出：「馬歇爾的長處在組軍有方，用人得當；而其短處，則在未讀兵學，不諳將略。對於極權主義之理論與權術，以及國際政治之倚伏與鉤鬥，皆鮮探索，重執行而乏變化，受其時代軍事教育之限制。」顯然，處理中國問題非他所長。

第三，馬歇爾處事老辣，設計謹密，他深知在華任務的成功，端看手中握有多少王牌、能對國共雙方施加多大壓力。他在出使之前從杜魯門那裡獲得完全授權，壟斷中美之間互動的一切渠道和美國的對華援助。一方面，他在華盛頓設置聯絡員與後勤員，專門負責直通白宮的電信與文件，不受其他任何部門的審核與阻撓，能得到直接來自總統的迅速回應。另一方面，他封閉其他接洽援華之門路，使此後一切對華事務，皆由其一人掌控。此兩條都與美國憲法及政府權利架構有所衝突，但杜魯門都慨然答應。

馬歇爾由此在中國擁有太上皇般的權威。他用切斷美援來阻止國民黨收復失地，卻是一種飲鴆止渴的做法——美援中斷，國民黨的實力立即被削弱，共產黨卻能源源不斷地得到蘇聯的軍事和經濟援助，國共強弱態勢立即翻轉。這一策略最終證明得不償失。歷史學家佩珀（Suzanne Pepper）評論說：「武器禁運的姿態既不能誘使政府方面對其戰爭計畫作出重要改變，也不能從共產黨方面贏得任何友好表示。」[8]

另外，美國政府的政策是，美軍在任何情況下都不得進行干涉，以迫使其中任何一方接受和解。按照計畫，美國海軍陸戰隊等軍種在華駐軍的時間十分有限，只能開展有限的非戰鬥行動。沒有可以動用的武力，馬歇爾就成了「紙老虎」。

在馬歇爾出使之前和出使之初，各種不祥之兆已逐漸浮現。馬歇爾的老上級、一九二〇年代駐華美軍司令紐厄爾特意致信告之，「你已經接受了一個難題（調停中國內戰），其難度同你剛剛解決的那個（組織美軍打贏二戰）不相上下」。馬歇爾的參謀長、陪同他前往中國的拜德羅上校也告訴他，他成功的可能性只有百分之二。

一九四五年聖誕節前夕，馬歇爾抵達上海和平飯店。剛安定下來沒幾分鐘，他就召來盟軍中國戰區參謀長魏德邁到套房內長談。魏德邁實話實說——「我告訴馬歇爾將軍，」對中國艱困政局深有體認的魏德邁說，「他絕不可能在共產黨和國民黨之間做出一項可行的安排，因為仍然掌握著大部分權力的國民黨是鐵了心不會放棄一丁點權力的，而共產黨在蘇聯的幫助下，同樣也是鐵了心要奪取所有權力」。正躊躇滿志的馬歇爾聽了這種懷疑論調，面露慍色，一改慣有的彬彬有禮，給出嚴厲的回答：「我要完成我的使命，你要幫助我。」[9]

國民黨、共產黨及第三勢力都不是馬歇爾期待的「健康力量」

聽聞馬歇爾的任命，國民黨方面對馬歇爾的使命有相當之隱憂。陳立夫得知馬歇爾使華的消息以後，向蔣介石進言三點意見：「第一，國共間的問題，宜直接商諸蘇聯，反易解決；第二，美方對共黨問題，見解不深，易受其欺；第三，國共問題，調解成功之機會極小，馬歇爾將軍英雄人物，為世所稱，此番出任調人，只能成功，不能失敗，一旦失敗，如何收場？其咎若諉之於我方，我又將何以自處？」蔣深以為然，卻對美方做出的決定無能為力——此前，蔣已逼迫羅斯福換掉史迪威；如今，面對不太友好的杜魯門，他不可能逼其換掉馬歇爾（而馬歇爾是史迪威的老朋友，深受史迪威的影響，對國民政府頗有成見。）

十二月二十一日，馬歇爾抵達南京，與蔣介石夫婦討論國共停戰問題。他表示，美國的軍事援助及幫助戰後中國的重建，都取決於國民政府與共產黨達成和解。至於共產黨，如果他們不願配合，「他們將很快失去美國的所有同情」。

蔣略帶疑慮地回應說，共產黨擁有一支獨立的軍隊，而且得到蘇聯的幫助，在近期的幾次衝突中取得了勝利。馬歇爾對此提出異議，他並不認為蘇聯有意削弱國民黨政權。他說，二戰期間，他曾與史達林直接打過交道，以個人經驗來看，「這位領導人值得信賴」。他一度認為史達林是通情達理、信守承諾的人，西方有可能與蘇聯達成妥協，這個看法與羅斯福如出一轍。直到幾年後全球冷戰態勢形成，他才從對蘇聯的幻想中夢醒。

次年二月，蔣在日記中寫道：「唯馬歇爾與中共商談已有月餘，其對中共欺人之手法，或已漸瞭解乎？」數週後，他明確表示這位特使過於天真：「然其受共黨之麻醉日甚，美國民族之易受人欺誑，其老練如馬氏尚且如此，其他更可知矣。」

隨即，馬歇爾飛往中國戰時陪都重慶，在那裡建立總部。十二月二十三日，馬歇爾第一次會見中共代表周恩來、葉劍英和董必武三人。他對這三人、尤其是周恩來印象良好。

一九四六年一月，在馬歇爾倡議下，在重慶成立「三人小組」，成員包括馬歇爾、國民黨代表張群和共產黨代表周恩來，馬歇爾任小組主席。「三人小組」舉行了六次會議後，達成有關停戰的協議，然後再交由蔣介石和毛澤東批准。一月十日，在政治協商會議開幕當天，政府和中共雙方簽訂停戰協議，並將該命令下達到一切部隊。此為第一次停戰令。

為貫徹停戰協議，國共雙方決定在北平成立「軍事調處執行部」（即「軍調部」），該機構可派駐小組到一些衝突熱點地區去監督停戰狀況。

馬歇爾對該協定寄予厚望。他在三個月內便幫助中國敲定實現全面和解的框架，成功似乎唾手可得。魏德邁承認，馬歇爾「表現出色，贏得了所有與他接觸過的人們的尊重與讚賞」，但他又警告說，蔣介石和毛澤東只不過是利用停戰協定來重新結集各自的兵力以發動新的進攻，該協定相當脆弱。

一九四六年二月，「三人小組」經過五次商談，簽訂〈關於軍隊整編及統編中共部隊為國軍之基本案〉。二月二十八日，以馬歇爾為首的「和平觀察團」，自重慶出發，飛往北平、張家口、集寧、濟南、徐州、新鄉、太原、歸綏等地視察。

在此期間，馬歇爾的健康出現問題，經過無休止的奔波和談判，加上不計其數的會議與宴請，他看上去比過去更加憔悴，需要回國稍事休養。三月中旬，他返回華盛頓，受到英雄般的歡迎。然而，正如魏德邁所說，「（馬歇爾）所取得成就的時間長短，取決於他在當地停留時間的長短」，他的病假和離開極大地影響了其使命的達成。

參與「軍調部」工作的美國駐華武官吉勒姆將軍發現，中國人對已做出的承諾沒有責任感，美方除了弄到簽字外，別無他事可做，因為事先已知道協議和文件毫無實際意義。「軍調部」的共產黨委員葉劍英將軍告訴蘇聯駐華使館官員，共軍不會執行停戰令，「共產黨人對停止敵對行動不感興趣」。[10]中共軍隊陽奉陰違，擅自移動部隊，攫取戰略要地，甚至繼續襲擊國軍。一九四六年初，中共控制之地區已擴至三百多個縣，比起一九四五年夏天日本投降時他們只占有八十一縣的情形，擴張了兩倍以上。[11]

當馬歇爾於四月十七日返回中國之時，發現局勢已極度惡化。中共拒不執行所有協定，並派遣軍政人員潛入蘇聯控制之下的滿洲。四月十五日，周恩來公開宣稱，東北進入「全面敵對行動」狀態。馬歇爾奔波於重慶、南京、上海之間，與國共雙方代表接觸，尋求東北問題的解決方案。

在東北戰場上，情勢最初對國軍有利。國軍在四平街擊敗共軍，並一直追擊到哈爾濱。蔣介石視之為第五次圍剿之後最大一次決定性勝利。馬歇爾卻以斷絕美援為威脅，迫使蔣介石在六月六日頒發第二次停戰令。

七月，戰事在東北、華北各地蔓延。馬歇爾八上廬山，與蔣介石商談，並建議成立五人小組，商談政府改組和國民大會問題。十月五日，在馬歇爾施壓下，蔣介石決定停戰十天。馬歇爾和蔣介石都不知道，毛澤東在四天前的十月一日向黨內發出名為〈三月總結〉

的祕密指示，將馬歇爾的調解視為「騙局」。[12]十一月八日，蔣介石為了讓國民大會順利召開，頒布第三次停戰令，並再次邀請中共參與國民大會，但中共斷然拒絕。

一九四七年一月六日，杜魯門宣布馬歇爾業已結束其在華之調處任務，並召馬歇爾返美。七日，馬歇爾離華前，發表一篇冗長聲明，承認其使命失敗，但對中共之極權本質仍無認識。八日，馬歇爾回到華盛頓，就任國務卿——敗軍之將（馬歇爾在中國進行的是一場沒有硝煙的戰爭），居然升職，這是杜魯門政府無能的又一表現。

一月二十九日，美國駐華大使館發表聲明，宣布美國退出三人小組及「軍調部」。次日，這兩個臨時機構正式解散。三月七日，中共駐南京和上海的兩機構人員，撤回延安，董必武稱，國共之聯繫從此斷絕。為時一年有餘的馬歇爾調處，至此完全終結。[13]

馬歇爾不可能做到「不辱使命」，他面臨的困難超過他的解決能力及可運用的資源。首先，馬歇爾無法解開《雅爾達協定》之魔咒——羅斯福與史達林聯手在協定中傷害中國之主權，規定「蘇聯應該恢復以前俄羅斯帝國之權利」，包括對大連、旅順、中東鐵路和南滿鐵路的控制等。而「得滿洲者得中國」，蘇聯一旦控制滿洲，必以滿洲的資源武裝中共，中共遂不再受制於任何協定。

其次，國共兩黨都相信成王敗寇、「槍桿子裡出政權」，這是由中國的政治傳統和政治現實，源遠流長的民情民風、觀念秩序，以及兩黨都是列寧式政黨的本質所決定的。中國人既沒有主權在民、政府民選的觀念，對三權分立的政治模式缺乏認識，更沒有現代民族國家「國防軍」只能對外作戰的憲制規定。馬歇爾不可能在一夜之間改變中國的民情和權力邏輯，更不能硬生生地將美國制度移植到中國。用親共的資深外交官戴維斯（John William Davis）的話來說，即使馬歇爾有「奧林匹斯山神的威望」，也不可能改變中國。

第三，在國共之外，馬歇爾找不到任何將中國帶往民主自由方向的健康力量。馬歇爾在中國與各種政治及意識形態傾向的政黨和團體的代表會見並交談，在此過程中發現了妨礙其實現任務的嚴重困難。他特別指出，中國對話人除了就中國的主要尖銳問題進行「有創見的討論」外，誰也想不出克服危機的出路，所有的中國人都持有需要民主的共同觀點，但誰也不曾提出過實現這一目標的具體方法，中國人對民主的真諦並無明確的概念。

馬歇爾為了提高「第三勢力」的地位，竭力遊說蔣介石吸收他們加入政府，同時又勸告蔣「不能照老一套的做法，以有誘惑力的任命收買他們以消除反對派」。然而，「第三勢力」並不爭氣，很多人早已待價而沽，青年黨的曾琦當面要求蔣：「行政院必須改組，吾輩無所謂，吾輩部下就希望分得幾部做官吃飯。」馬歇爾如若有知，當做何感想？

馬歇爾以為延安是桃花源，其實延安是「動物農莊」

自從史諾（Edgar Parks Snow）的《紅星照耀中國》讓延安名聲大噪，甚至取代了莫斯科成為世界革命的中心之後，絡繹不絕前來延安參訪的外國人，無一例外都被延安迷住。

然而，外來參觀者很少知道，他們在紅色中國首都所看到的，是中共精心打造的一個「波坦金村」（Potemkin Village，一七八七年，在沙皇葉卡捷琳娜二世〔Yekaterina II〕出巡因為俄土戰爭獲勝而得到的克里米亞的途中，其寵臣波坦金將軍〔Grigory Potemkin〕在第聶伯河〔Dnieper River〕兩岸布置了可移動的村莊來欺騙女皇及隨行的大使們。指自欺欺人的政治門面工程）。

其父親為美國傳教士、本人出生於湖北襄樊、曾任加拿大駐中華民國大使館一等秘書的穰傑德（Chester Ronning），在《革命中國回憶錄》一書中如此描述延安：「進入共產黨領土就像到了另外一個國家。人民受到良好對待，也支持各社區所建立的人民委員會。當地沒有貪汙或壓榨，共產黨員友善對待新教傳教士。他們的醫院管理特別良好，他們給予免費的醫療服務。他們管制糧食價格，賦稅並不過重，當地未有饑民。」[14]

後來加入中國籍的原波蘭猶太裔記者愛潑斯坦（Israel Epstein）寫道：「這是另一個世界，到處都是新開墾的碩果累累的土地，農民不需要繳納任何作物為稅賦去供養士兵。」他還觀察到：「在一個從未在其他任何地方見過的全新的整合良好的社會裡……延安的男女先驅在精神、思想和行動上是真正的新人類。」

擁有東方哲學學位的《紐約先驅論壇報》（*New York Herald Tribune*）記者福爾曼（Harrison Forman）寫道：「一切都是光明正大的，擺在桌面上。在行動、討論、採訪、參觀和拍照上絕對沒有任何控制或限制。」

他們都不知道延安整風血腥慘烈的真相：數萬人被冠以莫須有的國民黨特務罪名遭到

殘酷折磨。翻譯了最多馬克思主義理論著作的理論家王實味，因批評延安的腐敗現象，被逮捕、處決，屍體被扔入枯井。生性自由散漫的作家蕭軍如此描述延安令人窒息的氛圍：「這次『搶救』大部分是靠嚇詐、株連等辦法，很少靠證據解決問題，而且應用的是報復主義，巫神主義，形式邏輯，打手主義，立功主義。」[15]後來貴為中共第四號人物的陶鑄的妻子曾志在回憶錄中披露，延安整風中的酷刑特別殘暴：一位女同志被打得口鼻都流了血，滿臉盡是血汙，月經來了，也照鬥照打，結果褲子都溼透了，還把窯洞的地面染紅了一大塊。每到夜晚，關押嫌疑人的窯洞傳出一陣陣喝罵聲、踢打聲和慘叫聲，時斷時續，此起彼伏，讓人心驚肉跳，不寒而慄。後來擔任中共副總理的薄一波在回憶錄《七十年的回憶與思考》中寫下他親眼見到的延安搶救運動的慘狀：「有一件我難忘的往事，其情景多年來不時湧上心頭……那時母親也與我一起到了延安，我把她安置在深溝的一個窯洞居住。有一天，我去看她，她說，『這裡不好住，每天晚上鬼哭狼嚎，不知怎麼回事。』我於是向深溝裡走去，一查看至少有六七個窯洞關著約上百人，有許多人神經失常。問他們為什麼？有的大笑，有的哭泣……最後看管人才無可奈何地告訴我：他們都是被『搶救』的知識分子，是來延安學習而遭到『搶救』的！」

後來，在中美高度對立的冷戰時代，很多研究中共史尤其是延安問題的學者，延續當年訪問延安的西方人的看法，對共產革命報以同情的理解甚至高度的認同。比如，賽爾登（Mark Selden）在其研究延安道路的專著中指出：「共產黨憑著把土地革命的進程與戰時統一戰線協調在一起的能力，從而領導一個大膽的、有創建性的解決農村的壓迫和解放問題的運動，這正是『延安道路』的特點。」直到三十年後，他才對自己當初的結論如此反思：「由於我早期研究工作的疏忽，在我總結出來的『延安道路』中又掩蓋了專橫與倒退的傾向。當這些傾向在人民共和國時期，特別是一九五七年等年頭被發展到極端時，其結果是令人悲痛的，同時也有違中國革命那些最美妙的諾言，包括實現民主、平等和使農村擺脫貧困。」[16]

馬歇爾到訪延安時，他被共產黨的魔法騙得團團轉。中共早已制定了一系列迷惑馬歇爾的方案。一九四六年一月，馬歇爾的使命才展開短短幾個星期，史達林指示中共，永遠不要低估美國的實力，要小心別激怒美國，使美國站在蔣介石一邊在中國實施大規模干預。二月六日，毛澤東告訴政治局，與國民黨簽署的軍事協議只是一紙空文。三天後，毛又對一名美國記者唱出相反調子——「總的來說，」他說，「中國已經步入民主階段。馬歇爾在結束內戰、促進和平、團結民主上做出的努力無疑是傑出的」。

一九四六年三月四日，巡視中國北方各地停戰狀況的馬歇爾團隊飛往延安。馬歇爾在延安住了一夜，一共停留了十八個小時。

中共精通宣傳和統戰手段，知道怎樣取悅和欺騙馬歇爾這樣的大人物。三月初，在馬歇爾訪問延安之前，中共的《解放日報》稱讚馬歇爾的「輝煌成就」，說他「受到中國人民熱情歡迎的原因在於他的努力方向與中國人民的根本利益相符，也和美國人民的根本利益以及世界和平相符」。然後，毛發誓要「全心全意遵守所有的協議」。

一下飛機，延安為馬歇爾安排了盛大的歡迎儀式，其儀仗隊的規模不亞於重慶和南京。毛親自將馬歇爾迎上第一輛車頭插有美國星條旗以及延安的錘子和鐮刀紅旗的綠色吉普車——二戰中，馬歇爾曾親自下令製造和發放二百五十萬輛同款吉普車到世界各地，他在延安看到這款車，心中不免有些驚訝和感動。毛的示好企圖不動聲色地達到了。

從東關機場一路過來，近萬群眾的歡迎隊伍，發出雷鳴般的歡呼聲。馬歇爾與毛澤東站在車上，向沿途歡迎群眾招手致意。延安廣播電臺報導說：「成千上萬的人擠進現場看一眼這位五星上將大使，共產黨方面把他看作當前中國和平的領導人。」[17]

在簡陋的會議室，雙方展開交談。馬歇爾說，毛澤東和共產黨人，對於建立一個和平、團結的中國和世界，扮演著重要的角色。他表示，只要他還待在中國，就會極盡最大努力為國共雙方達成和平與合作奔走。他向在場的幾名中共最高層領導人闡述了他也向蔣介石表達過的既定觀點：「美國政府和人民十分希望看到戰後中國儘快實現和平與統一；統一之後，我們要在各方面都給予中國大量的援助。如果不能實現和平統一，美國就很難繼續給予援助。」他以為美援足以讓中共妥協，卻不知道中共早已從蘇聯那裡得到更多援助的承諾。毛聽了後假裝很感動，一再向其保證中共願意貫徹各項協定。馬歇爾信以為真。

毛澤東為馬歇爾旋風般的行程見縫插針地安排了許多活動——參觀美軍代表團駐地（包括以遭日軍襲擊殉職的美軍軍官惠特西上尉的名字命名的「惠特西廳」），享用美式舞會和餐點，甚至還參觀了八路軍的作戰室——據在場陪同的楊尚昆回憶，馬歇爾看後說：「共產黨領導一百多萬軍隊，延安山溝裡的統帥部卻只有這麼點兒大！」毛說：「我這個統帥部，只發布作戰命令，其他什麼也不發；要衣服沒有，要糧食也沒有，要錢也沒有。要槍要炮也沒有。」

從延安返回南京的途中，馬歇爾對自己的延安之行多少有點「勝利之旅」的感覺。表面上看，他至少又一次幹了一件不可能做到的事——赫爾利不能馴服的如脫韁野馬般的共產黨人，似乎被他馴服了。

馬歇爾對中共和談代表周恩來說：「我唯一的目標是在中國終止衝突和建立一個兩黨制政府，必須要有一個反對黨，因為這是保證一個像我們在美國所理解的那種民主政府成為可能的唯一途徑。……國民黨不可能自上而下自行改革，必須要有反對黨。因此，我曾想到，關心農民、關心中國這個最大階級的共產黨，可以作為一個有組織的合法反對黨而為中國人民做出非常重大的貢獻。」他將民主的核心解釋為必須要有反對黨，他以美式反對黨的觀念來認識並設計中共未來的地位。

然而，馬歇爾不知道，中共對他的這套民主說辭嗤之以鼻。一九四五年六月，美國作戰部的一份報告簡明扼要地陳述了中共的特質：

中國共產黨人是共產主義者，他們是中國最有效地組織起來的集團。中共所施行的「民主」是依據蘇聯模式的「蘇維埃民主」，而不是英美式的民主。中共對這種「民主」的嚴格控制，比起國民黨對重慶政府一黨專政的控制，有過之而無不及。

馬歇爾大概沒有看過這份報告。他不知道，中共不會滿足於當聯合政府中少數派的反對黨，其目標是在中國建立一黨獨裁的極權主義政權。

中共是「儒家黨」、「農民黨」或「人造奶油式共產黨」？

一九四五年十二月，馬歇爾出使中國前，借道東京，與盟軍占領日本的最高司令官麥克阿瑟會晤。麥克阿瑟在回憶錄中寫道，幾年不見，發現馬歇爾在精神上蒼老了許多，過去的敏銳與雄風不復存在，「顯然，他在大戰中耗盡了精力，已然成了當年的殘影」。

麥克阿瑟直言，不明白國務院為何要贊許中共是「農民改革者」而不是極權的共產黨？為何不協助蔣介石奪取明明可得的勝利，而要張羅停戰和談，搞聯合政府？

馬歇爾不置可否，他所持的就是麥帥批評的觀點。兩人思想觀念的分歧已不可調和，後來在韓戰中將大爆發。

當時，杜魯門給馬歇爾發出的訓令，歸納起來是六個字：停戰、開會（召開代表各種政治力量的政治協商會議）和排蘇（將蘇聯的力量從滿洲和中國排除出去）。前面兩點都指向第三點，第三點才是核心之核心。在全球冷戰格局中，中國究竟會變成怎樣，美國並不太關心——只要中國不成為蘇聯的附庸，美國就放心了。

當馬歇爾使華時，其目標是清除蘇聯在中國東北的力量，削弱中共的影響力。杜魯門政府最擔心的是蘇聯在中國東北、華北地區還有朝鮮駐軍，拒不撤退，並將這一地區的資源與蘇聯遠東地區的資源相整合，從而在遠東建立類似於一九三〇年代日本人創建的「力量複合體」。美國軍方已普遍意識到：「我們被排除在中國之外很可能會導致這樣的結果：在下一代人中，蘇聯對中國東北地區和內地的人力、原材料和工業潛能的影響力將得到擴張。屆時美國和整個世界在中國海域及其南側，將會面對一個類似於一九四一年時的日本那樣的強權，但兩者之間的區別是，蘇聯也許可以在歐洲和中東地區也處於壓倒性的優勢地位。」

對於東北的危局，國民黨有清醒認識。國民政府派遣接收東北和整理財政的大員、銀行家張嘉璈指出，「若東北全赤，則華北亦赤」，他在給蔣的報告中寫道，「蘇方竭力阻止美國染指東北，斷絕中國以夷制夷之觀念」。蔣在日記中寫道，「俄共之狡詐，美國之曖昧」，使得情勢危急，難以「苟安圖存」。[18] 加拿大駐華大使歐特倫（Victor Odlum）告訴張嘉璈，滿洲恐成第二外蒙，建議「蔣主席應與美總統與英首相見面一談，彼此有一切實了解」。張嘉璈認為這個建議未嘗不可取，但「當時政協正在進行，國共軍隊衝突頻繁，焉有餘暇，可能出國？」

馬歇爾對此並非一無所知。他最大的擔憂是，中共一旦控制東北，會將它與蘇聯的經濟連接起來，「由此產生的蘇聯在遠東的自給自足，再加上蘇聯西部工業，將會把世界歷史上最大規模的力量聚集於蘇聯的控制之下。而沒有東北地區的中國，在維持遠東均勢方面將不能成為有效的平衡砝碼」。[19]然而，當一九四六年五月，國民黨軍隊在四平街擊敗林彪的部隊並將乘勝追擊之際，他卻不讓國軍進攻哈爾濱，在那裡徹底擊敗共軍殘部、鞏固東北全境，而是強迫國軍停戰。

停戰讓共軍獲得喘息之機，並從蘇聯得到武器和物資支持，重整旗鼓。時任美國海軍部長的福萊斯特（James Forrestal）在訪問中國之後認為，馬歇爾強迫蔣介石在東北停戰，是「好心辦壞事」，此舉會讓東北落入蘇聯和中共之手，其後果相當嚴重。歷史學者基林（Donald Keene）在論文〈蔣介石與馬歇爾：四平街大災難〉中指出，馬歇爾犯了一個嚴重錯誤，國民黨因此於一九四八年失去了最精銳的部隊和整個滿洲。

馬歇爾的解釋是，他擔心史達林可能採取報復措施，重新將蘇軍派到滿洲來保護中共軍隊。如果蘇軍介入滿洲，美國政府將面臨進退維谷的局面：要麼給蔣介石提供直接軍事援助，從而冒美蘇軍事上正面相撞的風險；要麼容忍蘇軍親臨滿洲，使美軍本身的威信受到沉重打擊。他的立場得到杜魯門認可，杜魯門在回憶錄中寫道，馬歇爾確實從中國給他發來電報，他與馬歇爾對此事意見一致。

馬歇爾和杜魯門高估了史達林的決心和蘇聯的實力，處理此事時謹慎有餘而魄力不足，這種錯誤在朝鮮戰爭中還將重演。馬歇爾是守成式的組織管理大師，不是麥克阿瑟那樣敢於冒險的軍事家，不敢玩美國人叫做「俄羅斯輪盤」的遊戲，風險太大、賭注太高。[20]有時，過度的謹慎就是怯懦，怯懦必然導致失敗。

亞洲大陸是美國人無法理解的另一個世界。當馬歇爾成為國務卿並主持歐洲重建時，中國的失敗變得微不足道。馬歇爾跟羅斯福、杜魯門及美國菁英決策層一樣，都是大西洋主義者和歐洲主義者，而不是太平洋主義者和亞洲主義者。在戰爭期間如此——歐洲戰場遠比亞洲戰場重要；在戰爭之後也是如此——在歐洲遏制蘇聯遠比在亞洲防共重要。馬歇爾讚同肯楠的看法，即中國是一個不太重要的地區，因為它羸弱、貧困不堪並且在技術上落後，美國在中國投入的關注和資源不必太多。

艾奇遜認為，由於不能直接遏制中國的共產主義運動，美國只能轉而防止中國成為蘇聯力量的附庸。另一方面，他又擔心美國過多捲入中國事務，陷入中國這個克里姆林宮為美國設置的「戰略泥潭」，浪費美國有限的資源，且危及美國在更重要地區的目標。而且，美國不可能幫助國民黨克服其致命的缺陷，正如參議員史密斯（H. Alexander Smith）所說，甚至最狂熱支持國民黨的美國人，「實際上也認為，向國民黨政府提供進一步的援助，就等於把錢倒進『老鼠洞』裡去」。

美國的對華政策舉棋不定，但時不我待：中共在短短三年間就獲得內戰的勝利，並全面倒向蘇聯，成為共產集團的二把手。

馬歇爾和決策層選擇自欺欺人的方式自我開脫：中共只是「農民改革黨」或「儒家式的共產黨」，而非史達林式的、基本教義主義的共產黨。珍珠港事件爆發後幾個月，戴維斯給國務院的報告中反復強調，中共政策溫和，不主張迅猛的革命，不是蘇聯意義上的共產黨，不是「馬克思教會中新的耶路撒冷」，他們是「有號召力的農民民主主義者」——如此定位中共，美國就不必太過緊張。

中共是「農民改革者」之偽說，來自史達林與美國駐蘇聯大使哈里曼的一段對話：史達林輕蔑地說，中共是一個「人造奶油式」的共產黨。史達林從骨子裡瞧不起「小農主義」的中共和毛澤東，但他對中共的蔑視也可移用到蘇共自己身上——若以馬克思主義原典衡量，俄國是歐洲工業化程度最低的國家，是落後的農業國，最沒有資格建立共產黨並完成社會主義革命。

說者無意，聽著有心，經西方傳媒廣泛報導，史達林的一句戲言給西方政策制定者和公眾傳達了一個強烈的信息：世界共黨陣營的領袖稱中共只是一個假共產黨。耐人尋味的是，延安從未就此闢謠，因為這個說法在當時有利於改善共黨的暴戾形象，史達林幫助中共打出一張宣傳統戰的好牌，也讓美國和西方以為他不願干涉中國內政、且並未切實支持中共。

此後，大獲全勝的毛澤東興沖沖地赴莫斯科朝聖，與史達林簽署《中蘇友好同盟互助條約》，投入蘇聯陣營，但美國仍對中國可能「脫蘇」、中共是「非典型共產黨」充滿幻想。

在國務院中長期存在著毛澤東和中共信奉「狄托主義」(Titoism)[21]的誇張論斷，此後更形成「楔子」理論，即通過壓力在兩個最大的共產黨國家之間打楔子。艾奇遜在對華政策白皮書中加入一段充滿戲劇性的段落，認為「中國悠久的文明和民主個人主義最終一定會再次顯現，中國也將會擺脫外國（蘇聯）的羈絆」。

十多年後，中國與蘇聯鬧翻，兩國在紙上爆發殺氣騰騰的宣傳戰，在邊境爆發小規模武裝衝突，一度走到蘇聯要用核武器懲罰中國的邊緣（反倒是美國出面阻止此一冒險），但中國與蘇聯翻臉，絕非因為「中國悠久的文明和民主個人主義」的驅動，而是因為毛澤東在史達林死後要爭當世界革命領袖的權力慾望，以及中共比赫魯雪夫（Nikita Khrushchev）執政時期「修正主義」的蘇共更基本教義派。

某種意義上，中共確實是農民黨——毛澤東用一句「打土豪、分田地」的口號將農民煽動起來造反，將農民當作奪權的炮灰。但中共掌權後，其實施的「三農政策」（農業、農村、農民）比中國漫長歷史上任何朝代、任何暴君都更殘暴。

中共為何從不愛惜作為其統治基礎的農民階級？因為毛及中共的領導層並非普普通通、循規蹈矩的農民，而是農村中的流氓無產者，即余英時所說的「打天下的光棍」。毛自己也說，他發動的農民運動其實是痞子運動。流氓痞子的愚昧和野蠻，以及東方專制主義的慣性，讓中國、北韓、越南、柬埔寨、寮國等亞洲共產黨國家比歐洲共產黨國家更暴虐兇殘。

西方對儒家中國抱有無限美好的想像，正如周恩來以其士大夫氣質征服無數西方名流，連馬歇爾也被其吸引，「就個人角度而言，他與周恩來的關係非常融洽，認為周極具政治家風範」。一九四六年四月二十三日，馬歇爾與周恩來晤面，周告訴馬：「中央不單方面偏於蘇聯，而願為美蘇兩國之橋梁。同時，中共並不欲獨占東北，但不欲東北為國民黨反共、反蘇之根據。」[22]馬信以為真。西方始終未能明白，部分的儒家特質並不能讓中共免於像蘇共那樣殘暴。儒家的本質不是民本，而是專制，是唯我獨尊的天朝大國、天下秩序、朝貢體系，它一旦與共產主義完成磨合，中國必定變成升級版的邪惡帝國。

中共從未否定馬列主義政黨之特質，中共還將此特質寫入憲法序言。馬歇爾對中共本質的誤判，使他在調停過程中常常有意無意地偏向中共。他在離開中國後透過國務院發表的「個人聲明」中，嚴厲譴責國民黨的「極端分子」（「逆行集團」），但對中共的態度卻相對溫和。他認為共產黨內「既有自由派，也有激進派」——但事實上，在紀律嚴明的共產黨內，最多有因利益和權力而形成的派系，不可能有因觀念和價值不同而產生的分歧。

國共雙方對馬歇爾的評價相當不同：敗退臺灣的國民黨集團對馬歇爾發出諸多惡評；獲勝的共產黨對馬歇爾的政策有所攻擊——這一趨勢後來導致了使用「杜魯門－馬歇爾集團」的樣板措辭，意指試圖在中國建立帝國主義統治的美國反動派，但對馬歇爾個人的態度始終留有餘地，毛的秘書胡喬木說：「毛主席對馬歇爾的態度始終非常慎重，從未聽到毛主席說過馬歇爾的壞話，即使後來我們黨與美國當局的關係很壞了，也沒說過他個人什麼。」[23]

美國無法改變和改造中國：中國的政治邏輯、民情秩序與美國有天壤之別

當初，馬歇爾使華的消息傳出後，蔣介石指示國民黨控制的媒體對馬歇爾大肆吹捧。《中央日報》在題為〈歡迎馬歇爾元帥使華〉的社論中，稱馬歇爾所任美軍總參謀長一職，是「曾任此一職務者中最偉大傑出並且勛業極昭著的一個」，美國在二戰的勝利，「在政治上是羅斯福的勝利，在軍事上是馬歇爾的勝利」，馬歇爾是「美國陸軍之母，傑克遜（Andrew Jackson）以後最偉大的軍事天才，華盛頓以後最負人望的軍人」。好聽的形容詞用盡了，若杜魯門看到一定會嫉妒。

作為「第三勢力」自由派知識分子代表的馬寅初評論說：「舉國人民的目光都注視到他，寄以無窮的希望，好像中國之命運已經掌握在他的手中。最高領袖的地位，好像已轉移給他。」這個時候，馬寅初似乎放棄了民族主義立場。地位獨立的《大公報》在社論中說：「勞動馬歇爾將軍來華，促成中國之民主團結，其事本身，實足令知恥的中國國民汗顏無地。」

有趣的是，國民政府軍令部長及後來出任國防部長的徐永昌在日記中寫道：「此次馬歇爾來華，我人之上書控訴政府失敗者三千餘件，此輩皆屬各黨各派人物。既可上書政府，亦可申於輿論，極其所至，亦可起而革命，乃厚顏無恥為假此取媚於外人。一國之民多無

人格，其國亦必無國格。」徐永昌用「人格」和「國格」等儒家道德主義及現代民族主義理念批駁國人向馬歇爾「告洋狀」之舉，卻未能理解此一事實已然表明民眾寧願信任馬歇爾，也不信任蔣介石。國民黨極度僵化和腐敗，已然喪失民心。國民黨高層未能理解這一細節背後的危機與警示。

在那一年多時間裡，馬歇爾多次往返於中美之間，以及廣袤中國的不同省份。談判進展不順利時，他在兩邊奔走，先是與蔣進行長達幾個小時的會晤，然後與毛的副手周恩來一起飛往延安，同毛直接交涉，之後又換乘飛機、船、吉普車和轎子去蔣在南京郊外的山間別墅。一位旁觀者形容馬歇爾「頑強地堅持做著看似無望的工作」。「更多的會議和更多的徒勞，」另一位旁觀者在日記中寫道。「我真不知道將軍怎麼能忍受這些。」

隨後，馬歇爾返回華盛頓向杜魯門匯報工作。他在新聞發布會上說，中國領導人「成功地終止了過去二十年的敵對行動」，國共雙方「現在正忙於遣散大批軍隊並將剩下的軍隊統一整編成一支中央軍隊」。他的使命似乎「馬到成功」。

馬歇爾很快為他的過度自信付出沉重代價。

馬歇爾使華的主要任務是制止內戰。在美國看來，中國內戰的原因，主要是未能實行美式民主政體、尤其是兩黨競爭模式。因此，在中國推動若干西式民主制，成為其解決中國問題的入手之處。杜魯門在回憶錄中說，他派馬歇爾將軍到中國去是為了設法制止戰爭，以幫助國民黨和共產黨簽訂協定，組織一個聯合政府。馬歇爾多次說，他使華時是希望「建立一個兩黨政治體制，以共產黨為少數派，成為處於合法地位的反對黨」，即在中國推行美式兩黨制。

馬歇爾帶來的西方政治原則必然與中國自身的政治邏輯發生碰撞。歷史學者鄧野指出，「民國的政治邏輯」的基本特徵在於：政治與武力高度統一，政黨作為政治集團的同時，又是一個武裝集團，武力是政治的觸發點和最終依據。同時，這個邏輯本身又構成民國政治基本的歷史侷限。[24]不過，鄧野未能區分一九二七年前後「兩個民國」的政治邏輯是不同的——一九二七年之前如走馬燈式登臺的北洋軍閥，只能算是半現代化、半傳統的威權人物；一九二七年之後爭鬥不已的國民黨和共產黨已然進化成黨軍合一、黨政合一的現代獨裁政黨。馬歇爾使命的難題和國共和談的困境，乃是由一九二七年之後的政治邏輯和政治格局所決定的：國共兩黨都是效仿蘇共建立的列寧式政黨，只是成色有所不同。

馬歇爾關於在中國建立兩黨制和扶持反對黨的設想，本身難以成立。國民黨和共產黨都是列寧式政黨——掌握軍隊、依賴暴力革命奪取權力，而不是靠選舉在議會政治中獲得權力。馬歇爾在中國的努力，如同尋找試圖撬動地球的支點，永遠無法成功：在中國，沒有真正的反對黨，這不符合美式民主；反對黨在中國的存在必須依靠武力，這同樣不符合美式民主。直到其使華任務末期，馬歇爾才意識到，中國處於若干世紀內形成的落後和組織不善的情況下，難以期望很快將民主形式引入政府結構和法律框架中去。美國在中國的失敗，以後還會在越南、伊朗、阿富汗、伊拉克、利比亞等國重演。

一九四六年十二月十八日，馬歇爾在即將離開中國之際，對「第三勢力」民盟的領袖羅隆基說：「過去我常常覺得，國民政府願意有美國的調解，是為了給它的軍事行動充當盾牌，現在我覺得，共產黨已不需要美國的調解，但如果正式拒絕這樣一種調解，又擔心因此而陷於不利地位。因此，我說，正像以往我一度為國民黨所利用，現在我已經在為共產黨所利用。……但是，我不能聽任我被任何一方當作一種便宜來利用。」這是馬歇爾對其調停活動及其在華地位的最終認識。

馬歇爾的悲劇在於：試圖改造中國政治邏輯的西方原則及其執行者，在中國的命運十分尷尬，只能輾轉於國共之間，反復被「當作一種便宜來利用」。歷史學家庫爾茨—費倫（Daniel Kurtz-Phelan）指出，馬歇爾對國民黨的影響力從一開始就很有限，因為蔣相信（得益於他與華盛頓的朋友們的私下溝通），美國最終別無選擇，只能支持他（這是美國政策制定者第一次面對二戰後反覆出現的問題：如何推動弱小、腐敗、嚴重依賴美國的附庸國改革，以應對有著強大動力的無情對手）。回想起來，似乎同樣明顯的是，儘管馬歇爾十分努力，但蔣和毛都只是在拖延時間，等待最合適的時機，結束二十年的爭鬥。[25]

馬歇爾並未看透中國的政治邏輯和支配此一政治邏輯的觀念秩序——東方專制主義、天下帝國主義與現代極權主義的結合；同時，他也對「美國之為美國」的政治邏輯、觀念秩序和信仰傳統霧裡看花。他的第二任妻子凱瑟琳是牧師的女兒，但他本人在信仰上僅僅維持最低禮儀。他對美國的清教徒傳統所知甚少——如果他仔細研讀過亞當．史密斯

（Adam Smith）、伯克（Edmund Burke）、漢密爾頓（Alexander Hamilton）、詹姆斯・麥迪遜、托克維爾、海耶克（Friedrich Hayek）的著作，或許就能透徹地意識到美國的優勢和美國的限度（以及美國的獨特性），從而對到中國調停內戰這一不可能完成的使命有清醒的認識。

美國人成功地改造了日本，卻失去了中國。這首先是因為坐鎮日本的是麥克阿瑟，而主導中國政策的是馬歇爾。作為共和黨人的麥克阿瑟，對美國的政治邏輯和觀念秩序的理解，遠比作為民主黨人的馬歇爾要深刻，麥克阿瑟對戰後國際政治格局及美國應當採取的戰略的認識，也遠比馬歇爾要深刻。

當然，更根本的原因乃是因為日本不是中國，日本本身的民情民風、觀念秩序遠比中國更接近西方。美國海軍准將佩里（Matthew Perry）率領「黑船」敲開日本的門戶時，發現日本人是西方之外唯一比西方人更整潔的民族——在十九世紀的歐美社會，整潔乾淨和虔誠信仰的地位一樣重要。日本人無可挑剔的優雅舉止、高貴的禮節，對於美國人和他們所帶來的新技術的強烈好奇，以及他們的智慧和整潔，都讓美國人始料未及。佩里和他的船員們一致認為，日本是「所有東方國度中最有道德、最有教養的國家」，這個判斷影響了美國人近一個世紀，直至日本偷襲珍珠港。[26]戰後，作為戰敗國的日本迅速向美國低頭、向美國學習，從明治維新時代的「脫亞入歐」轉向「脫亞入美」，在政治經濟等各方面迅速完成「美國化」，並成為美國在亞太地區穩如磐石的盟友。與之相比，中國的「美國化」依然是可望而不可及的海市蜃樓。

一九四七年一月七日，蔣介石設晚宴餞別因調停失敗而決定離開中國的馬歇爾，再次邀請馬歇爾重返中國擔任其特別顧問，並答應賦予馬歇爾所需要之一切權力，「共同為使中國成為中美兩國人民所想望之國家而努力」。馬歇爾知道這是場面話，笑而不答。

蔣介石躊躇滿志，受其身邊的將領如陳誠等人誤導，以為在三至六個月內可擊敗中共。但馬歇爾直言，他不相信委員長會贏得這場戰爭，共產黨會發動一場消耗戰，在蔣的軍隊試圖守住城市時，切斷其供應和通訊線路。

次日，馬歇爾黯然離開中國，蔣介石夫婦親至機場送行，場面雖隆重，但辭別者和送行者心中都知道，事態已然不可收拾。

將近兩年後的一九四八年十二月一日——國民黨軍隊在徐州潰敗的同一天，宋美齡飛抵華府，直奔馬歇爾位於維吉尼亞州利斯堡的宅邸，卻發現時任國務卿的老友正在因腎病住院。宋美齡風塵僕僕地趕往醫院，她不單單是為了與馬歇爾敘舊，而是期望說服馬歇爾及美國政府給予即將崩潰的國民黨政府援助，並發表公開聲明予以支持。馬歇爾冷冷地回答，國府未做出任何可以證明他們能擊敗中共的動作，因此，「如果杜魯門政府對於蔣介石政府說不出任何正面的話，就應該什麼話都別說」。[27]

此時，病床上的馬歇爾回想起兩年多之前訪華時的雄心壯志，宛如過眼雲煙。

注釋

1 麥克阿瑟和馬歇爾在一九三〇年代即早有芥蒂。兩人同齡（都出生於一八八〇年），但麥克阿瑟仕途更為順遂，一九二五年即成為美軍最年輕的少將，一九三〇年升任陸軍參謀長。馬歇爾一直在軍校任教官，升職緩慢，曾請求老上司潘興向羅斯福和麥克阿瑟進言推薦。麥克阿瑟讓主管審查馬歇爾履歷，認為其缺乏領軍經驗，將其調任第八團團長，之後直到五十八歲，馬歇爾才得以出任第三師第五旅旅長，尚不能獨當一面。一九三〇年代末，麥克阿瑟從軍中退伍，轉任菲律賓自由邦軍事顧問；馬歇爾獲得羅斯福青睞，躍升為陸軍參謀長，任此職比麥克阿瑟晚九年。二戰期間，馬歇爾成了麥克阿瑟的上級，英國參謀長委員會主席、陸軍元帥阿蘭布魯克（Alan Brooke）委婉地指出：「馬歇爾談不上有多喜歡麥克阿瑟。」麥克阿瑟曾直言：「在美國陸軍中，沒有哪個將領像馬歇爾這樣受到了過分高估。」翁格爾夫婦（Irwin Unger, Debi Unger）、史丹利・赫什森（Stanley Hirshson）：《喬治・馬歇爾傳記》，（香港）恒慶德出版社，2017 年，頁 188。

2 理查德・伯恩斯坦（Richard Bernstein）：《中國 1945：中國革命與美國的抉擇》，（北京）社會科學文獻出版社，2017 年，頁 422-423。

3 道格拉斯・麥克阿瑟（Douglas MacArthur）：《麥克阿瑟回憶錄》，（上海）上海社會科學出版社，2017 年，頁 394。

4 珍珠港事件前，身為陸軍總參謀長的馬歇爾頗為輕敵，當天他外出騎馬五十分鐘，以致遲遲未收到陸軍情報局轉去的已破譯的開戰密電。當他將此密電再轉給夏威夷駐軍時，日軍飛機已飛臨珍珠港上空。在戰後國會的調查中，馬歇爾在作證時流露出的不只是疲憊，還有一絲躊躇不決和令人不安的防禦姿態。他的舉止或許表明，在珍珠港事件爆發前，他的表現並非無可指摘，他對自己產生了某種程度的懷疑或良心上的譴責。翁格爾夫婦、史丹利·赫什森：《喬治·馬歇爾傳記》，頁 288。

5 梁敬錞譯：《馬歇爾使華報告書箋注》，（臺北）中央研究院近代史研究所，1994 年，頁 616-617。

6 阿爾弗雷德·考尼比斯（Alfred Emile Cornebise）：《扛龍旗的美國大兵：美國第十五步兵團在中國》，（北京）作家出版社，2011 年，頁 93-94、98。

7 翁格爾夫婦、史丹利·赫什森：《喬治·馬歇爾傳記》，頁 299。

8 費正清（John K.Fairbank）、費維愷（Albert Feuerwerker）主編：《劍橋中華民國史》（下），（北京）中國社會科學出版社，1993 年，頁 840。

9 理查德·伯恩斯坦：《中國 1945：中國革命與美國的抉擇》，頁 382-383。

10 A·M·列多夫斯基（A. M. Ledovski）：《斯大林與中國》，（北京）新華出版社，2001 年，頁 396-397。

11 蔡國裕、蕭譽：《中共黨史 1921-1949》，（臺北）五南，2020 年，頁 438。

12 毛澤東：〈三月總結〉，《毛澤東選集》（第四卷），（北京）人民出版社，1991 年，頁 1209。

13 李雲漢：《中國近代史》，（臺北）三民書局，2014 年，頁 514。

14 文達峰（Jonathan Manthorpe）：《大熊貓的利爪：中國如何滲透、影響和威嚇加拿大》，（臺北）左岸，2020 年，頁 111-112。

15 蕭軍：《延安日記》，（香港）牛津大學出版社，2013 年，頁 429。

16 馬克·賽爾登（Mark Selden）：《革命的中國：延安道路》，（北京）社會科學文獻出版社，2002 年，頁 3、頁 310。

17 理查德·伯恩斯坦：《中國 1945：中國革命與美國的抉擇》，頁 394。

18 伊原澤周：《戰後東北接收交涉紀實：以張嘉璈日記為中心》，（北京）中國人民大學出版社，2012 年，頁 203。

19 梅卡爾・P・萊弗勒（Melvyn P. Leffler）：《權力優勢：國家安全、杜魯門政府與冷戰》，（北京）商務印書館，2019 年，頁 171-172。

20 A・M・列多夫斯基：《斯大林與中國》，頁 394-396。

21 狄托為南斯拉夫共產黨領袖，領導南斯拉夫游擊隊打敗德國占領軍，奪取政權，故而保持了與莫斯科之間的獨立性，不像其他東歐國家的共產黨政權完全是莫斯科的傀儡。因此，莫斯科批判狄托主義是民族主義，破壞共產陣營的團結，且向西方妥協；而美國和西方則認為可以拉攏狄托和南斯拉夫轉向西方，而且對中共也存有類似的幻想。

22 伊原澤周：《戰後東北接收交涉紀實：以張嘉璈日記為中心》，頁 153。

23 鄧野：《聯合政府與一黨訓政：1944-1946 年間國共政爭》，（北京）社會科學文獻出版社，2003 年，頁 469。

24 鄧野：《聯合政府與一黨訓政：1944-1946 年間國共政爭》，頁 458。

25 Aaron L. Friedberg：〈《中國任務》：馬歇爾未能阻止的國共殊死之爭〉，紐約時報中文網，2018 年 6 月 7 日，https://cn.nytimes.com/culture/20180607/daniel-kurtz-phelan-china-mission/zh-hant/。

26 布魯斯・卡明思：《海洋上的美國霸權：全球化背景下太平洋支配地位的形成》，頁 128-129。

27 凱文・裴萊諾（Kevin Peraino）：《迅猛的力量：1949，毛澤東、杜魯門與現代中國的誕生》，（臺北）遠足文化，2019 年，頁 30-21。

第三章

如果麥克阿瑟掌握最高決策權，韓戰將是完勝的結局

有些人出於種種原因，對中國持姑息態度。這是對明顯的歷史教訓視而不見，因為歷史明確無誤地強調，綏靖縱容只會招致更加血腥的戰爭。歷史上沒有一個例子告訴我們，為了和平的結果可以不擇手段——屈從只能換來虛假的和平。

——道格拉斯·麥克阿瑟

一九五一年四月十一日凌晨一點，杜魯門及其顧問們害怕麥克阿瑟主動提出辭職並將白宮置於尷尬境地，決定先下手為強——用一種刻意羞辱的方式，召開一場前所未有的記者會。

白宮新聞發言人發布了總統對麥克阿瑟的免職令：「我非常遺憾地得出結論，麥克阿瑟將軍在他的職責範圍內，已經不能全心全意地支持美國政府和聯合國軍制定的政策。根據美國憲法所賦予我的特殊責任和聯合國賦予我的職責，我已決定，必須撤換遠東司令官。因此，我解除了麥克阿瑟將軍的指揮權，並且任命李奇微（Matthew Bunker Ridgway）陸軍中將為他的繼任者。」[1]

麥克阿瑟被解除一切職務——聯合國軍總司令、遠東司令部總司令、駐日盟軍最高司令官、太平洋戰區司令官。

面對排山倒海般的批評巨浪，數小時後，杜魯門通過電臺發表講話，對其免職令予以解釋和澄清。他痛斥麥克阿瑟不配合政府的政策是對文官統治軍隊的挑戰，全然不顧理由是那麼牽強附會，他甚至爆出了粗口：「我辭退了他，是因為他不尊重總統的權威；我不辭退他，因為他是個混蛋。」

杜魯門及正在朝鮮視察軍隊的陸軍部長佩斯（Frank Pace）都沒有勇氣親自打電話給麥克阿瑟宣布免職令。麥克阿瑟太德高望重了，軍方所有高級將領，包括馬歇爾和艾森豪，都曾是其下屬。一位下級軍官說：「麥克阿瑟比誰都高，僅次於上帝。」[2]

此前，麥克阿瑟與白宮已發生過幾輪爭論。麥帥發表公開聲明說，中國應該承認軍事失敗，談判求和，否則將面臨一場更大規模的戰爭。他致信共和黨國會議員馬汀（Joseph W. Martin Jr.）指出，「勝利無可替代」。杜魯門認為麥帥的做法屬於軍人不服從命令的行為。但馬歇爾和參謀長聯席會議主席布雷德利（Omar Nelson Bradley）都認為，雖然麥帥公開挑戰政府的戰爭政策，但從法律上講並未犯下抗命之罪。

麥帥被免職的導火線是，杜魯門和艾奇遜對於麥克阿瑟公開支持被他們拋棄的國民黨政權而憤怒。麥克阿瑟宣示，我們的堅定目標是保衛太平洋，而臺灣是「太平洋上永不沉沒的航空母艦」，臺灣的地理位置如此重要，「以至於如果落入對美國不友善的大國手中，將會在美國的太平洋戰略部署中央形成突出部」。他認為，這篇給海外退伍軍人協會的發言稿完全支持總統的政策主張。[3]杜魯門卻告訴國防部長詹森（Louis A. Johnson），麥克阿瑟應收回其聲明。詹森尊崇麥克阿瑟，反對這種粗魯的做法。幾天之後，杜魯門要求詹森辭職，以馬歇爾取而代之。[4]

一九五一年十月十一日，麥克阿瑟被免職的消息通過新聞廣播傳到東京。麥克阿瑟正在午餐上款待客人。當副官在他耳邊轉達此一消息後，他沉默片刻，然後望著妻子，溫柔地說：「珍妮，我們終於要回家了。」後來，他寫道：「我所接到的實際命令是如此嚴厲，以至於指揮權交接時應有的禮遇都蕩然無存，幾乎無異於脅迫。不管是辦公室跑腿的，還是做清潔的女工，抑或任何僕人都不會被這樣不留情面地解僱。」[5]

「如果我們不立即行動，就只有死路一條」

麥克阿瑟出生於阿肯色州一個軍人家庭，爺爺是蘇格蘭法官和政治家，父親為曾出征亞洲的亞瑟·麥克阿瑟將軍（Arthur MacArthur III）——華盛頓有一條街道以其名字命名。

在這個家庭中，基督教氛圍濃郁。麥克阿瑟信仰虔誠，堪稱美國最後一位文武雙全、具有清教徒觀念秩序的偉大將領。他的〈麥帥為子祈禱文〉（General Douglas MacArthur's Prayer for His Son）家喻戶曉。他在收復菲律賓時發表的致辭中，多次引用《聖經》和穿插基督教教義，當他身邊的軍官們建議刪去這些段落時，他告訴他們：「小夥子們，我想讓你們知道，當我提到上帝，心裡是帶著崇高的敬意。」他與其他將領不一樣的地方在於，他不是那種只知道以服從為天職的軍人，更知道為何而戰。

麥克阿瑟的太平洋主義是向其父親致敬——一八八三年，亞瑟．麥克阿瑟少將在《中國備忘錄》（*Chinese Memorandum*）中寫道，菲律賓是通往中國市場的中轉站，是對抗其他敵人的「軍事制高點」，未來菲律賓一定會成為拓展美國貿易以及在整個亞洲地區推廣共和制度的傳教士。[6]

一九四〇年代末，日本逐漸走上正軌，同樣也在麥帥轄區內的韓半島情勢卻日漸嚴峻。麥帥不斷警告華府，北韓有可能正在醞釀一次進攻，其中一份情報預測北韓可能在一九五〇年六月越過三八度線。但華府置若罔聞。

一九五〇年六月二十五日晚，麥克阿瑟臥室的電話突然響起，司令部的執勤官告知，北韓軍隊越過三八度線大舉南侵。九年前，同樣是這個星期日早晨，在同一時刻，在馬尼拉酒店頂樓套房，他同樣被急迫的電話鈴聲吵醒。將軍又面臨一場新的戰爭。

如猛虎般南下的十多萬北韓人民軍，無論從哪個標準衡量都是一支精銳部隊。他們配備了蘇聯供應的最先進武器，有在史達林格勒戰役中飽受洗禮的朝鮮族官兵，也有剛剛經歷中國內戰、由中國境內朝鮮族組成的完整建制師。按照美國海軍陸戰隊海納爾上校的看法，「除了蘇軍外，朝鮮人民軍可能是在遠東軍事力量中，最能完成原定任務的一支訓練有素、裝備精良的軍隊」。[7]北韓出兵，得到了史達林的批准——此時，年事已高的史達林愈來愈沉溺在自己的妄想中，他希望通過這場戰爭來削弱美國在亞洲乃至全球的影響力。[8]

與之相比，南韓軍隊只是一支警察保安隊。美國對南韓當時的總統李承晚不放心，不供應南韓軍隊重型武器。華盛頓削減了給南韓的六千萬美元軍事援助，參謀長聯席會議向白宮報告，「從軍事安全的角度說，美國在朝鮮並沒有什麼戰略利益」。戰後的大裁軍讓美軍的士氣和實力降低到珍珠港事件之前的狀態，魏德邁將軍評論說：「美國打這場仗就像踢一場足球賽，勝利之後就離場回家，慶祝勝利。」馬歇爾承認，戰後匆匆裁軍如同一場「大崩潰」。

僅一個月時間，北韓人民軍就攻占了南韓九成以上土地。南韓軍隊和聯合國軍匆匆建立起一條長達一百二十英里的弧形防線，即釜山防禦圈（Pusan Perimeter）。

雙方僵持在戰線兩側，新聞評論員們認為戰局不會有什麼變化。但人們低估了麥克阿瑟這位天才戰略家。在二戰時期，麥克阿瑟在太平洋戰場曾十一次迂迴到日軍側翼及後方，進行果斷的登陸戰，每次都取勝。

六月三十日，麥克阿瑟提出在仁川實施登陸作戰、從側翼打擊北韓軍的設想。在華盛頓看來，這一計畫過於冒險，參謀長聯席會議主席布雷德利認為，「對兩棲登陸而言，仁川很可能是所選擇過的最糟糕的地方」。

七月十三日，美國陸軍參謀長柯林斯（Joseph Lawton collins）和空軍參謀長范登堡（Hoyt Sanford Vandenberg）飛赴東京，聽取麥克阿瑟關於仁川登陸作戰設想的報告，他們的本意是否決此一計畫。當各兵種的將領都一致表示這是不可能完成的任務之後，麥克阿瑟想起父親的一句名言：「軍事會議是滋生膽怯和失敗主義的溫床。」他先從軍事上論證仁川登陸的可行性，然後闡明這場戰爭的勝負事關自由世界的生死存亡：

西方世界的威望搖搖欲墜，千百萬東方人正翹首關注著結果。誰都看得出來共產主義者們已經將亞洲選作他們征服全球的舞臺。我們的考驗不是在柏林、維也納，也不是在倫敦、巴黎或華盛頓，而是在此時此地——就在韓國的洛東江邊。我們已經在戰場上加入這場紛爭。事實上我們在這裡正拿著武器為歐洲而戰，而那邊的戰爭仍然停留在唇槍舌劍上。如果我們在亞洲敗給了共產主義，歐洲的命運將岌岌可危。打贏亞洲的戰爭，歐洲則可能免於戰亂，相安無事。在這裡只要一著不慎——犯下拖延遲鈍的致命錯誤——我們就會滿盤皆輸。我幾乎已經聽見命運的秒針在滴答作響。如果我們不立即行動，就只有死路一條。9

麥帥最後說：「如果我的判斷有誤，登陸後遭遇無法壓制的抵抗，那我將親臨現場，並且在我軍部隊慘遭挫折前立即將其撤回。屆時唯一的損失就只是我個人的職業名譽。但是仁川之戰是不會失敗的，仁川之戰一定會成功，而且能挽救十萬人的性命。」

話畢，會場鴉雀無聲。眾人都被折服了。

八月六日，杜魯門總統派出哈里曼以總統特使身分前往東京，勸說麥克阿瑟放棄仁川登陸計畫。麥帥表示：「唯有在仁川登陸才是可行的，因為，只有實施仁川登陸才能給敵人必要的沉重打擊，從而在冬季到來之前將其殲滅——通過這種打擊，可以切斷敵方主要補給線和交通線，並能獲得同由釜山防禦圈出擊的部隊會合的機會，消滅夾在登陸部隊和由防禦圈出擊的部隊之間的敵軍。」他用出色的雄辯才能和縝密的思維能力，說服了哈里曼。後者返回華府，建議杜魯門「應當把政治問題和個人考慮撇在一邊」（杜魯門不喜歡桀驁不馴的共和黨人麥克阿瑟），並將麥克阿瑟將軍「作為一大國寶加以器重」。

杜魯門邀請艾森豪到白宮為其提供諮詢，艾森豪與之交談後感歎說：「可憐的總統先生，這麼好的人，不會游泳卻身處風高浪急的湖中。」杜魯門與羅斯福一樣重用馬歇爾，忌憚麥克阿瑟——羅斯福說過，麥克阿瑟是美國最危險的人物。馬歇爾是循規蹈矩的技術官僚，如同一篇中規中矩的科學論文；麥克阿瑟則是具有賭徒性格的戰略家，如同一首汪洋恣肆的史詩——他是戰地指揮官，是一位敢於挑戰不可能、敢於採取大膽行動並敢於敗中求勝的戰神。麥克阿瑟將自己的計畫比喻為一場賭博：「下個五美元的賭注，我就有機會贏得五萬美元。」[10] 他比任何人都更願意投入到冒險行動中。

八月二十三日，參謀長聯席會議與麥克阿瑟進行電話會議。高官們紛紛質疑是否真有必要在前線吃緊的情況下抽調兵力登陸仁川，麥克阿瑟強硬而簡短地回答：「是的。」

八月二十八日，參謀長聯席會議批准了在仁川籌備並實施登陸行動的計畫。

九月十三日，麥克阿瑟率領美軍在仁川登陸。美軍僅付出五百三十六人陣亡、六十五人失蹤和兩千五百五十人受傷的代價，擊潰了四萬名北韓人民軍。很快，侵入南方的敵軍全面瓦解，潰不成軍。美軍收復漢城及南韓全境，俘虜超過十三萬名敵軍。海軍五星上將哈爾西（William Frederick Halsey, Jr.）稱仁川登陸為「歷史上最巧妙、最無畏的戰略方針」。他寫道：「在仁川，麥克阿瑟是大膽的、明智的、自信的、堅定的。那些懷疑他判斷力的人（那些想要打安全牌的微不足道的人）就是他的反例。」[11]

登陸成功之後，國防部長馬歇爾於九月二十九日電告麥克阿瑟：「我們希望你認識到，你在想三八度線以北推進的時候，無論在戰術上還是在戰略上，都是不受限制的。」

美軍一路勢如破竹，逼近中朝邊境，殘餘的北韓人民軍逃入中國東北。

新的危機出現了，中共以「抗美援朝」的名義組建一支龐大的「志願軍」，即將入朝參戰。麥克阿瑟提醒華府注意中國的動向，在報告中列出中國東北境內五十六個正規師的具體數字和駐紮地點。華府卻閉目塞聽。

為阻止中國軍隊進入北韓，麥克阿瑟命令空軍轟炸鴨綠江上的橋梁，切斷中國東北與北韓之間的捷徑。馬歇爾卻發來急電，撤銷此一命令。這道難以置信的命令為敵軍提供了保護。此前，國務院從空軍轟炸的目標清單中刪除了羅津（距離蘇聯太近）、鴨綠江上的水壩以及向蘇聯和中國供電的水電站——國務院居然干涉前線作戰，可見杜魯門政府如何畏戰。[12]

麥克阿瑟非常憤怒，回電說：「阻止敵軍增援的唯一辦法是發動空襲摧毀橋梁和朝鮮境內有利於敵軍的相關設施。我認為這樣的行動是為戰爭法則所允許的，也在我接到的決議和命令許可的範圍之內。撤銷我的命令在很大程度上導致災難性的後果，對此我不會承擔任何責任，只能以最強烈的抗議作為回應。」[13]

馬歇爾告訴麥克阿瑟，和中國擴大戰爭規模將引發「極其嚴重的問題，很可能導致世界性的災難」。對此，麥克阿瑟回答，中國已成為整個亞洲的威脅，未來中國對世界的威脅將超過蘇聯——他是第一個指出這一真相的先知。[14]

戰略良機，稍縱即逝。中國悄然參戰，其規模壓倒聯合國軍：雙方人數之比為三比一甚至五比一。面對如潮水般湧入的中國軍隊，麥克阿瑟向華府發電，要求立刻增援，並請求允許將六十萬國民黨軍隊投入朝鮮戰場。他認為，這場戰爭不能再侷限於一個地方。他計畫轟炸中國東北的基地，並讓空軍跨過邊境追擊敵機。華盛頓拒絕他的建議，並對其「畫地為牢」。麥帥告訴媒體，華盛頓對他的約束是「一個史無前例的巨大障礙」。

儘管如此，麥克阿瑟仍然制定了一個消滅在朝中國軍隊的長遠計畫。摧毀敵人的補給線是其中決定性目標。共軍在朝鮮要供給近百萬部隊，他們補給倉庫的儲糧只夠維持十天，彈藥同樣有限。如果獲准動用國民黨軍隊，加上即將趕來的美軍增援，就能在朝鮮北端的東西兩岸同時開展兩棲登陸和空降作戰，從而布下天羅地網。這樣共軍只有餓死和投降兩條路可走。這是比仁川登陸規模大得多的天才戰略。該計畫的第一階段進行得十分順利，聯合國軍收復了漢城並抵達三八度線。

然而，杜魯門、艾奇遜和馬歇爾等人不想陷入一場更大規模的戰爭（中國背後還有蘇聯），也不想放棄在朝鮮的目標——這種左右搖擺、左支右絀的政策，跟當初美國在中國內戰中的立場一模一樣。既不願抽身事外，又不願投入足夠的資源和勇氣去追求勝利，這種戰略猶豫也是越戰失敗的原因。

「我們需要能領導我們的領導人，而不是阻礙我們、使我們流血的人」

從一九五〇年十月到一九五一年六月，中國軍隊與朝鮮軍隊為一方，聯合國軍隊與韓國軍隊為一方，進行了來回拉鋸式的五次戰役；雙方把戰線穩定在三八度線附近，戰爭進入漫長的相持階段。

當時，每一個身在朝鮮的美國陸海軍士兵得到重達五噸的裝備支持，每天的生活補助高達六十英鎊。由於所有東西都要通過海上運輸，在一九四六年到一九五一年間封存起來的兩千艘小艇都被當做運輸船，並成立了由十三艘航空母艦和兩艘戰艦組成的艦隊，美國海軍稱之為「歷史上絕無僅有的低保險政策」。二戰後處於休眠狀態的戰爭機器再度開動起來。

一九五〇年十一月底至十二月初，美軍與中國軍隊爆發了最大規模的交戰——長津湖戰役。戰役在氣溫驟降到攝氏零下三十度、狂風呼嘯的北韓冰封群山間打響。陸戰隊一師一萬五千名士兵和第七步兵師三千兩百人發現，他們被十萬中國大軍包圍。戰鬥非常殘酷，即便參加過二戰的老兵也承認，這是他們經歷過最糟糕的戰鬥。十七歲的三等兵約翰．哈蒙德（John Hammond）在給家人的一封信中寫道：

> 激戰進行了三個晝夜，雙方傷亡都很大。我們人數占劣勢，以一敵十。我們被敵人包圍，大約有兩百多人受傷。我看著一個好夥伴因傷勢過重又無法治療而死去。我哭了。我覺得非常無助。十二月一日，我們接到命令，殺出去和八英里外的陸戰師會合。我們有大約三十輛卡車裝傷員。我們走了大約兩英里，突然一顆子彈打中了我的膝蓋，打進了我的骨頭。我上了救護車，上面有十六人。
>
> 我們行進得很慢，過了幾個路障，很快天就黑了。他們把我們四面圍住，開始攻擊我們。我們的司機被打死了，卡車翻到溝裡。機關槍射穿了救護車，打死了坐在我對面的一個老兵和一個尉官，他跌倒我身上，我推開他，想打開救護車的後門。門被關住了，但幾分鐘後我撬開車門，下了車。[15]

二等兵里夫斯是一名虔誠的基督徒。十二月四日，中國軍隊包圍了他們的卡車，他的戰友全都陣亡。當有人搜他的口袋時，他假裝死人直挺挺地躺著不動。那個中國人感到他還有熱氣，就朝他臉上揮拳。他們將他扔到地上，用槍托狠狠地毆打他。他告誡自己：「不要眨眼，也不要呼吸，要死死盯著公路。」結果，他們將他扔到屍體堆中就走了。

里夫斯的膝蓋嚴重受傷，掙扎著在結冰的長津湖（Lake Changjin）上爬行，一邊爬一邊唱童年時代學會的聖歌，靠著聖歌給他的力量在厚厚積雪的冰面上爬行了整整三英里。美軍的飛機發現了他，從他頭頂掠過，向他身後的敵人猛烈掃射。不久，海軍陸戰隊的士兵駕駛吉普車前來將里夫斯救回。[16]

中國軍隊採取人海戰術，向美軍陣地發起密集衝鋒——被驅使充當炮灰的，很大一部分是被整編的前國民黨軍隊。毛澤東的陰險伎倆是，利用這次戰爭消滅他並不信任的國民黨投降軍隊。這就是為什麼數萬被俘的志願軍官兵，後來堅決去臺灣而不願遣返回中國的原因。

砥平里戰役是志願軍人海戰術的典型之作。志願軍集合四個主力師五萬餘人，企圖包圍、全殲砥平里美軍加強營和法國營，以及炮兵中隊、坦克中隊。五萬對四千，似乎穩操勝券。然而，美軍和法軍被圍後並不慌亂，全部火力搭成環形圈，榴彈炮、坦克炮對付志願軍外層後續兵力，重機槍、擲彈筒、衝鋒槍構成內層火網，火力遠近搭配，密不透風。

一名美軍士兵如此描述當時的場景：「當夜幕降臨，四周響起了淒厲的軍號聲，他們從地平線滿山滿谷地湧出，不畏生死地往前衝。他們一排排地像麥捆子似的被機槍火力擱倒，後面又一排排地往上衝，又被擱倒。我們的機槍狂吐著火焰，槍管打紅，臂膀打痠，看著滿坑滿谷的屍體，我對自己說：這不是戰鬥，這簡直就是屠殺！」

美軍不斷撤退，一度讓出漢城，並非美軍被中國軍隊的人海戰術嚇倒，也不是前線官兵缺乏繼續戰鬥的勇氣，而是華府缺乏明確的戰爭目標，杜魯門缺乏堅強意志。

一九五一年一月十一日，李奇微寫信給參聯會：「力量就在這裡。我們具有實力和手段取勝。一個占主導地位的問題是，決策者也要有這樣的認定。」然而，參聯會發電報給麥克阿瑟，拒絕其對中國進行全力以赴戰爭的要求，他們說沒有可能將更多部隊派去朝鮮，也不可能對中國進行軍事封鎖——其實這兩件事都是「可能」的。電報中作出荒誕的限制——唯有中國人進攻朝鮮以外的美軍部隊，才能批准使用海軍和空軍攻擊中國。彷彿此時此刻美國跟中國並未處於戰爭狀態（杜魯門的說法是「警察行動」），美國全盤接受中國入朝軍隊是「志願軍」的說法。這封電報告訴麥克阿瑟：「如果人員和物資將遭受更嚴重的損失，那麼你就要從朝鮮撤到日本去。」這分明是投降主義——跟一九四一年法國元帥貝當（Philippe Pétain）的思路差不多。

麥克阿瑟收到這份電文，勃然大怒，用急件發出反駁：「這個問題實際上歸結到美國是否打算撤離朝鮮的問題，也涉及國家和國際上最具重要意義的決定，遠遠超出戰場指揮官的權限。指揮官在擴大戰場時大都受到小事的支配而影響到戰術的地位。這個決定也不應把戰鬥的主動權讓給敵人。我的疑問是這樣的：美國當前政策的目的是在一定期限內明確地在朝鮮維持它的軍事存在，還是盡快完成撤離任務以求最低限度減少傷亡？」麥帥的副官惠特尼（Courtney Whitney）看見麥克阿瑟發電報給華府時，「臉色窘迫而惱怒」。麥帥追問：「他（杜魯門）究竟怎樣才能把問題說得更清楚些？華盛頓和聯合國是打算留在朝鮮還是一走了之？」[17]

基層官兵都知道誰是責任人。第二步兵師的中士惠勒在給父親的信中批評杜魯門：「杜魯門的觀點和舉措大概代表了大多數心慈手軟的美國人的態度，他們不願放棄舒適的生活，去支持一支足夠強大的軍隊來保證和平與自由，他們認為和平與自由是理所當然的。只有那些到過國外的人才會明白和平與自由的意義……」[18]

二十一歲的中士戈爾在給女友的信中說：「麥克阿瑟將軍對他們說，韓戰是場愚蠢的不合憲法規定的戰爭，因為他們不願意讓我們贏，也不願意讓我們打敗。他們所想做的只是要把我們送到那裡，送到戰爭機器中去，讓美國士兵被敵人俘虜，餘生在共產黨的戰俘營裡度過。麥克阿瑟說他們是一群該死的傢伙，結果他因為不肯順從而被解除了職務。我很贊成他的看法。我們需要能領導我們的領導人，而不是阻礙我們、使我們流血的人。由於麥克阿瑟將軍被解職，我也成了個沒用的軍士。我憎恨、蔑視華盛頓的每個人，沒有麥克阿瑟領導，我不會去作戰。」[19]

此時此刻，平庸的杜魯門對前線浴血奮戰的官兵們無感，他在乎的是女兒的表演遭到音樂評論家保羅・休姆（Paul Hume）負面評價，他給後者發去一封恐嚇信，說如果他們遇見，後者將受到皮肉之苦，需要個「新鼻子」，「或許還要一副拐杖」。

美國公眾對總統的自私、粗魯和特權感到震驚。一對夫婦的兒子戰死在朝鮮戰場，他們給杜魯門寄去一封信，連同他們兒子死後被授予的紫心勳章——「我們此時的主要遺憾就是，您女兒沒有受到我們兒子在朝鮮所受的待遇。」這句話痛苦而尖銳地呈現了以杜魯門為代表的美國統治階層的敗德境況。

在前線的麥克阿瑟，不僅要面對戰場的兇狠野蠻敵人，還要應付綏靖主義的華府官僚及歐洲盟友的掣肘。比如，美軍轟炸機轟炸朝鮮一側的目標時，遭遇敵機開火，敵機隨後掉頭飛回中國境內，美軍戰機卻不能追擊。一位轟炸機飛行員身負重傷，臨死前滿口血沫，喘息著問麥帥：「將軍，華盛頓和聯合國到底站在哪一邊？」這句話刺痛了麥帥的靈魂，使他與白宮交涉時不再顧及「禮貌」。

麥克阿瑟與共產勢力的三次交鋒

麥克阿瑟不僅是軍事家，更是政治家和思想家。他相信戰後的競爭在於基督教民主主義和極權的共產主義之間。[20]他認為，對那些「支持奴役、反對自由，支持無神論、反對上帝之人貪婪的思想」予以還擊是必不可少的，如同參議員史密斯在一九四九年九月與麥克阿瑟會晤後所指出的那樣，「他強烈反對任何形式的共產主義，不管它在哪裡出現。他會支持世界上任何地方的反共產主義力量」。[21]

在其漫長的軍旅生涯中，麥克阿瑟代表美國保守的、戰鬥的清教徒傳統，與共產勢力三度交手。

第一次交手是在一九三〇年代初，麥克阿瑟在胡佛（Herbert Clark Hoover）政府擔任陸軍參謀長（軍方最高職務），他受命調兵壓制共產黨煽動的、包圍首都的退伍老兵請願運動。左派媒體將麥克阿瑟描繪成盛裝披掛，跨著一匹白色戰馬，揮著血淋淋的軍刀，率領著喪心病狂的騎兵隊衝向手無寸鐵的無辜民眾的屠夫。實際上，在請願老兵之中，只有不到一成是老兵，大部分是共產黨組織的地痞流氓。整個過程無人死亡，警方逮捕多名共產黨領袖，暴亂力量就此瓦解，殘黨如鳥獸散去。

一九四八年，共產黨人吉特羅（Benjamin Gitlow）承認，當年的事件是美共的陰謀。次年，當時被捕的共產黨人佩斯（John T. Pace）在國會作證說：「胡佛總統調來了陸軍，但卻沒有開一槍，也沒有殺任何人。麥克阿瑟將軍沒有造成傷亡便撲滅了一場莫斯科指揮的革命。正因為如此，共產黨人才對他恨之入骨。」麥克阿瑟在回憶錄中寫道，當時暴徒們宣稱要將他在國會大廈的臺階上絞死。「這掀開了一場無休無止的戰役：無論要耗上多久，無論利用何種手段，共產黨及其盟友，追隨者們都要將我打倒。」

第二次交手是在戰後，麥克阿瑟力主美國單獨占領日本，排除蘇聯染指，壓制日本共產黨，將日本打造成「美國遏制政策在亞洲的拱頂石」以及「在亞洲地位的戰略關鍵」。此後，日共從未像西歐共產黨那樣，成為多黨制和議會制下舉足輕重的政治勢力。

戰爭快要結束時，杜魯門的財政部長摩根索曾起草一份嚴懲日本人的計畫，但身為盟軍駐日最高統帥的麥克阿瑟卻說：「如果未來的歷史學家能從我的貢獻中找到一些值得參考的地方，我希望他提起的不是一位征戰沙場的指揮官，而是一個在槍炮停歇後，把安慰、希望與基督教道德信仰帶到屈服的敵人的國土上、並把此舉當做自己神聖使命的人。」

當時，蘇聯促使成立遠東委員會，企圖像盟國分別占領德國那樣瓜分日本。麥帥抵制了這一企圖。當蘇聯大使對其詆毀中傷時，他回應說：「蘇聯的如意算盤是讓日本四分五裂使該國民不聊生、哀鴻遍野，從而將信奉無神論的極權奴役制度強加於他們。多虧了日本人與生俱來的理智和骨子裡的保守，以及在占領期間根植於心的自由民主理念，加上其生活狀況的逐漸改善，蘇聯的企圖落空了。蘇聯的憤怒和挫敗最終交織成了一種肆無忌憚的粗暴宣洩，這是其宣傳攻勢的一貫作風，也是其失敗的明證。蘇聯滔滔不絕地大談暴虐、解放勞動力和經濟自由，其厚顏無恥足以令亞拿尼亞（Ananias，聖經中的撒謊者）汗顏，後者至少沒有賊喊捉賊的偽善。」[22]

早在密蘇里號（USS Missouri BB-63）的受降儀式上，麥帥就對日本的民主化有了規畫並深具信心，他在歷史性的演說中指出：「我相信如果能夠得到正確的指導，日本民族的力量就能在縱向而不是橫向上得到延伸。只要將民族的智慧轉到建設性的軌道上，這個國家就能從目前淒慘的境遇中自行站起來，找回尊嚴的地位。一個解放了的嶄新世界，將展現在太平洋地區的前方。」

六年後，當麥帥離開日本時，高度評價日本戰後的民主化成就：「日本人民在戰後經歷了現代史上最偉大的變革。他們憑藉著可敬的學習意志與渴望，以及出色的理解力，從日本戰後的廢墟中建起了一座人身自由與個人尊嚴的豐碑。在隨後的過程中產生了一個真正代表民意、致力於促進政治道德、企業自主和社會公正的政府。在政治、經濟和社會領域，今天的日本已經與地球上的許多自由國度比肩，不會再辜負全世界的信任。」

日本首相吉田茂通過廣播向全國人民發表演說，代表日本人民向麥帥表示感謝：「麥克阿瑟將軍為我國造福謀利的成就堪稱名垂青史的奇蹟。是他把我國從投降後的混亂和衰敗中挽救過來，引上恢復和重建的道路。是他將民主深深根植於我們社會的各個階層。」

麥帥讓日本避免共產化，贏得日本民眾的衷心愛戴。很多日本人相信麥帥是「難以侵犯的權力、宛如天皇般的存在，但他又比天皇容易親近、更能直接發生關係」。很多日本人致信麥帥，期盼美國吞併日本，或加入美軍服役。[23]

至今，日本仍是美國最忠實的盟友，遠比三心二意的歐洲國家忠實，而日本從戰後重建計畫中得到的美援遠遠少於歐洲國家。麥帥畢生研究東方人的心理，知道「東方人的心理，是尊重和服從那些敢作敢為、堅定有力的領導」——這正是麥帥在日本成功和馬歇爾在中國失敗的原因之一，麥帥知道日本人在想什麼，而馬歇爾對中國人在想什麼一無所知。[24]

麥克阿瑟與共產黨勢力的第三次交手是韓戰。他腹背受敵，不得不耗費很多時間精力回應美國左派媒體和左派文人的攻擊、誹謗。假新聞並非始於今日：當中共軍隊發起猛烈攻擊、美軍遭遇重大挫折時，美國媒體諸多危言聳聽的報導中最惡劣的例子是：第三十四兵團「消失之營」遭到全殲。實際上，該營的損失僅為兩人陣亡、七人負傷、十二人失蹤。

媒體幸災樂禍地預言，聯合國軍將被趕下大海。麥帥憤怒地指出，他遭到了「近代為曲解真相而展開的最可恥的一次宣傳攻勢」。事實真相是：美軍地面部隊正在進行的戰鬥堪稱史上最巧妙、最英勇的殿後阻滯行動之一。他們的對手擁有壓倒性的數量優勢，某些情況下達到二十比一，但他們給敵人造成的傷亡遠遠大於自己的損失。他們填補了一個空缺，如果沒有這段緩衝時期，韓國早已被朝鮮軍隊蕩平。朝鮮半島撤退是麥帥最成功的軍事行動之一：「在首當其衝慘遭中國軍隊重創的美軍之中，只有第二師受到了嚴重的挫敗，但其百分之二十五的傷亡比例，和美軍在歐戰的突出部戰役（Battle of the Bulge）中喪失百分之六十兵力的案例相比，簡直就是小巫見大巫。撤退行動進展得井然有序；一九四五年的硫磺島戰役所付出的代價是此役的兩倍，而沖繩一役的傷亡總數更是第八軍團和第十軍的五倍。事實上，自麥克阿瑟登陸朝鮮半島九個半月以來，他的全部損失僅是二戰中歐洲戰區同期的五分之一。而中國軍隊為從美軍手中奪取陣地所付出的代價則更令人震驚。」[25]

一九五〇年秋，麥帥寫道：「所有人心中都清楚，情報被洩露出去。陸軍將領沃克（Walton Harris Walker）持續向我抱怨，敵人通過華盛頓方面的消息來源提前知曉了他的行動。」五角大樓對此不以為意。《紐約時報》的卡貝爾・菲利普斯（Cabeil Phillips）聲稱，麥帥的指控「牽強附會」。

然而，後來事實證明，英國駐日本大使館高級外交官菲爾比（Kim Philby）、伯吉斯（Guy Burgess）和倫敦白廳美國司主任麥克萊恩（Donald Maclean）等三人都是被蘇聯策反的特工（他們都是「劍橋五諜」成員，此三人後來都叛逃蘇聯）。菲爾比是中央情報局和英國祕密情報局之間的聯絡官，麥克萊恩是有權接觸從華盛頓發往倫敦的機密材料的少數核心人士之一。一九五六年，美國陸軍部長布魯克（Wilber M. Brucker）承認，該間諜小組手中的祕密對共產主義陰謀來說是「無價之寶」。國防部高級軍官加文認為，麥帥的所有計畫都是經過英國外交部之手遞入敵人手中的。比如，杜魯門簽字的一份中央情報局備忘錄中，命令麥帥不要對進入朝鮮境內的中國軍隊採取行動，不要轟炸水豐電站等鴨綠江沿岸設施。菲爾比和伯吉斯在這一重大決定作出後幾個小時便得到了消息。第二天一早，這份文件的副本就被遞交到麥克萊恩面前。最多不出一星期，莫斯科便得知這些情報，並直接轉發北京和中國入朝軍隊總部。據此推斷，中共軍隊預測麥克阿瑟的行動並做好挫敗他的準備，也就沒有什麼好稀奇的了。

麥克阿瑟尊重美國憲制，尊重杜魯門的最高統帥權——通過選舉產生的民事權力，高於功勛卓著的戰爭英雄。其副官惠特尼少將告訴記者：「他莊嚴地接受了總統的解職令，聲色不為稍動。他的軍人品質這次表現得尤為突出，這是他最光榮的時刻。」但麥克阿瑟退伍後沒有保持沉默，以布衣之身對杜魯門的外交政策發出猛烈抨擊。他認為，他被免職一事不是小事，不僅僅關乎他個人，「原因並非在於其中牽涉的人物，而是由於它象徵著美國自參加韓戰以來對亞洲的態度發生了根本變化。隨後產生的種種災難性事件影響更為深遠。由此引發的連鎖反應已動搖了自由世界與共產世界鬥爭的根基」。麥帥指出，美軍約有五分之三的傷亡是在免職事件之後那段舉棋不定時期產生的。放棄原則的做法令美國一個半世紀以來奉行的軍事學說發生了倒退，從進攻轉為防守，它以慘痛的代價接受了一種維持僵局的政策。

一九五三年七月七日，麥帥聽說簽訂停戰協定時表示：「這是東南亞中南半島的死亡判決書。」記者艾爾索普兄弟（Joseph Wright Alsop, Stewart Alsop）事後得出結論：「越南危機日益加劇的結果之一就是證明了麥克阿瑟將軍的判斷是正確的。如果麥克阿瑟不是在韓戰中遭遇人為的限制，自由世界就不會在亞洲面臨災難。」如果白宮聽從肯楠的建議，「遏制共產黨需要在他們顯示出滲透跡象的每一個點上，實施堅定不移的軍事打擊」，韓戰和越戰都將出現不同的結局。

麥帥晚年看到美國清教秩序弱化的危險趨勢——全國各地有異樣的聲音詆毀愛國思想，說愛國主義已被某種更全面、更具包容性的哲學取代。資本主義制度成為眾矢之的，政府權力爆炸式擴張，人們為了追求所謂的變革，摧毀私人資本主義和自由企業制度。「很多人已經不再信仰美國早期的理念，轉而相信社會主義、極權主義的統治，信賴某種老大哥般的神靈來替我們安排生活。他們不再相信自由人可以管好自身事務。他們認為，一小攝集中於政府內的人即便大多未經選舉且作風官僚，也能比我們這些創造勞動果實的人更好地利用它們。此等對政治權力的盲信在歷史上任何時代都站不住腳。它是最古老、最反動的社會組織形式，在古巴比倫、古希臘和古羅馬，在墨索里尼的義大利、希特勒的德國等國都曾嘗試過。然而無論何時何地，它都無權、無法保障經濟安全，而且基本上都以舉國遭難而告終。這種社會組織形式從本質上而言愚蠢透頂：那些做老百姓時無法支配自己收入的人，卻在公職崗位上搖身一變，成了掌管世界大事的超人。」

麥帥發出忠告，在左派赤潮席捲西方的今天，仍振聾發聵：

> 最生死攸關的根本性問題卻在於自由本身——在於自由與暗中滲透的社會主義在國內每一個領域所做的較量。只要最低限度的約束，自由自在地生活！這是一場庸才組成的最小公分母與個人主義廣為證實的進步性之間的對抗！要麼是自由企業制度，要麼是唯命是從的個人崇拜！其結果將決定人類文明的未來，將影響每個人的生活，將以絢麗多彩的顏色銘刻於蒼穹之上。[26]

一個前國民警衛隊上尉開除一位五星上將

如果麥克阿瑟在韓戰中擁有全權，那麼韓戰一定會有大不同的結局。對於麥帥來說，沒有任何事物可以代替勝利——然而，當他被解職之後，姑息成為勝利的唯一替代品。「一個偉大的國家如果參戰卻沒有取勝，最終將承受戰敗的一切後果。維持僵局或許可以結束戰場上的死傷，但它卻標誌著為之而戰的事業在軍事上的徹底失敗。」

對韓戰設限、將麥克阿瑟免職，導致美國未能贏得韓戰，這是杜魯門政治生涯中除了放任中國赤化之外犯下的第二大錯誤。

杜魯門未受過正規教育，任何人都不認為他配得上羅斯福副手的位置。羅斯福對杜魯門所知甚少，他選擇杜魯門作為競選搭檔，只是為了得到中西部的選票。當選之後，羅斯福毫不客氣地對杜魯門說：「除非情況非常危急，否則不要煩我。」兩人從未開展過重要合作，一些主要計畫如曼哈頓原子彈計畫，杜魯門從未被告知。這個政府中的閒人，在羅斯福去世後意外地成了總統。[27]

在內政上，作為羅斯福新政的支持者，杜魯門提出延續新政的「良政」（fair deal），但其「良政」並未獲得普遍支持，當中只有一項主要法案獲得國會通過。

在外交上，杜魯門繼承了威爾遜—羅斯福政治模式的慣性。作為「威爾遜國際主義者」，他受民主黨傳統左翼思想影響，一度對中共抱有幻想，認為中共具有民族主義性質，可容納資本主義思想。即便中共投入蘇聯懷抱之後，他仍宣稱：「美國將不以任何方式干預中國目前局勢，或進行足以使美國牽涉於中國內爭的措施。」後來他才形成反共的「杜魯門主義」，認識到共產主義社會存在致命缺陷，「那是無神論體制，是『奴役體制』」。

杜魯門在遠東對蘇聯和中國採取守勢。杜魯門及艾奇遜接連發表聲明，表示美國的「防禦半徑」不包括朝鮮半島及臺灣。艾奇遜說：「必須明確的是，沒有人能保證那些地區免於軍事攻擊。」民主黨參議員、參議院外交委員會主席康納利（Tom Connally）的說法讓這個錯誤變得更糟：「俄國也許會占領朝鮮半島，而美國不會做出反應，因為朝鮮是非常不重要的。」

這一系列公開聲明，激發了金日成的野心。冷戰史學者加迪斯（John Lewis Gaddis）指出，保衛臺灣、印度支那和韓國，對美國的聲望和可信度的考慮，與對這些地區本身重要性的考慮占據同等比重。杜魯門政府在過於精確地規畫其戰略方面犯了錯。到一九五一年，就所有意圖和目的而言，「環形防線」（Acheson Line，艾奇遜防線）[28]的概念已經死亡。[29]

杜魯門從未料到北韓會在蘇聯和中國的支持下不宣而戰，他對南韓和美軍初期的失敗負有不可推卸的責任——雖然他的辦公桌上放著寫了「責無旁貸」一詞的牌子。戰爭爆發之後，他繼續為麥克阿瑟設置重重障礙，違背了南北戰爭以來總統尊重前線指揮官決定的傳統。麥帥曾說：「如果華盛頓方面不阻礙我的話，我一隻手縛在身後也完全可以對付他們。」這並非自誇。他認為杜魯門設定的「有限戰爭」是「軍事史上沒有先例的阻礙」。

杜魯門將麥帥解職，成為壓垮駱駝的最後一根稻草。報紙發表社論說，當一個前國民警衛隊上尉（杜魯門擔任過的最高軍職）開除一位五星上將時，彈劾這個上尉符合程序。共和黨人和大部分民眾將麥帥視為英雄，這位英雄般的將軍先是受到膽小如鼠的民主黨人的束縛，又被無情拋棄，正是民主黨人對外奉行綏靖政策，並在雅爾達會議和波茨坦會議上出賣了美國。全國響起「彈劾白宮中把我們順手出賣給左翼分子的猶大」的呼聲。各地報社的電話鈴響個不停，人們紛紛要求聲討「那個破產的服裝零售商（杜魯門）」和「叛變及賣國的國務院」。

蓋洛普（Gallup）民調顯示，百分之六十九的選民支持麥帥，支持杜魯門的只有百分之二十九。杜魯門在國內極不受歡迎，支持率驟降百分之二十六。在格里菲斯體育場（Griffith Stadium），杜魯門被喝倒彩——這是自大蕭條期間的胡佛總統以來，第二位在任總統受到如此羞辱。其直接結果是，杜魯門被迫宣布放棄參加一九五二年總統大選、不再尋求連任。在大選中，共和黨推出的艾森豪大獲全勝，還奪回國會兩院控制權，終結了民主黨長達二十年的連續執政。

各國對麥帥被解職的消息反應不一。西歐在二戰前對納粹德國採取綏靖政策，在二戰後又對蘇聯採取同樣的政策，被左派意識形態牢牢鎖定，早已喪失信仰和勇氣。他們將麥克阿瑟視為「戰爭販子」，更痛恨其「亞洲優先」論點——它會減少美國分配給歐洲的資源。歐洲人將麥帥被免職視為好消息。英國工黨政府一片歡呼——此前，當杜魯門威脅對北韓使用原子彈時，工黨首相艾德禮（Clement Richard Attlee）飛往華府表達擔憂。法國媒體評論說，同盟國不能屈服於「一個講硬話的人」——「說軟話」倒成了美德。

過去六年間，麥克阿瑟成功改造了日本，日本人對他的愛戴勝過被他拉下神壇的天皇——他以「仁慈的天皇」的方式統治日本。麥帥被免職後，美國駐日大使西博爾德（William Sebald）專程去拜會日本首相吉田茂，勸說後者不要為抗議罷免麥帥而辭職。吉田茂特意身穿和服接見對方，以示莊重，沉思良久之後接受這一勸告，但他告訴大使，他認為罷免麥帥的決定是錯的。日本媒體評論說：「我們感到好像失去了一位慈祥的、受人愛戴的父親。」唯有日本共產黨公開叫好：「史達林偉大的預言——一切干涉者無疑將遇到肯定的挫折——已成為現實。」

將軍百戰歸，麥克阿瑟已十四年沒有踏上祖國的土地。他所受之歡迎極為隆重，人山人海的民眾完全是自發的，白宮戰戰兢兢地冷眼旁觀。在舊金山，沿路歡迎的人多達五十萬，從機場到下榻的酒店走了兩個小時。麥帥站在舊金山市政廳的臺階上宣稱：「我唯一的政見可用一句你們大家都熟悉的話來表達——上帝保佑美國！」在紐約，他驅車穿過市區長達十九英里的歡迎隊伍，歡迎的群眾是有史以來最多的——七百五十萬人。

一九五一年四月十九日，麥克阿瑟在雷鳴般的掌聲中踏入國會殿堂。在為時三十七分鐘、由電視直播的演講中，他講了自己的生平和理念。麥帥的舉止、雄辯的口才和情緒使兩千萬電視觀眾為之傾倒。即便是親杜魯門的民主黨議員們，也數次起立為之鼓掌。而杜魯門不敢前去旁聽。

麥克阿瑟的聽眾們永遠不會忘記他在結束時講的那幾句話：「老兵不死，只是凋零。我，一個在上帝的指引下，力圖盡職盡責的老兵，現在結束了自己的軍人生涯。」[30]

麥帥痛斥杜魯門不懂戰爭和地緣政治，庇護共產主義國家，屢屢取悅中國和蘇聯，拒絕他動用海空力量的合理建議。他堅持自己的觀點：即使是打一場有限目標的戰爭，也應該以一種強制解決的方式結束戰爭。「事實上，在戰爭中勝利無可替代。對於強加給我們的戰爭，想要快速結束它，除了動用一切必要手段之外，我們別無選擇。」如果他獲准對中國沿海地區實施海上封鎖，使用蔣介石的軍隊，並利用空中力量打擊中國境內的目標，那麼他本可以消滅入侵韓半島的中國軍隊，迫使中國坐到談判桌旁。而不擴大戰爭的規模，就無法擊敗中國，而且蘇聯不會甘冒第三次世界大戰的危險去挽救它的小夥伴。在軍事上，蘇聯不可能出兵韓半島：「他們在西伯利亞必然處於守勢，而且不堪一擊，因為他們的補給線極其有限且脆弱，僅有一條鐵路擔此重任，幾乎隨時可以被空軍的封鎖切斷。……世界上恐怕沒有比這裡更不利於俄國作戰的地方了。……俄國人的策略不是犧牲自己的軍隊，而是利用其盟友的軍隊。」[31]

冷戰結束後，俄羅斯公布蘇聯的若干文件，這些文件表明麥克阿瑟的預測是準確的。二戰摧毀了蘇聯在歐洲部分最精華的城市和工業，蘇聯的重建和恢復緩慢而艱鉅。史達林沒有膽量和準備與美國在朝鮮戰場上打一場大戰。馬歇爾、艾奇遜和美國參謀長聯席會議主席布拉德利在聽證會上所說的「不應當貿然承擔與蘇聯開戰的風險」是杞人憂天。

「我們的英雄兒女，響應呼召去保衛從未見過的國家和素不相識的人民」

對於韓戰的結局，軍事戰略專家亞歷山大（Bevin Alexander）稱之為「我們的第一次失敗」。布拉德利上將在國會作證時說了一段被廣為訛傳的名言：「紅色中國不是一個追求世界霸權的最強大國家。開誠布公地說，在參謀長聯席會議看來，我們應該避免以此假設出發的戰略而被拖入錯誤的戰爭——在錯誤的地點、錯誤的時間，去反對錯誤的敵人。」聯繫上下文，布拉德利並沒有否定韓戰的意義，更沒有承認韓戰失敗，而是強調美國最大的敵人不是中國而是蘇聯，美國不應被蘇聯利用去跟中國作戰。

以杜魯門和艾奇遜的觀點而言，美國沒有勝，也沒有敗，他們的戰略目標達到了——將戰線維持在三八度線附近，並讓南北韓各安其位。

而以麥克阿瑟的觀點而論，對於戰爭而言，不是勝利，就是失敗。

韓戰是美國被動應戰，但美國應戰的理由確有對其「昭昭天命」的持守。歷史學者普勒斯頓（Andrew Preston）從清教徒傳統的角度闡釋韓戰之意義——從美國的「正統」史觀來看，朝鮮半島戰爭是美式清教主義與東方共產主義的殊死一戰：

美國的使命是上天注定、上帝授權，是美國人無法放棄的責任。[32]

韓戰是冷戰時代第一場熱戰，影響美國戰後對外政策甚鉅。肯楠的好友、國務院負責戰略規畫的波倫（Charles E. Bohlen）認為：「是韓戰而不是二戰使我們成為世界政治軍事大國。」這種說法不無真實成分。戰韓末期的一九五四年，美軍的數量擴充了一倍，達到三百萬人，國會批准了大幅對外軍事援助計畫，美國經濟進入「油汁欲滴的繁榮」。

冷戰史學者李波厄特（Derek Leebaert）說：「韓戰是在全世界引爆美國力量的雷管。」美國在這一模糊的戰區採取的報復行動，將過去四年來積累起來的主動出擊力量一併發洩出來，而這次行動既不是為了美國利益，也不是為了歐洲利益，卻是拯救野蠻社會。北韓的侵略迫使美國做出艱難的決定。在這個混亂不堪的舊世界面前，作為富有和遙遠的國家，美國承擔起公認的全球大國角色。冷戰作為一場全球性鬥爭的雛形初現。[33]

韓戰對壘雙方各有所得，亦各有所失。就朝鮮戰場來看，付出五百萬人喪命的代價，戰線停滯在跟戰前差不多一樣的地方，基本是無用功。但遠東這場熱戰卻對此後持續四十年的冷戰產生巨大影響，使之獲得綿延不絕的動力，加速了兩大陣營的建構。[34]

對於北韓、蘇聯和中國這一方而言，三國只是暫時達成脆弱的聯盟，反目成仇在指顧之間。

韓戰的挑起者和造成數百萬人傷亡的戰爭罪犯是北韓獨裁者金日成。金日成的戰略目標非常清晰：統一韓半島，打造以社會主義意識形態為包裝、實際上是東方專制主義的世襲王朝。他的前半個目標未能達成，後半個目標達成了——韓戰之後七十年，金氏家族三代世襲，挺過了蘇聯東歐共產黨政權漸次崩潰的危機；它拒絕中國式一黨獨裁之下有限的改革，比伊朗、古巴的專制程度更高。在此意義上，韓戰後遺症比越戰後遺症更糟糕：儘管韓戰算是打個平手，越戰是慘敗；但如今越南因抗拒中國的天下帝國主義，轉而與美國結盟，越南在美國的印太戰略中已是「準盟友」，而北韓仍然是美國的眼中刺。

對蘇聯來說，韓戰誘使美國陷入東亞的一片貧瘠土地，蘇俄在歐洲的擴張遂有機可乘——此前，史達林挑起柏林危機，在西方強硬回應下無疾而終，不得不另闢戰場。史達林希望把朝鮮作為抵抗日本的跳板，從其經驗而言，日本與德國都不是他信賴的對象——長久以來，對於俄羅斯來說，德國是其在歐洲最大的敵人，日本是其在亞洲最大的敵人。如今美國重新武裝這兩個國家，無疑如同驅使這兩個國家再次夾攻蘇聯。這正是史達林最初不同意金日成冒進，後又為之開「綠燈」的原因。史達林收到金日成的電報後，思考了十一天才回電，將金日成召到克里姆林宮通宵密談，確定戰爭方略。

此前，西方學者對蘇聯代表缺席六月底的聯合國安理會會議——此次會議將北韓列為侵略者，並決定支持美國採取軍事行動擊退北韓入侵——感到迷惑不解。蘇聯若出席，可投出反對票，讓美國出師無名。

英國歷史學家克羅卡特（Richard Crockatt）認為：「蘇聯沒有制定總體規畫，其政策是『現用現定』的。」[35]這一說法是被蘇聯放出的煙霧彈迷惑了，連艾奇遜也錯誤認為，「蘇聯為北朝鮮的行為感到遺憾，急於擺脫干係，並積極阻止戰爭以任何形式蔓延」。實際上，此時蘇聯早已派遣軍事顧問和飛行員加入北韓人民軍。

二〇〇七年，俄羅斯公布了一份檔案，該檔案署名是史達林的化名「菲利波夫」（Filippov），內容為一九五〇年八月二十七日史達林向捷克斯洛伐克共產黨總書記哥特瓦爾德（Klement Gottwald）發送的電報。史達林解釋了蘇聯代表缺席六月二十七日安理會會議的原因：「我們退出安理會後，美國陷進了對朝鮮的軍事干涉……很明顯，美國的注意力從歐洲被引向了遠東。從國際力量對比的觀點來看，這一切是不是對我們有利呢？當然是。假設美國政府還繼續被牽制在遠東，並使中國加入『解放』朝鮮和爭取本國獨立的鬥爭，那會是什麼樣的結果呢？」[36]

於是，中國出場了。中國下決心與北朝鮮人並肩作戰，主要出於三個方面考慮。第一個是朝鮮若在西方的支持下重新統一，將有可能威脅中國邊境安全。第二，在國共兩黨內戰期間，曾有數千名北朝鮮志願者加入毛澤東的軍隊作戰，一九五〇年中國對金日成的支持是毛對這一援助的回報。第三，毛認為可藉此機會壓倒蘇聯，增強中國對朝鮮的影響，建立中國在這一地區的大國地位。[37]

近年來，若干身在中國國內的歷史學者，慢慢梳理出韓戰的真相及中朝關係扭曲與荒謬的歷史脈絡。當年，中國參與韓戰，既不是保家衛國，也不是主持國際正義，甚至也不是維護共產黨國家之間的「兄弟血盟」關係。

冷戰史學者沈志華指出，一開始，毛澤東是被金日成和史達林「兩駕馬車」所「綁架」。一名前北韓高級軍需官回憶，在戰爭爆發前，所有蘇聯援助的武器都是從海路，而不是通過中國鐵路運抵朝鮮，這樣做的特別目的是不讓中國獲知朝鮮的戰爭準備工作。直到戰爭爆發後第三天，金日成才派遣一名武官來通報情況。毛很生氣，對其俄語翻譯師哲說：「他們是我們的近鄰，戰爭爆發也不和我們商量，現在才來打招呼。」[38]可見，戰爭初期，史達林認為金日成能靠自身力量取勝，不必讓中國介入。這樣朝鮮就是蘇聯獨自控制的保護國。但美軍登陸仁川、北韓人民軍潰敗，蘇聯不願直接出兵、與美國發生正面衝突，這時就想起中國，要將中國當炮灰——史達林之毒辣，可見一斑。

毛為此召集政治局擴大會議，大部分政治局成員不贊成出兵，會議前期的主要傾向是，「不到萬不得已的時候，最好不要出兵」。但善於揣摩毛心態的周恩來和彭德懷支持毛出兵。據楊尚昆回憶，彭德懷發表慷慨激昂的講話後，毛為了進一步說服眾人，將中、朝、蘇三國比喻為三駕馬車，說這輛車是三匹馬拉的，那兩匹馬執意向前跑，你又有什麼辦法呢？正說著，師哲帶著蘇共中央代表科瓦廖夫（Ivan Kovalev）來找毛澤東。毛在豐澤園會見蘇聯客人後又返回現場說，「你們看，果不其然，那兩匹馬一定要拉，我們不拉怎麼得了！」會議隨即做出出兵的決定。

耐人尋味的是，毛澤東對史達林心中的算盤有所知曉，不願對南韓、美國和聯合國公開宣戰。中共在東北結集百萬大軍，入朝主力為十三兵團，東北軍區司令員兼政委高崗召集高級將領開會，宣布說：「到朝鮮去的是以志願軍的名義出現，穿朝鮮服裝，用朝鮮番號，打朝鮮人民軍的旗幟，主要幹部改用朝鮮名字。」[39]如果韓戰是正義之戰，何須遮遮掩掩？中國式的厚黑學，比起蘇俄毫不遜色。

中國參加韓戰以及持續至今處理中朝外交的方式，完全不符合中國的國家利益，卻符合共產黨這一統治集團特別是其黨魁的利益與虛名。中國領導人（尤其是毛本人）在處理中朝關係時的出發點，從表面上看是世界革命理念，其內核則是傳統的中央王朝觀念，把包括朝鮮在內的周邊國家（尤其是東亞）都視為同一陣營或可能聯盟中的被領導者，試圖打造革命的「天朝」。因此，中朝兩國的特殊關係不是現代國家的正常關係。

毛澤東具有極強的領袖慾——在中共建政之初就開始考慮如何恢復中國對周邊國家的主導權和領導權，又熟讀古代史書——深諳歷代皇帝作為「天朝大國」天子的統治術。在他處理與朝鮮關係的理念中，有意無意地閃現出帝王以宗藩體制統治周邊地區的「天朝」意識。在國際共產主義運動方興未艾和東西方兩大陣營對抗的現實條件下，這種理念和意識以革命的形式表現出來。讓中國成為亞洲革命乃是世界革命的中心，自己擔當亞洲來自世界革命的領袖，始終是毛追求的人生目標。史達林在世時，毛猶抱琵琶半遮面；史達林死後，毛一飛沖天、不惜跟蘇聯翻臉。

這場戰爭中，毛失去了可傳位的兒子毛岸英（毛的另一個也是唯一一個存世的兒子毛岸青患有精神疾病，無法培養為接班人），中國因此避免了北韓式家族世襲制（二〇一二年，毛的「精神之子」習近平登基）。對於普通中國民眾而言，這場戰爭製造的悲劇不只在戰場。中共藉由對韓戰的動員，在國內進行大規模鎮壓反革命運動。鎮反延續三年，時間與韓戰幾乎重疊。據官方公布的資料，鎮反運動處決了七十一萬人，其中多數為舊政權的菁英。趁此機會，中共加緊進行土改運動，導致非正常死亡民眾在一百萬至五百萬之間。用時任中央政府副主席劉少奇的話說，「因為抗美援朝的鑼鼓響起來，響得很厲害，土改的鑼鼓、鎮反的鑼鼓就不大聽見了，就好搞了」。[40]

中國與美國的敵對和隔絕狀態，一直持續到一九七一年季辛吉（Henry Kissinger）祕密訪華。

對於美國和自由世界來說，韓戰的正面遺產，是銘刻在華盛頓韓戰紀念碑上的兩句話——「自由並不是免費的」、「我們國家的英雄兒女，響應呼召去保衛一個他們從未見過的國家和素不相識的人民」。

韓戰讓臺灣被納入被美國保護的範圍之內，臺灣得以擺脫中國的魔爪，此後蛻變為亞洲民主自由的燈塔。

杜魯門與麥克阿瑟的根本分歧：歐洲（大西洋）優先，還是亞洲（太平洋）優先？

杜魯門與麥克阿瑟的決裂，不單單是因為兩人的性格和氣質存在巨大差異，更是因為兩人國際戰略和觀念秩序的根本分歧。自建國以來，美國的外交重點即是大西洋主義或歐洲中心主義——十九世紀之前，歐洲是現代世界的中心；但二戰開啟了美國的太平洋時代，太平洋開始與大西洋分庭抗禮乃至凌駕其上。

對於杜魯門、艾奇遜、馬歇爾等人而言，從整體上他們要追求從克里姆林宮奪回主動權，並確保西方在歐洲大陸擁有優勢。朝鮮乃至亞洲只是這一總體目標中的一小部分。艾奇遜在國會作證時說，美國決不能允許蘇聯擁有任何機會控制歐洲舊世界的資源以實現其目的。[41]

美國國家安全委員會在第六十八號決議中指出，由於資源有限，美國的主要關注點是歐洲。美國決策者心中，有明確的利益順序。在參謀長聯席會議一九四七年五月就「美國站在維護國家安全的立場上對其他國家提供援助」所發出的一份文件中，根據「對美國安全的重要性」將計畫援助的國家排序如下：一、英國；二、法國；三、德國；四、比利時；五、荷蘭；六、奧地利；七、義大利；八、加拿大；九、土耳其；十、希臘；十一、拉丁美洲；十二、西班牙；十三、日本；十四、中國（臺灣的國民黨政權）；十五、朝鮮；十六、菲律賓。[42]

文件指出，首先要對那些具有頭等重要性的國家提供援助，確保它們保持獨立，與美國保持友好關係，並完成經濟復甦。至於中國，文件指出：「共產黨中國一定會成為嚴重問題，即使與蘇聯開戰也是如此，但我們還是有可能通過對中國實行經濟封鎖，在遠東孤立共產主義。」多年之後，回顧這張名單及這段論述，不禁為政策決策者的短視、被思維慣性所束縛而長長歎息。

另一方面，杜魯門和艾奇遜對韓戰是一場「有限戰爭」的設定，對麥克阿瑟來說宛如一道緊箍咒。行政部門拒絕了麥克阿瑟升級戰爭的建議，部分是因為它害怕中美衝突擴大化會讓莫斯科獲利，部分是因為它無法指望得到盟國支持，部分是因為它相信冷戰以及熱戰的決定性戰場在歐洲——這恰恰是麥帥要否定的舊思想。[43]

在戰爭中不尋求完勝，以及忽視共產黨集團在蘇聯老大哥吹起魔笛時翩翩起舞的整體性，是荒謬可笑的做法和想法。這種「自我設限」，歸根結底是出於對蘇聯戰爭能力的恐懼。國際關係學家特拉亨伯格（Marc Trachtenberg）指出，美國對蘇聯整體軍事能力的評估，影響了杜魯門政府為追求感知到的利益而採取行動的決心。[44]

杜魯門及其顧問未能看到，二戰之後美國的國內和國際形勢已發生劇變，美國不單單是大西洋國家，更是太平洋國家。西岸的人口和生產力超過東岸——戰爭期間，有八千萬人遷移到密西西比河以西，加州成為工業產值第一的州，西部一夜之間實現了工業化。一九八九年冷戰結束時，加州奧蘭治郡（Orange County，橙郡）的生產總值超過六百億美元，放在世界各國中足以排在前三十名以內，與奧地利、阿根廷齊平。這是一個驚人的數字。史達林曾企圖按照美國模型開發西伯利亞和遠東地區，但如後來人們所看到的，世界上只有一個美國模式。[45]

與此同時，戰後亞太地區的重要性超過歐洲，一個日本的能量足以相當於大半個歐洲，還有另一頭亞洲巨象在慢慢爬升——實行民主制度、人口眾多的印度。如果美國全力幫助中國國民黨政府穩定局勢、避免中國走向赤化，日本、印度和中國這三個亞洲大國成為美國在亞太的忠實盟友，美國就不必擔憂蘇聯在亞洲的挑戰了。

麥克阿瑟對美國的全球戰略看得比杜魯門更深刻，他反對歐洲中心主義，提出歐亞並重乃至「亞洲優先」、「亞洲第一」。

一九四八年十一月，麥帥發電報給魏德邁將軍：「在與共產主義的軍事競爭中，將遠東當作一個靜態的、安全的側翼，似乎不再切合實際。」一九四九年，他指責華盛頓「歐洲第一」的思維及相應的「壓制太平洋」傾向，將這些傾向歸結為受馬歇爾及他周圍「聰明年輕人」（「外交賢人」）的影響，歸結為參謀長聯席會議在「理解」東亞問題上的無能，這一失敗源於他們在二戰期間及之後對歐洲事務的專注。他的參謀們準備的一份研究報告認為，華盛頓未能看到蘇聯的攻勢已從歐洲戰場轉移到東亞，這部分是由於在歐洲成功地實施了遏制。但美國的軍事策畫者卻沒有相應地發生變化。[46]

麥帥以直言不諱的口吻指出，長期以來，華盛頓重視歐洲而忽視亞洲，而他本人的觀點在邏輯上源於利益無差別的觀念：「如果我們著手修築一項抵抗政治專制主義入侵的自由防線的總體政策，那麼一條主要戰線與另一條主要戰線將是同等重要的，而對任一戰線的決定性突破，都會不可避免地造成整個防線趨於崩潰的危險。」因此，共產主義在中國的勝利就是蘇聯人的勝利；它們為美國安全帶來的威脅，不亞於共產主義在世界其餘地方所進行的擴張。同時，他也批評那些一心只關心自己大陸安全問題的歐洲領導人都是「目光短淺」。

韓戰爆發後，麥克阿瑟在給菲律賓外長羅姆勞（Carlos Romulo）的一封信中指出：「歐洲謎們不明白，亞洲是共產主義勢力的試驗田，如果亞洲整個陷落，那麼不論有無美國的支持，歐洲都不會有一點機會。……他們正在幫歐洲的倒忙，並播下可能導致最終毀滅的種子。要想達到全球和平，亞洲必須和歐洲一樣得到自由。」[47]

後來，麥克阿瑟在國會演講中再度反駁「放棄亞洲」論調：「有人宣稱，我們沒有足夠的能力同時保護歐洲和亞洲，還說我們不能分散自己的力量。我想像不出還有什麼說法能比這種表示失敗的說法更妙了。共產主義的威脅是全球性的。它在一個地區的成功，構成對其他地區的毀滅。你在亞洲對共產主義綏靖或投降時，也只能削弱我們為防止共產主義在歐洲蔓延所作出的努力。」

這一判斷極具前瞻性——美蘇對峙在歐洲以柏林危機為頂點，但遠未走到戰爭邊緣；

而在亞洲，隨後發生了兩場讓美國損失慘重且未能取勝、對民族自信心及國際威望影響甚鉅的戰爭——韓戰和越戰。美國沒有打贏這兩場戰爭，不是國力和軍力無法支撐勝利，而是政府事先缺乏足夠的物質準備和心理韌性。

直到半個多世紀之後，亞太（印太）崛起，歐洲衰微，證明了麥帥的遠見卓識。歐洲人仍不願承認這一事實，德國歷史學家溫克勒（Heinrich August Wintler）堅持認為歐洲是美國最重要的盟友，美國的重心應當保持在歐洲：「美國在亞太地區沒有如其歐洲盟友那般的夥伴。澳大利亞和紐西蘭是出於共同的利益而與美國結盟的，但無論是這兩國之一還是它們加起來，都遠不能企及歐盟在政治、經濟和軍事上的分量。」他說得好像歐洲與美國結盟完全是出於「無私」的目的（德國和老歐洲恬不知恥地享受了美國半個多世紀的免費保護且一毛不拔）。

溫克勒更對日本充滿了種族主義的偏見：「日本與美國之間存有共同利益，但只要這個東亞的天皇之國依舊留有激進民主主義的烙印，依舊對西方的普世主義價值若即若離，那麼它同樣不能像歐洲民主國家那樣在實質上成為美國的夥伴。」[48]實際上，經過麥克阿瑟改造的日本，在價值觀上比歐洲離美國更近。日本戰後的民主化優於德國，對美國的支持也超過德國——日本支持美國對中國的貿易戰，德國卻在中美之間三心二意。

川普政府是戰後美國第一個奉行太平洋主義的政府。二〇二五年二月十四日，美國副總統范斯（JD Vance）在慕尼黑安全論壇發表演講，重申美國未來不會把安全與外交的重心放在歐洲，印太戰略才是美國的重中之重。他強烈建議歐洲應當在自身防衛能力上投入更多，歐洲應該承擔更大的國防責任，而非繼續依賴美國的庇護。

此前一天，美國國防部長赫格塞斯（Pete Hegseth）在北約位於布魯塞爾的總部表示，美國已經不可能只重視歐洲的防禦，這是戰略上的現實。因為美國首要任務是美國的邊界安全及防禦，並且美國必須把焦點放在阻止中共在太平洋的擴張戰爭。

然而，被左派意識形態和綏靖主義嚴重滲透的歐洲，似乎還沒有意識到世紀變局已經來臨。

注釋

1 約翰・托蘭（John Toland）：《漫長的戰鬥：美國人眼中的朝鮮戰爭》，（北京）中國社會科學出版社，1993年，頁407。

2 麥克阿瑟是美軍高級將領中唯一被稱為元帥的——美軍最高軍銜不是元帥，而是五星上將，麥克阿瑟是美軍有史以來僅有的九位五星上將之一，但他又被菲律賓總統奎松（Manuel L. Quezon）授予陸軍元帥頭銜，「麥帥」之名當之無愧。

3 左派作家曼徹斯特（William Manchester）對麥克阿瑟充滿偏見，其著之麥克阿瑟傳記名為《美國的凱撒大帝》（*American Caesar: Douglas MacArthur 1880-1964*）——然而，麥克阿瑟並非美國的凱撒大帝，他尊重民選的文官政府的權力，有尊嚴地接受了杜魯門對他的免職令，從此退役，成為一介布衣。對於麥帥發表的有關臺灣的言論，曼徹斯特承認，「在這件事情上，他唯一的罪過就是只看到了杜魯門臺灣宣言的表面價值。總統在聯合國遵循的是一條道路，而在搪塞國會山上那些批評他的人時，採取的又是另一套路子。麥克阿瑟相信政府把臺灣看作是美國國防系統中的一員、決心不讓它落入敵對勢力之手，他無意間在世界政壇上讓總統出了醜。他開口說什麼都是不對的——不合時宜的臺灣之旅應該教會了他這一點。但他不願配合白宮對美國人民說謊，他的理解是對的。」威廉・曼徹斯特（William Manchester）：《美國的凱撒大帝：麥克阿瑟1880-1964》（下），（北京）中信出版，2017年，頁269-270。

4 梅卡爾・P・萊弗勒：《權力優勢：國家安全、杜魯門政府與冷戰》，頁488。

5 道格拉斯・麥克阿瑟：《麥克阿瑟回憶錄》，頁399。

6 這份備忘錄被塵封在檔案館，數十年後才被後人讀到。不過，麥克阿瑟在某種程度上實現了父親的預言——從三十年代在菲律賓指揮作戰以來，整個二戰期間，麥克阿瑟都在亞太地區組織反攻。他只掌握了美國在海外的十分之一兵力，卻解放了日本占據的比歐洲大幾倍的陸地與海洋。英國參謀長委員會主席兼陸軍元帥阿蘭布魯克認為：「這場戰爭所成就的最偉大將軍和最優秀戰略家當屬麥克阿瑟。毫無疑問，他的表現要勝過馬歇爾、艾森豪，以及包括蒙哥馬利（Bernard Montgomery）在內的諸多英美將領。」

7 威廉・曼徹斯特（William Manchester）：《光榮與夢想：1932-1972 美國社會實錄》（上），（海口）海南出版社，2004 年，頁 536。

8 文安立（Odd Arne Westad）：《冷戰：從兩強爭霸到全球衝突，當代地緣政治的新世界史》，（臺北）聯經，2023 年，頁 166-167。

9 道格拉斯・麥克阿瑟：《麥克阿瑟回憶錄》，頁 352-353。

10 約瑟夫・古爾登（Joseph C.Goulden）：《朝鮮戰爭：未曾透露的真相》，（北京）北京聯合出版社，2014 年。

11 威廉・曼徹斯特：《美國的凱撒大帝：麥克阿瑟》（下），頁 284。

12 阿蘭・R・米勒特（Allan R. Millett）：《極度深寒：朝鮮戰爭，1950-1951》，（北京）作家出版社，2015 年，頁 208。

13 道格拉斯・麥克阿瑟：《麥克阿瑟回憶錄》，頁 371。

14 阿蘭・R・米勒特：《極度深寒：朝鮮戰爭，1950-1951》，頁 379。

15 安德魯・卡洛爾（Andrew Carroll）：《美軍戰爭家書》，（北京）昆侖出版社，2005 年，頁 277。

16 約翰・托蘭：《漫長的戰鬥：美國人眼中的朝鮮戰爭》，頁 325-327。

17 約翰・托蘭：《漫長的戰鬥：美國人眼中的朝鮮戰爭》，頁 368。

18 安德魯・卡洛爾：《美軍戰爭家書》，頁 272。

19 安德魯・卡洛爾：《美軍戰爭家書》，頁 291-292。

20 威廉・曼徹斯特：《美國的凱撒大帝：麥克阿瑟》（下），頁243。
21 約翰・劉易斯・加迪斯（John Lewis Gaddis）：《長和平：冷戰史考察》，（上海）上海人民出版社，2019年，頁99-100。
22 道格拉斯・麥克阿瑟：《麥克阿瑟回憶錄》，頁296。
23 吉見俊哉：《親美、反美：戰後日本的政治無意識》，（臺北）群學，2013年，頁84-85。
24 當馬歇爾使華，致力於在中國建立聯合政府和推動國民黨政權實行民主改革之際，麥克阿瑟有不同看法。他認為安全問題優先於內部改革，他在一九四八年三月寫道：「儘管這些改革是可取的，但其重要性不如現在席捲整個大陸的內部衝突。這兩個問題不可能同等關注，當房屋正被大火吞噬之時，是不可能去改變房屋的結構的。」換言之，在美國施壓下，蔣介石匆忙「行憲」，舉行選舉，卻不足以收拾人心和緩解共產黨的武力攻擊。麥克阿瑟並不喜歡蔣介石，但他說：「即便他有犄角、有尾巴，只要他是反對共產主義的，我們就應該幫助他，而不是讓事情複雜化。」
25 威廉・曼徹斯特：《美國的凱撒大帝：麥克阿瑟》（下），頁322-323。
26 道格拉斯・麥克阿瑟：《麥克阿瑟回憶錄》，頁424-425。
27 一九四五年四月十二日，正當杜魯門在國會和議長雷伯恩（Sam Rayburn）開會時，突然被傳召到白宮。到達白宮後，第一夫人愛蓮娜（Eleanor Roosevelt）告訴他，總統已身故。杜魯門問：「我可以為您做些什麼？」羅斯福夫人反問道：「我們有什麼事可以為你效勞嗎？你現在可身陷困境。」當了八十二天副總統的杜魯門告訴傳媒：「我的感覺就像月亮、星星和所有星球都要墜落到我身上。」
28 艾奇遜防線一詞，源自於演說內容中的「太平洋的軍事安全」一節，提到防衛範圍從阿留申群島到日本後，經過琉球群島一直延伸到菲律賓群島。
29 約翰・劉易斯・加迪斯：《長和平：冷戰史考察》，頁121。

30 約翰・托蘭：《漫長的戰鬥：美國人眼中的朝鮮戰爭》，頁 414。

31 阿蘭・R・米勒特：《極度深寒：朝鮮戰爭，1950-1951》，頁 529-530。

32 安德魯・普雷斯頓（Andrew Preston）：《靈魂之劍、信仰之盾：美國戰爭與外交中的宗教》，（北京）東方出版社，2015 年，頁 456。

33 德瑞克・李波厄特（Derek Leebaert）：《五十年傷痕：美國的冷戰歷史觀與世界》（上），（上海）上海三聯書店，2008 年，頁 109。

34 貝恩德・施特弗爾：《冷戰：1947-1991，一個極端時代的歷史》，頁 85。

35 理查德・克羅卡特：《五十年戰爭：世界政治中的美國與蘇聯（1941-1992）》，頁 124-126。

36 電報轉引自沈志華：《蘇聯未否決聯合國出兵朝鮮議案真相》，愛思想網「沈志華專欄」。

37 理查德・克羅卡特：《五十年戰爭：世界政治中的美國與蘇聯（1941-1992）》，頁 127。

38 沈志華：《最後的「天朝」：毛澤東、金日成與中朝關係（1945-1976）》（上），（香港）香港中文大學出版社，2017 年，頁 206。

39 沈志華：《最後的「天朝」：毛澤東、金日成與中朝關係（1945-1976）》（上），頁 210。

40 〈韓戰：歷史的正劇與悲劇〉，自由亞洲電臺中文網，https://www.rfa.org/mandarin/ytbdzhuantixilie/Korean-War/war-10232020150136.html。

41 戰後的歐洲雖然殘破，但人口素質仍然遠遠超過亞洲。艾奇遜指出：「除我們自己的國家以外，自由的歐洲在世界上擁有最多的科學家、最大的工業產量和最多的熟練勞動力。歐洲的煤炭、鋼鐵和電力資源非常豐富。此外，它還擁有巨大的造船能力，對於控制海洋不可或缺。通過其海外聯繫，歐洲可以獲取大量的原材料供應，這對於美國的工業絕對生死攸關。作為盟友，西歐各國代表著超過兩億自由人民，可以為共同防禦事業獻出技能、資源和國家。但在侵略者的統治之下，西歐各國將代表著兩億多名奴隸，並被迫為毀滅美國和殘存的歐洲文明而釋放它們的能量、耗費它們的資源。」梅卡爾・P・萊弗勒：《權力優勢：國家安全、杜魯門政府與冷戰》，頁530。

42 理查德・克羅卡特：《五十年戰爭：世界政治中的美國與蘇聯（1941-1992）》，頁113。

43 艾奇遜對工會出身的英國外交大臣貝文（Ernest Bevin）保證：「我們在韓國的目標仍保持不變，也就是抵抗侵略，把敵對行動限制在局部地區，根據恰當的聯合國原則，用一種不會在那一作戰行動中無限期地投入大量美軍的方式來結束朝鮮問題。」換言之，就是努力將戰線穩定在三八度線或其附近，一旦實現這一點後便尋求通過談判結束戰鬥。後來，艾森豪勉強達成這一結果。韓半島分裂局面維持至今，北韓仍是美國外交的重大麻煩。約翰・劉易斯・加迪斯：《長和平：冷戰史考察》，頁118-119。

44 杜魯門不清楚自己手上有一手好牌，同時誇大了蘇聯的力量。蘇聯軍隊規模比美國更大，軍工產業不亞於美國，但克里姆林宮無法擊敗美國。任何美蘇衝突都將變成一場消耗戰。蘇聯刻板僵化的計畫經濟模式，難以支撐一場與美國全面而持久的戰爭——就好像碩大無朋的俄羅斯帝國在一戰中首先發生革命和崩潰一樣。美國的經濟實力和核優勢將壓倒一切。當時，蘇聯擁有不足二十五枚原子彈，且缺乏有效的投送手段。在一九五〇年末，美國擁有超過五百枚原子彈和至少兩百六十四架具有核投送能力的飛機。

45 布魯斯・卡明思：《海洋上的美國霸權：全球化背景下太平洋支配地位的形成》，頁493。

46 約翰・劉易斯・加迪斯：《長和平：冷戰史考察》，頁100。

47 安德魯・卡洛爾：《美軍戰爭家書》，頁279。

48 海因里希・奧古斯特・溫克勒（Heinrich August Wintler）：《西方的困局：歐洲與美國的當下危機》，（北京）中信出版社，2019年，頁72。

第四章

越戰：對越共一無所知，卻以反共之名開戰

越南戰爭讓人們對美國神話疑竇重重。美國進入越南時，信心十足，認為一段讓美國光彩奪目的故事將徐徐展開。未曾想，美國的越南故事與預期背道而馳，美國前前後後的舉動成為一場激烈文化爭辯的中心議題。從最深處來說，越南遺物瓦解了美國故事，動搖了美國對自身前世今生的解讀。

——約翰·赫爾曼（John Hellman）

二戰結束後，法國重返印度支那。一九四九年，法國在越南建立了以末代皇帝保大（Bao Dai）為首的名義上的獨立政府。但此時的越南早已今非昔比，越共的前身「越南獨立同盟會」（League for Independence of Vietnam）以民族主義為號召，深得人心，在北方建立武裝組織和地方政府，與法國開戰。一九五〇年十二月，法國和美國簽訂《共同防禦協定》，取得美國提供的大批武器裝備和經濟資助；越盟則從中共、蘇聯獲得大批軍事援助。戰火愈演愈烈。

早在一九五一年三月，還在歐洲擔任西方軍隊最高司令官的艾森豪在日記中寫道：「法國人在印度支那面臨一個棘手的問題——那裡的戰事對他們將造成長久的消耗。可是如果他們退出，印度支那將落入共產主義者之手，整個東南亞和印尼都有可能輕易失守，緊接著印度也會效仿。這種前景就使得整個問題與我們所有人息息相關。我傾向於大量增援，畢其功於一役；但我也相信這樣的一個戰場不可能取得軍事勝利。就算將印度支那所有共產黨人清除乾淨，邊境那頭，中國人還可以源源不斷地提供人力。」[1] 他已預見到越南將是美國亞洲政策的一個缺口。

此時，艾森豪並不負責亞洲軍務，卻敏銳地將印度支那的戰略地位放在一個極其重要的位置上，同時也指出西方的棘手處境——若只是處理越南一地的共產黨，只要投入足夠多的資源，就能肅清越共及其支持者，恢復越南的秩序；但是，越共與中共宛如同根生，兩國邊境形同虛設，越共能從中共那裡得到取之不盡用之不竭的資源，越共如同百足之蟲，難以斬草除根。

艾森豪沒有說出來的另一重矛盾是，美國與法國在越南的戰略目標大不相同：法國的戰略目標是重建戰前的印度支那殖民帝國，這正是美國最厭惡的歐洲傳統帝國的殖民主義頑疾，從威爾遜到羅斯福都以反帝先鋒和弱小民族的支持者自居。美國介入越南事務，不是為了幫助法國的殖民主義死灰復燃，而是為了反共。二十世紀三〇年代，艾森豪曾在麥克阿瑟麾下於菲律賓服役三年，幫助其建立起一支軍隊，以抵禦日本的侵略。當時，他在日記中寫道，歐洲將海外殖民地視為「改善自身經濟」的機會，美國人則只相信「獲得人民同意的政府」。美國歷屆政府無意獲取海外殖民地，一戰之後美國參與國際事務，最重要的目標是反共。美國發現，共產主義是一種對美國的建國根基最具顛覆性的意識形態。

一九五三年，法國印度支那駐軍總司令納瓦爾（Henri Navarre）中將決定在越共控制區的越南西北部高地奠邊府山谷建立軍事基地，以便贏得戰略主動權。次年三月，奠邊府戰役爆發。經過五十五個晝夜激戰，越南軍隊攻陷奠邊府，以自身傷亡兩萬五千人的代價，擊斃法軍兩千餘人，俘虜一萬餘人。在戰役期間，法軍兩位少將炮兵司令及傘兵司令先後飲彈自盡。五月七日，奠邊府法軍司令卡斯特里（Christian de Castries）率部投降。法國從此退出亞洲戰場，結束自一八八四年東京遠征以來對越南七十年的殖民統治，被迫放棄在印度支那殖民帝國。

伯納德・福爾（Bernard B. Fall），這位移居美國的法國人，「第一次印度支那戰爭」最受推崇的專家，在一九六一年出版的《沒有歡樂的街道：印度支那戰爭》（*Street Without Joy: The French Debacle in Indochina*）一書中，分析法國失敗的原因是：政治上的勝利遠比軍事上的勝利艱難。同樣的原因將困擾實力比法國更強大的美國。美軍可在戰場上取得軍事勝利，卻無法在更廣闊的戰場上取得政治勝利，尤其是很難在當地建立一個有效、民主的政府，不得不自己扛起所有負累。福爾在一九六七年隨美軍進軍順化時不幸身亡，但他留下的警告高懸在美國人頭上——「美國人作著跟法國人完全不同的夢，走的卻是同樣的路。」

法國總統戴高樂（Charles de Gaulle）基於法國的慘痛教訓，警告美國：「我預言，你將一步一步陷入一個軍事和政治的無底泥潭中。」意氣風發的甘迺迪總統置之不理——儘管他在上任之初曾對幕僚吐露心聲：「如果越南變成一場白人戰爭，我們將跟十年前的法國人一樣，在那裡一敗塗地。」[2]

越南是一系列多米諾骨牌的第一塊嗎？

一九五三年一月，艾森豪就任美國總統，開始將越南視為擴大的冷戰中的重要戰場。他在就職演說中將在印度支那陣亡的法國士兵跟在朝鮮戰死的美國士兵相提並論。二月初，他宣稱法國在印度支那是「以緊握自由之準繩」來抗擊「共產主義在全球的侵略」。在反共大業面前，他姑且對美法之間的分歧擱置不論。

與此同時，美國國務卿杜勒斯（John Foster Dulles）在法國發表演講指出：「你們在印度支那付出了人力和財力上的沉重代價。我樂於美國如今向你們提供堅實的幫助。我本人希望我們還能做更大的努力，因為你們真的一直是在孤軍奮戰，而且承擔了對我們所有人來說都極為重要的責任。」他在全國廣播講話中說：「如果蘇聯拿下印度支那半島、泰國、緬甸和馬來亞，他們將擁有所謂的亞洲糧倉……如果蘇聯控制了亞洲糧倉，那麼在試圖控制日本和印度的道路上，他們又多了一樣武器。」一九五三年一月底，他告訴軍方高級官員，在東南亞戰敗將導致美國失去日本。三月底，他在一份與艾森豪的談話備忘錄中寫道，印度支那是本屆政府在外交政策上的重中之重，與朝鮮半島不同的是，在印度支那戰敗不可能將問題局部化，「必定會擴散到整個亞歐地區」。

在奠邊府戰役如火如荼之際，一個基地設在臺灣的運輸機中隊開始向奠邊府運送物資——如果沒有它們，奠邊府的後勤保障不可能實現。兩百名美國空軍機械師奔赴前線，幫助保養一批美製飛機。艾森豪告訴其新聞秘書：「不要以為我想把他們送到那兒，但如果我們光坐在華盛頓，什麼事情都不做，那在亞洲將一事無成。上帝啊，我們真的不能丟了亞洲，所以只能直面這件事。」不過，他拒絕派遣美軍直接參戰，他的話很有先見之明：「美軍在印度支那替代法軍的說法簡直沒有道理。如果這麼做了，越南人會把對法國人的憎惡轉移到美國人身上。」他情緒激動地補充說：「我簡直用語言無法表達……我對這樣的行動有多麼反感。印度支那的這場戰爭將會吞噬我們的部隊！」他告訴媒體，他拒絕了幾位鷹派顧問出兵的要求，「我是唯一反對美軍參戰的人，周圍的這些傢伙給我施加了很大的壓力」。[3]

不過，艾森豪願意採取除了直接出兵之外所有手段援助越南的反共事業。他在國家安全委員會的會議上指出，「印度支那是一系列多米諾骨牌中的第一個。你豎起一排多米諾骨牌。然後你擊倒第一塊骨牌，那麼最後一塊骨牌的命運也在劫難逃：它很快就會倒下」。次日，他在新聞發布會上宣稱，由於「多米諾骨牌理論」，印度支那戰敗對於自由世界所產生的可能後果將是不可估量的。一旦印度支那淪陷，東南亞其他地區也將「迅速陷落」，這樣的崩盤將會產生「最為深遠的影響」。這個比喻很快占據民眾的想像，並定義了美國外交政策的一個時代。

一九五四年七月二十一日，柬埔寨、北越、法國、寮國、中共、南越、蘇聯、英國、美國等九國外長，在日內瓦會議中達成停火協定。美國只是間接參與有關討論，杜勒斯不願與共產黨談判，提早退場，且未簽署協議。會後，以北緯十七度為北越（越南民主共和國）與南越（越南國）的分治線，兩個越南對峙的態勢形成。

法國撤出越南之後，美國成為南越政府的主要支持者。甘迺迪還是參議員時，就頻繁使用各種類似多米諾骨牌的隱喻談論越南問題：越南是「自由世界在東南亞的基石，是自由拱門的基石，是自由之壩的閘門」，是「亞洲民主的試驗場」和「檢驗美國在亞洲的責任和決心的工具」。一九六一年一月二十日，甘迺迪在總統就職演說中稱：「為確保自由的存在和自由的勝利，我們將付出任何代價，承受任何負擔，應付任何艱難，支持任何朋友，反抗任何敵人。」

一九六一年夏，甘迺迪邀請麥克阿瑟到白宮參加會議，聽取其對越南問題的意見。麥帥說：「我們不能愚蠢地去亞洲大陸作戰，東南亞的未來需要在外交談判桌上解決。」麥帥告訴總統：「亞洲是個無底洞，即使我們派遣百萬步兵進入大陸，但我們還是會發現自己四面楚歌。」在朝鮮戰場上跟共產黨人交過手的麥帥深知共產黨的本質，如果不願付出巨大代價，最好一開始就不要捲入其血腥的內戰，反共絕非說一堆好話就能收到立竿見影的成效。麥帥的分析給甘迺迪留下難以磨滅的印記，此後當他向參謀長聯席會議的將軍們詢問軍事建議時，總是說：「好啊，先生們，如果你們能說服麥克阿瑟將軍，我就沒問題。」但這些將軍們深知，麥帥是無法說服的，誰也沒有去做這樣的嘗試。[4]

但是，十一月，甘迺迪派出第一批七千人的美軍去越南，邁出關鍵性的一步。他違背了一貫的反對直接派兵的立場。其立場的改變，不是對戰爭有必勝的信心，而是出於政治（選票）考量，一旦對外政策（對外戰爭）變成獲取總統個人名譽和個人政治資本的工具，必然走上可怕的歧路。甘迺迪擔心，如果坐視越南赤化，他會成為歷史上最不受歡迎的總統之一。他對在媒體工作的好友巴特利特說：「我們待在越南不會有什麼希望，那裡的人憎恨我們。他們會在任何時候把我們踢出去。但是我不能把那裡的土地讓給共產黨，然後還讓人民投票給我。」為了選舉，不惜犧牲無數軍人的生命，然後給這場戰爭冠以高貴的使命，這甘迺迪最為惡劣的做法，用其國家安全顧問邦迪（McGeorge Bundy）的說法就是——「政治是戰略的敵人」。

甘迺迪的繼任者、對越南戰爭美國化負有最大責任、也因此毀掉政治生命的詹森（Lyndon Baines Johnson），對「多米諾骨牌理論」篤信不疑。一九六五年七月二十八日，他在記者會上指出：「亞洲大部分非共產黨國家無法靠自己的力量單獨抵抗共產黨日益增強的實力和日益膨脹的野心。因此，我們的力量是非常必要的盾牌。……我們並不是存心要當守門的衛士，但再沒有別的人了。在越南投降不會帶來和平，因為我們從希特勒在慕尼黑的表現看到，侵略得逞只會讓侵略者的胃口變得更大。戰鬥將會重新發生在一個國家又一個國家，也許會帶來更大更殘酷的衝突，我們從歷史的教訓中已明白這個道理。」[5] 然而，他的比喻無法讓人信服：希特勒在慕尼黑會議上啟動了吞併捷克的計畫，確實是侵略行為，而西方的綏靖主義政策貽害無窮。但在越南發生的一切，是越南人自己選擇共產黨，如果多數越南人鐵了心作出此選擇，美國的介入不會改變最終結果。

毋庸置疑，反共是美國政府的基本國策。但美國忽視了中南半島最初最強勁的思潮不是共產主義而是民族主義，或者說錯誤地將兩者混為一談。美國對法國的支持，讓越南人將美國看成跟法國一樣的帝國主義者和殖民主義者，是越南民族主義的對立面。美國很難改變這個固有印象。遠東問題專家和未來的駐日大使賴孝和（Edwin O. Reischauer）指出，悲劇的原因在於西方國家促使中南半島的民族主義發展成共產主義事業，「我們不去幫助亞洲民族主義，反而與之對抗，是多麼荒謬絕倫的錯誤」。

「多米諾骨牌理論」嚴重束縛了美國的亞洲戰略，讓外交政策陷入難以自拔的沼澤地。就亞洲而言，越南絕非多米諾骨牌的第一塊，中國才是第一塊。美國高估了越南的戰略意義及越南「變天」對亞洲其他國家的影響，在甘迺迪和詹森政府任國防部長的麥克納馬拉（Robert Strange McNamara）離開政壇三十年之後承認：「雖然我們希望去做正確的事情，也相信我們正在做正確的事情，但根據我的判斷，事後證明我們錯了。我們過高估計了失去越南對西方安全的影響。」[6]

白宮的主人何其無能：「萬物分崩離析，中心難以控制」

二十世紀以來的戰爭，決定性因素不在戰場上，而在政治領袖的辦公桌上。決定越戰勝敗的不在於前線戰場，而在於三軍統帥的勇氣與意志，以及白宮的權力更迭。越戰期間的幾位總統及其決策圈在政治上都有致命缺點，讓本來可以獲勝或至少可以成功撤出的戰爭滑向失敗。

詹森自詡為羅斯福新政的傳人，喜歡將越戰描述成宛如亞洲版新政的建設計畫，甚至設立「湄公河再發展委員會」，計畫將西貢以南進入南中國海的水道工業化。「我要在越南留下美國的足跡，」他說，「我要對他們說：『當美國人來這裡的時候，他們遺留下來的是學校，不是長雪茄。』我們要將湄公河建設成田納西河谷。」白宮顧問克里福德（Clark Clifford）指出，「總統想要提供給東南亞人民一個可以開始享受的生活模式……他現在要先建立模範區。」[7] 這種做法，一半是出於傲慢，一半是出於愚蠢。

身處局中的當事人，「不知廬山真面目，只緣身在此山中」，多年之後才明白真相。國防部長麥克納馬拉是個絕頂聰明的企業家，認為戰爭就和經營企業或建造工程一樣，他在越南戰爭美國化上所起的作用僅次於詹森。此前曾任美國駐西貢大使的諾丁（John Cabot Lodge）當面警告說：「要把一部福特車引擎裝進越南的牛車，縱非不可能也很難。」麥克納馬拉曾任福特汽車公司總裁，為公司創造了驚人的利潤，但這個比喻未打動他。他不是殘酷無情的將軍，而是「系統管理」的信徒，他堅信：「管理是所有藝術中最具創意的。」他在國防部長巨型的辦公室裡把玩蘭德公司（RAND）為之起草的報告，對其中的數據倒背如流，他以為這樣就可以帶領美國打贏戰爭。他自認為公正超然、廉潔無私，可能他真的具有這些品質，但一篇評論文章指出，「他欠缺了一些東西：他少了對人性的懷疑，少了對人性弱點的尊重，少了有關歷史的知識」。他直到碰得頭破血流才意識到政府決策層的致命問題：「我們沒有建立一個由高層文武官員組成的專門機構，從而對那裡的工作進行詳盡而專門的指導。……我們沒能把最基本的問題公之於眾；而我們對此疏忽，也沒有清醒的認識；總統顧問班子中對戰爭進程的深刻分歧，既沒有被擺上桌面來探討，也沒有最終得到解決。」

身為總統國家安全顧問的邦迪，以政府的傑出管理者而聞名。這位年輕的教務長曾把哈佛桀驁不馴、自以為是的菁英管理得服服帖帖。按照傳統觀點，邦迪行事果斷、具有權威而且風格幹練，他會清理掉所有不和諧的聲音，最終做出正確決斷，協調甘迺迪的全球計畫以滿足於總統的最終目標，而不會考慮政府內其他特殊利益群體。

然而，在越南事務上，甘迺迪任期的最後幾個月，白宮的決策機關處於失調的巔峰。比如，支持南越將軍們發動推翻吳廷琰的政變的電報，居然沒有得到最高決策層的首肯，就由三十六歲、時任邦迪的國家安全委員會的越南事務專家福里斯特發出（他只是一名律師，缺乏經驗，不懂越南語，對越南幾乎一無所知）。那時正值週末，甘迺迪在麻薩諸塞的海恩尼斯（Hyannis）度假，麥克納馬拉在遙遠的西部登山，中情局局長麥科恩（John Alexander McCone）在華盛頓州，國務卿魯斯克（Dean Rusk）去了鄉下，邦迪在麻薩諸塞的曼徹斯特度假。邦迪後來解釋說，「我週末度假時切斷了與華盛頓的聯繫，我對當時發生的一切一無所知」，這樣的說法與國家安全顧問的身分不符。當吳廷琰的死訊傳來，甘迺迪「從房間裡衝出來，一臉的驚訝與慌張」。在此事件中，白宮國家安全小組的拙劣表現與古巴豬灣事件（中情局幫助流亡美國的古巴人在古巴豬灣登陸，企圖推翻卡斯楚政權，結果慘敗）有相似之處。邦迪得出沉痛教訓：「永遠不要相信官僚機構會把事辦好。」[8]

甘迺迪遇刺，詹森上位，輪到他犯更大的錯誤了。詹森在只有二十六歲時，就被小羅斯福作為潛在的接班人培養。在內政上，他開始一場升級版的新政，發出建設「偉大社會」宣言，讓白宮成了一部花錢的發動機——通過立法和財政政策徹底戰勝貧困，讓所有美國人享受到福利國家的利益。福利開支愈來愈多，貧困問題卻愈演愈烈，因為詹森「把錢撒在問題上」。永久性的財政赤字是從其任內開始的。一九六五年，《時代》雜誌將主張實施國家計畫經濟的經濟學家凱因斯（John Maynard Keynes）放上封面，並宣稱：「我們現在都是凱因斯主義者了。」

在越南問題上，詹森宣稱：「我不想成為第一個打敗仗的總統。」這句話後來在報導中變成了：「我不想丟掉越南，我不想做一個這樣的總統：眼睜睜地看著東南亞走上中國正在走的那條路。」為贏得戰爭，他採納戰略大師康恩（Herman Kahn）的「逐步升級」戰略，康恩設計了四十四種逐步升級的戰爭階梯：「戰爭逐步升級是一個『賭決心的競爭』。」

然而，詹森既缺乏明確的目標，更缺乏決心。他試圖將這場戰爭侷限於使用空軍轟炸北越，但轟炸不可能取得決定性勝利。而且，美軍的轟炸在數量、目標和時間上都受到嚴格限制，這些限制完全是政治上的，跟戰術或戰略關係不大。太平洋艦隊司令夏普（U. S. Grant Sharp, Jr.）指出，白宮的主人「像啄木鳥一樣對表面上漫無目標的靶子亂啄一氣」。

韓戰中杜魯門政府干預前線將領的錯誤再次重演。忙完一天的內政之後，精疲力盡的詹森對一個朋友說：「我現在真想來點威士忌和飲料。可是不行。我今晚還得指揮飛機出擊。」他進入白宮戰情室，在那個沒有窗子的地下室中，他用手在牆上的越南地圖指指點點。他指著一座橋梁的標誌問道：「炸毀這個要用多少噸炸彈？」又問：「它對北越人有多大重要性？」如此等等。連轟炸一座戶外廁所也要經過他的批准。他對指揮轟炸入了迷，每天凌晨三點起床，檢查美軍在越南轟炸的戰績。[9]他做到了事必躬親。這種指揮方式，大大削弱了前線的戰果。他希望僅靠空戰讓對手屈服——「最初頑強抵抗，接著勢頭走弱，然後胡志明就會求和」。但這個結果沒有發生。

詹森不善於與民眾溝通，竭力隱瞞戰爭遇挫的真相，壓低派遣到越南作戰士兵的數字。他一輩子玩政治，撒謊本領之高任何人難以企及。羅伯特．甘迺迪（Robert Francis Kennedy）抱怨：「每次我跟他說話時，他總說謊，甚至沒有必要時也說謊。」詹森承認：「白天處處費勁挽救臉面，到夜間會連屁股也丟了。」當軍費不斷攀升之際，他不願增稅，只能削減「偉大社會」的資金。「那個戰爭的婊子，」他後來說，「殺死了我真正熱愛的女士——偉大社會」。他自我辯解說：「這不是詹森的戰爭，這是美國的戰爭。」

詹森任內最為聲情並茂的演講，是關於越南戰爭的：「我並不認為將我們的青春花朵、我們的優秀青年送上戰場，是輕鬆的事。」他告訴記者們，對於戰爭的代價，他有親身體會。二戰期間，他是第一位離開眾議院舒適環境而奔赴前線的國會議員，他投入了南太平洋的戰鬥。「我想我也知道，他們的母親會怎樣哭泣，他們的親人會怎樣悲傷。……但是，此刻，我們是在越南履行最莊嚴的承諾之一。十一年來已有三位總統——艾森豪總統、甘迺迪總統和你們現在的總統——答應過要幫助保衛這個勇敢的小國。」總統夫人在日記中寫道：「這不是他想要的戰爭。他想要的，是向貧窮、愚昧和疾病宣戰，那才值得為之獻身。」

然而，普通美國人可不這樣想——此前，沒有哪個總統遭遇過此種令人難堪的人身攻擊：「嗨！嗨！林登．詹森！今天你又殺死多少孩子？」[10]

一九六八年，羅伯特．甘迺迪在報紙上撰文，引用詩人葉慈（William Butler Yeats）的詩句：「萬物分崩離析，中心難以控制。」這是民主黨人對詹森發出的不信任信號。詹森被迫放棄競選連任，黯然謝幕。

一九七三年一月，詹森去世前十天，在最後一次採訪中哀歎：我們生活在一個快速發展的時代，所有人都相當缺乏耐心，更重要的是，我們相當不能容忍同胞的意見、判斷、傳統和生活方式。他自己何嘗不是如此？他過世時，他任命的大法官馬紹爾（Thurgood Marshall）說：「前總統是因心碎而死。」詹森留給他的國家更多的迷茫，不知道在國內能取得什麼成就，也不知道如何對國外發揮影響力。[11]

大多數美國總統在上任之初，缺乏世界視野和處理國際問題的經驗（唯有艾森豪等少數人例外），其重要幕僚也是如此（這些幕僚擁有長春藤名校的亮麗學位和教授頭銜，但思維方式早已被學院固化）。一戰之後的美國早已不是區域大國，而是為全球帶來「美利堅治世」（Pax Americana）的世界性帝國。然而，美國總統們的素質，未必比得上羅馬帝國的皇帝們。如邱吉爾所說，民主政治只是「最不壞」的制度，民主制度無法避免選民選出庸人總統，如果庸人偏偏又剛愎自用，聽不進聰明幕僚的優良建議，那麼他必將給本國和世界帶來巨大災難。

詹森身邊負責處理外交和國安問題的團隊，幾乎每個人都在說謊，他們認為善意地說謊並不違背良心。他們給國家帶來巨大災難。而同樣的錯誤，還將在此後的阿富汗戰爭、伊拉克戰爭及整個反恐戰爭，以及與中國打交道的過程中，屢屢重犯。國際法學者格蘭農（Michael J. Glennon）在《國家安全與雙重政府》（*National Security and Double Government*）一書中揭示說，美國的外交和國安政策是由一群掌管不同部門與機構的執行官員所構成的國安網絡所界定。此國安網絡僅對他們在美國政治體系內的結構性誘因有所回應，而且大都是在《憲法》限制與公眾視野外運作。在此情況下，原本應制衡行政部門的司法規範變得無關緊要、國會監督變得失去功能，甚至總統的控制亦名存實亡。於是，外交國安社群自成一個封閉而無須被追責的政府深層結構，導致美國在對外關係上經常重複失敗的政策，而無法做出徹底的改變。儘管表面上美國是三權分立的有限政府，但實際在國安政策與對外關係上，行政權的權力、組織、資源與專業度遠勝於司法權與立法權，致使司法的審判必須仰賴行政部門的專業判斷，立法權的監督與預算審核必須依靠行政部門的資訊來源。這群無須民選、無須負責的高層外交國安官員所構成的網絡，成為真正主導外交國安的決策者。此雙重政府的運行與衝突，界定了美國在戰略與外交政策上的成敗，也正是其經常重蹈覆轍的原因。[12]

美軍在戰場上沒有輸：美國士兵沒有辜負美國，也沒有辜負自由

就戰爭層面而言，越戰的失敗並非不可避免。以美國的國力和軍力，可以贏得勝利。後來出任最高軍職的鮑威爾（Colin Luther Powell）兩度在越南服役，對戰爭本身和美國打這場戰爭的方式，有較為中肯的判斷：「在我們走向戰爭時，必須有一個人民理解並且支持的目標；必須動員國家的資源來完成這一使命，然後去打贏這場戰爭。」

美國不是好戰的國家，它參與的絕大多數對外戰爭都是被迫「捲入」的，包括一戰、二戰、韓戰和越戰。美國人原本可以不管在其他大陸上發生的事情，安享太平歲月。美國

在這些戰爭中得到的，遠不如它付出的——很多時候，還要承擔戰後的重建，比如以「馬歇爾計畫」拯救奄奄一息的西歐諸國。歷史學家厄內斯特・R・梅（Ernest R. May）認為：「關於越南戰爭的觀點是矛盾的。反對者常常譴責它恐怖而不道德，不過也許越南戰爭是美國歷史上最道德、至少是最無私的一場戰爭。因為美國參戰的原因並不是為了打敗敵人或謀求國家利益，僅僅是為了不拋棄朋友。」歷史學者科爾科（Gabriel Kolko）指出：「美國不遺餘力地綜合使用政治與軍事手段，來遏制那些妨礙其建立國際秩序的國家和社會制度的出現。越南戰爭意味著這一努力達到了頂點。」經濟學家羅伯特・海爾布隆納（Robert L. Heilbroner）認為，美國的本意一定程度上更傾向於防禦，對越南的干涉是因為「擔心失去美國的立足之地」，也因為擔心共產主義的勝利將「結束資本主義對世界的統治，使美國不再成為未來全球文明效仿的榜樣」。[13]

另一方面，美國人是具有戰爭意志和戰爭能力的民族，這一點連沒有到過美洲的伯克都看得一清二楚，他勸告英國不要對殖民地人民開戰：「在美洲人的性格中，對自由的熱愛是壓倒一切的特徵。」英國的殖民野心一旦與之相碰撞，必將「燃起一片行將毀滅我們的大火」。[14]之後事態的發展，被其不幸言中。美國人不畏懼任何敵人的挑戰，美國人願意付出任何價值去捍衛自由。

朝鮮很遠，越南也很遠。如果說韓戰是最漫長的冬天，越戰就是最漫長的夏天——在越南，一年四季都是夏天，這個夏天持續了十一年之久。一名士兵回憶說，他們長達數週之久留在偏遠的前哨，像原始人一樣生活，四周是全然不識、望不到邊的稻田和雨林。瘧疾、黑尿熱和痢疾不像以前的戰爭那般會奪人性命，但仍會傷人健康。乾燥季節，烈日炙熱難耐，雨季時節，大雨不歇，他們被淋得全身麻痺。白天，他們在深山雨林裡闢路行軍，樹林深幽，不得不謹小慎微。夜晚，蹲坐在泥濘的山洞裡，把血管裡的螞蟥一根根拔出來，還要警惕敵人從鐵絲網那頭的暗處向他們開火。

參加越戰的美國士兵多是貧民、農夫、技工、建築工及其後代，參軍是改變個人命運和展示愛國心的方式。華盛頓的政治菁英將數十萬「紅脖子」（redneck，美國的白人勞工階級）家庭的士兵派往越南，他們的親兒愛女則通過特權運作避免走上戰場——很快，這些就讀於常春藤名校的權貴子弟就站在反戰第一線，以反戰顯示其崇高和正義，居高臨下地羞辱和攻擊越戰士兵。在他們看來，每個戰士都罪孽深重，「往好了說是無知愚蠢、拿著槍的建築工人；往壞了說是精神失常，穿著軍裝的變態殺人狂魔」。

越戰的結果不如韓戰，就軍事指揮官而言，美軍在越戰中缺乏韓戰中麥克阿瑟、沃克、李奇微（Matthew Ridgway）那樣的傑出將領。但就戰術和戰役層面而言，美軍在越南並沒有戰敗，五萬多人的犧牲並非毫無價值，美軍官兵們用生命譜寫了不朽的史詩。

堪與韓戰中長津湖戰役相媲美的德浪河谷戰役，可歌可泣：一九六五年十一月十四日早上十時四十八分，美國第一騎兵師第七騎兵團的一個營和北越第六十六團在德浪河谷遭遇。北越正規軍有近四千人駐守，是經過奠邊府戰役錘煉的精銳之師。兩軍爆發了第一場大規模戰鬥。一名美軍將領後來寫道：「美軍戰史上最慘烈的戰鬥就此展開，而且在幾乎整個過程中，戰場不出一個足球場大小。」經過三天激戰，北越陣亡一千五百一十九人，美軍陣亡三百零五人，這場戰鬥以北越慘敗收場，北越將南越分為兩段的計畫失敗。這場戰役使北越決定避免與美軍正面衝突，改而採取遊擊戰。

一九六八年一月三十日，北越發動規模空前的春節攻勢。兵力超過三十二萬的北越正規軍和遊擊隊，對南越兩百多個市鎮和農村地區發動「總攻擊—總暴動」。西貢的總統府和美國大使館遭到越共敢死隊夜襲。然而，南越民眾沒有如預期發動大規模動亂。北越人民軍在遭受美軍和南越政府軍壓倒性傳統武力的打擊下，大部分攻勢都在最初幾個小時內被擊潰。北越部隊約四萬五千餘人陣亡、四萬餘人負傷，其領導人哀歎說，他們的損失是災難性的。河內官方的歷史記錄承認「敵人在戰場上暫時取得上風……我們的態勢與實力遭遇重挫」。越共領導人陳杜說：「春節攻勢顯然改變了整個戰爭的性質……那是一場『孤注一擲』的攻擊。我們訂下許多不切實際、不可能達成的目標……我們陷入極端困境。有人問我們，我們控制多少人口占比，我們答道『大多數』，但事實上我們幾乎已經完全失去控制了。」

一九六八年一至四月間，北越打算複製奠邊府戰役的成功經驗，動員三個精銳師，包圍駐守在溪生基地的六千名美軍陸戰隊，並將其全殲。溪山戰役成為北越人民軍繼德浪河谷戰役以來，最大的一次以正規軍與美軍正面交鋒。美軍不是法軍，依靠大規模空中補給，激戰七十七天，基地穩如磐石。北越正規軍陣亡五千五百人，一無所獲。

一九七二年三月，北越人民軍總司令武元甲動員全部北越軍事力量，包括三十萬大軍和兩百二十二輛戰車，發動比一九六八年春節攻勢更大規模的「復活節攻勢」。美國總統尼克森下令戰略轟炸機展開「後衛行動」，對北越大城河內、海防及軍事設施進行全面轟炸。同時，南越軍隊展開反擊，在崑嵩及安祿兩場戰役中重創北越軍隊，不僅造成十萬北越官兵傷亡，還殲滅了南下的北越裝甲部隊。北越慘敗後，武元甲被撤職。

在美國介入越南戰爭的十年間，美軍的死亡人數為五萬八千人，越南人民軍和南越民族解放陣線的死亡人數則高達百萬人。直到今天，仍有八成以上越戰老兵堅稱美國沒有輸掉越戰，而且並不後悔當年為了保衛南越而戰。[15]

越共領導人公開承認：他們在軍事上敗給了美軍。但他們指出，在政治上贏了美國。一位北越高級軍官告訴美國戰俘，「我們國家沒有能力在戰場上打敗你們」，但北越期待的是「在紐約的大街上贏得這場戰爭」。北越軍事領導人武元甲承認：「我們並沒有強大到能夠把五十萬美國軍隊趕出去，但那不是我們的目標。」他的目標是政治性的：「我們的意圖是打消美國政府繼續參與這場戰爭。」

越戰是兩種最苦楚戰爭的綜合體——內戰和革命，另加之叢林作戰的兇險。早在美軍到來之前，二十年的恐怖主義和手足相殘，已讓這個國家的道德圖譜沒有剩下多少可值得頌揚的東西。美國士兵被送到一個遙遠的「他界」，在他們周邊，沒有任何熟悉的事物，沒有教堂，沒有警察，沒有法律，沒有報紙，也沒有監管力量。印度支那的叢林處在創世之初，道德倫理和地理條件放眼荒蕪。美國大兵被派往越南時，政府告訴他們這是為維護越南人民的自由，他們以為會受到當地民眾的熱烈歡迎。然而，一名陸軍中尉有長達一年時間每天走訪越南村落，他回憶說：「我從來沒有遇到一位越南人會對我說：『別走那條小徑，那裡有地雷。』」這種遭到背叛的感覺難以言喻。士兵們處在一個不壞好意的國家，面對殘酷暴虐的敵人，奉命殺人，自己的人性也喪失殆盡。他們不能被簡單地劃分為好人或壞人，他們不是聖人，也不是流氓，而是美國社會的一面鏡子。[16]

戰爭期間，美軍做出了若干暴行，比如美萊村的屠殺，但這一暴行是被趕到現場的其他美國軍隊制止的，當事人也受到軍事法庭審判、得到應有懲罰。美軍並不比其他國家的軍隊更殘暴，比北越軍隊仁慈得多。五角大樓解密文件表明：在一九六七年斯德哥爾摩「國際戰犯法庭」上針對美軍的所有指控都沒有根據。戰鬥對平民區的嚴重影響是越共戰術的直接後果，他們把村莊變成設防要塞，本身就違反《日內瓦公約》(Geneva Conventions)。而且，正是為保護平民的生命和財產而限制美軍的轟炸，才使轟炸如此低效。

左派媒體長期以來妖魔化越戰老兵——他們多半是窮人、文盲，在越南普遍吸毒，帶著創傷後壓力綜合症回國，後來多有暴力表現，婚姻破裂，仇視社會。然而，事實是，大部分越戰老兵都是善良勇敢的普通美國人，回國後過著正常、健康、自食其力的生活。美國士兵在越戰中的榮譽和犧牲不容褻瀆，正如麥克納馬拉在回憶錄結束之處所寫：「我們必須面對那些在越南戰爭中永不會歸來的美國人的命運。我們不明智的捲入是否抵消了他們的努力與犧牲？我不這樣認為，他們並沒有參與決策，但卻響應了祖國的召喚，為了祖國的利益走上了艱難之路。他們為祖國及其理想捨棄了自己的生命。我們在越南的錯誤並不能掩蓋他們的崇高犧牲，這種犧牲使所有活著的人景仰。」[17] 不是每一次為自由而戰都能大獲全勝，失敗者仍是英雄。

一九八一年二月二十四日，剛上任一個多月的雷根總統在白宮為越戰老兵納維德斯（Roy Benavidez）主持了一場精心設計的國會榮譽獎章授勳儀式。貝納維德斯是一名有印第安血統的墨西哥裔老兵，他在越南戰場上踩中地雷，身負重傷，醫生告訴他從此全身癱瘓。他經過一年艱苦的復健鍛鍊，奇蹟般地站起來。一九六八年五月二日，他自告奮勇前往柬埔寨救援被越共包圍的戰友，搶救了八名別動隊隊員，身中五彈，昏迷過去，被裝入裹屍袋。當醫生要給裹屍袋拉上拉鍊時，他奮力起身，向醫生臉上吐了一口唾沫。他的故事被作家布雷姆（Eric Blehmis）寫成暢銷書《傳奇》（*Legend*）。

早在卡特（Jimmy Carter）任內，五角大樓就請求卡特向這位老兵頒發獎章，但卡特拖了下來，直到離任也沒有做。卡特及其身邊的左派高官，打從心底就反對越戰，且以越戰為恥，怎麼會為老兵授勳呢？

雷根與卡特截然不同，他親自宣讀嘉獎令，還說了一番尖銳的話，含義非常清楚——「應該」向參加過越戰的英雄「表示我們的驕傲」，「他們沒有取勝就回到國內，這並不是因為他們被打敗了，而是他們被剝奪了取勝的機會」。貝納維德斯則回應說：「我不是英雄，真正的英雄是那些把生命獻給國家的人，我只是做了我被訓練做的事。」

與窮凶極惡的北越相比，南越至少是「次壞」

在法國對陣越盟的第一次印度支那戰爭結束之後，美國就開始支付南越財政預算的百分之六十五至七十五，包括其軍隊的全部花費，維持其貿易逆差。一份研究報告指出，南越「正在成為一個永久的乞討者」，「美國的援助如同沙上建塔」。[18]

失敗者必須承受失敗的恥辱，失敗者被剝奪了闡釋歷史的話語權。不僅共產世界大肆渲染南越政權的腐敗、殘暴、無能，西方左派媒體也對這些說法照單全收。在BBC的一篇反思越戰的評論文章中，國防政策專家米杜普（Luke Middup）評論說：「從越南共和國的建立到消亡，都是一個極其腐敗的政權，這從一九六〇至一九七五年間大量接收美國援助而變得更壞——它令南越經濟完全跑偏。它基本上意味著，沒有人能夠不通過賄賂而獲得任何職位——無論是文職還是軍方。這對於武裝力量造成了深刻的影響。」[19]但是，將南越政權完全妖魔化，無法解釋數十萬逃離共產化的越南、移居西方世界的南越遺民為何終身都效忠於這個共和國。

一度極端反美、熟諳印度支那事務的英國記者威斯特（Richard West），在南越政權淪亡時以充滿悔恨的語氣在西貢寫道：「有人把南越描述成一個遭革命運動推翻的法西斯政權，這不對。甚至直到這最後一刻，南越反對派仍有權搞抗議；在揭發辦公室霸凌這類議題上，西貢新聞界的膽子不輸倫敦。土生土長的南越共產黨，現在在這場戰爭中僅扮演極小的角色。西貢無產階級在一九六八年曾經兩度對共產黨的起義召喚不理不睬……這場開始時原是一場革命的戰爭，現在已經演成一場北方入侵南方的傳統戰爭……眼見西貢一些外國報紙以幸災樂禍的語氣報導反共分子的命運，讓人倒盡胃口。」最後一段話，反映了河內宣傳的勝利：包括不少美國人在內，全球各地數以億計的人將北越的勝利視為正義的勝利。[20] 這當然不是事實。

越南完成統一，與柬埔寨、寮國等中南半島三國加入社會主義陣營，這些地方的居民並未迎來幸福而自由的生活。越式古拉格群島（The Gulag Archipelago，蘇聯的勞動集中營）遍及印度支那半島，數百萬人被送入其中，十萬至二十萬人被處決。一九七〇年代後期，越南經濟崩潰，超過一百五十萬難民逃離祖國，超過二十萬人在逃亡路上死去。西方對此一規模巨大的人道主義災難閉目塞聽。隨後，三國陷入更血腥的混戰。

如果南越有更充裕的時間站穩腳跟，未必不能像南韓一樣成功。南越政權的第一任總統吳廷琰是一名天主教徒，他的第一個錯誤是疏遠了大部分身為佛教徒的公民。他在任內實施的宗教迫害讓他大失人心。這一點導致政權合法性的危機，大多數越南人將這個政府視作舶來品，是法國殖民主義的遺產——很多天主教徒曾站在法國人那一邊作戰。不過，吳廷琰雖專制獨裁，建立了封閉狹隘的王室寡頭政體，卻是南越最能幹、唯一能穩定政局的人，《紐約時報》等美國媒體將其視為「亞洲的救星」，他也得到同為天主教徒的甘迺迪支持，副總統詹森稱之為「東南亞的邱吉爾」。

吳廷琰兄弟被國人視為美國的傀儡，他們卻認為美國人壓根不明白南越面臨的危險，而且天真、心腸又軟，在國際事務上不夠成熟，也沒有充分了解越南的現實。吳廷琰的弟弟、掌握大權的吳廷瑈對盎格魯－撒克遜人十分不屑，曾告訴一位南越軍官，法國人或許曾是殖民者，但至少了解越南，而美國「拿了大把的錢幫我們，卻根本不了解越南事務」。

甘迺迪後來對吳氏政權失望，默許美國駐越南大使館支持一場反對吳廷琰的軍事政變，後者在政變中被殺。吳死後，南越陷入永無休止的內鬥，將軍們走馬燈式地控制政府，形成一種荒誕局面——美軍幫南越打北越，南越自相殘殺。詹森後來說，搞掉吳庭琰是「我們在越南所犯過的最糟糕的錯誤」。

吳廷琰對美國的質疑不無道理，數年之後，有一個不是笑話的笑話證實了這個質疑，只是那時吳氏已悲慘地死去：一名美軍戰俘對盤問他的越共軍官說，他認為，美國人之所以出兵越南，十分之一為了幫助越南，其餘原因都是為了壓制毛澤東。盤問他的越共軍官聽得一頭霧水，問道：「那你們為什麼不去中國打毛澤東？我們也不喜歡中國人。」

另一個故事更能說明問題：中情局的菲利普（Rufus Phillips）在南越共和軍參謀總部走過一張堆滿書籍的辦公桌，桌邊一名南越少校正在伏案工作。菲利普問他在做什麼。少校說：「我在幫忙起草憲法。」他桌子上堆的是美國與法國的憲法，以及過去越南憲法的書籍。他說，這是阮慶將軍交給他的任務。之後憲法草案寫成，送到美國大使館，徵得大使館批准同意。阮慶告訴將領們，這是美國人要的——儘管有幾名將領有異議，憲草還是通過實施。隨後，新憲法遭到佛教徒與學生的抗議。美方斥責阮慶，說他把事情全搞砸了。阮慶非常憤怒：他完全按照主子的意見辦事，難道有錯嗎？

菲利普對這場鬧劇反映的心態有一段描述：「我們小心翼翼，不辭辛苦，花了近十年建立這個非常脆弱的新國家。然後我們將一切可能帶來安定的東西全都搗毀。在這段『旋轉門』期間，每當一名將領發動政變，所有原先的人馬完全被踢了出去，我們把一些完全不進入狀況的人拱上權位。為消弭這種混亂，我們更加介入，但我們介入越深，遭我們趕走的越南領導人越多。我們決定先打贏這場戰爭，再將這個國家還給越南人民。這是對越南民族主義的致命一擊……而這已經成為共產黨炒作的基本議題。」[21]

越南共和國（南越）自一九五五年成立以來，總計與越南民主共和國（北越）打了長達二十年的戰爭，幾乎沒有一天太平日子可過。但即便在戰爭期間，南越的人口數量也穩步增長，從北越逃到南越來的人，遠遠多於從南越逃到北越去的人。南越的經濟和民眾的生活狀況一直好於北越。美國的醫療計畫成效顯著，南越民眾的生活水平提高得很快。在南越，無論城市的工商業，還是鄉村的農業，都頗具活力。

在一九六一年的全面戰爭爆發之前，南越曾有過一段經濟迅猛發展的時期。即便戰爭爆發和擴大化，對南越經濟造成很大打擊，其經濟仍在增長中，經濟繁榮程度不亞於同時期已處於和平狀態的韓國。在政治和國民自由度上，南越的確不算充分民主自由的國家，但它仍有著比列寧、史達林式共產國家多得多的自由，以及民主的基本框架。相對於思想單一、文化凋敝、國民整齊劃一的北越，生活在西貢等大城市的南越居民的權利和自由都得到一定保障，社會環境相對寬鬆。

威權統治者固然有其殘暴和腐敗的一面，但比起極權主義來，仍然是次壞的選擇。學者王懷慶指出：「無論吳廷琰及其弟弟吳廷瑈、弟媳『瑈夫人』陳麗春，還是阮文紹、楊文明、阮高祺等南越政治人物，如今被鄙夷得似乎一無是處、猥瑣狼狽。但其實，如果和韓國那些大名鼎鼎的政治人物如朴正熙、全斗煥、白善燁等相比，未必就差到哪裡去。如果南越沒有滅亡，這些政治人物及其後繼者的大戲，也會引人入勝。而其他許多知識分子、勞工、婦女，也都會在有一定自由的環境下脫穎而出，各展風采、在歷史激流中揮灑與激揚。這些風雲人物也會讓北緯十七度線以南的越南有著與當今不同、但幾乎必然更加繁榮和多樣的面貌。在經濟、民生、政治、社會文化上，即便不如韓國，也幾乎一定是遠好於如今越共統治的整個越南。開放社會，無論如何都勝於極權壟斷。」[22]

若沒有戰爭，讓南越和北越這個兩個國家和平競爭，其結果必然如同南北韓和東西德，資本主義戰勝共產極權主義，自由市場經濟戰勝計畫經濟。

一九七五年，北越入侵後，南越軍隊從順化、峴港，到春祿、邦美蜀，一路與北越軍血戰、節節抗擊直到西貢陷落。由黎明島將軍指揮的越南陸軍第十八師，在四月九日到二十一日的春祿戰役中，成功與越南人民軍對峙長達九天，並以己方兩千零三十六人的傷亡，換來敵軍約五千人的損失。這場戰役，也是越南共和國陸軍最後的榮光。[23]

當時中華民國政府派駐南越的大使胡璉將軍在其遺作《出使越南記》中，對南越政府提出不少批判，但仍相信越南最終將擺脫共產主義。本身也是反共過來人的胡璉，不忘勉勵越南人「再造共和」：「越南第一、第二兩個共和國的人們為未來的越南青年們留下了酸澀的後果，但那並非『民主共和』之災，當越南第三共和再事進行締造時，千萬不可怨尤。」

數十年後，對勝負的判斷發生顛倒，歷史充滿弔詭：南越覆滅時，身在北越統治下、被共產黨洗腦的十三歲的張輝山回憶說，那時他的第一個想法是：「我們必須迅速展開行動，教育南越那些遭到資本主義誤導的孩子。」後來，人到中年的張氏在其著作《獲勝一方》中寫道：「許多人在仔細檢討過去之後……訝然發現真正遭到解放的一方其實是北越。」他指出，事實證明，南越價值觀（資本主義）逐漸支配整個越南，南越才是歷史的勝利者。[24]

共產主義是一種邪教，你不能跟共產黨打一場理性的「有限戰爭」

一九六八年冬天，尼克森在大選中以絕對優勢擊敗民主黨候選人漢弗萊（Hubert H. Humphrey），《生活》雜誌發表封面報導，題為「尼克森時代即將開始」。但尼克森很快發現，他接手的是一個被媒體妖魔化、被國會瓜分大量權力的分崩離析的白宮。他要解決的首要難題是讓美國體面地從越南撤軍，他的策略是「越南戰爭越南化」，讓南越自身強大起來。當然，也包括與中國關係解凍，請求中國幫忙與北越和談。然而，「水門事件」讓尼克森灰頭土臉地辭職，隨即美國全面中斷對南越的援助。南越覆滅的命運就註定了。

一九七五年，北越無視此前的協議，發起一場致命的進攻——所有的共產黨都不會遵守任何協議，這是常識，美國和西方從未理解這個常識。南越軍心和民心都已瓦解，北越軍隊勢如破竹。

尼克森的繼任者福特發表聲明，要求國會重新考慮援助南越，包括撥出緊急軍事援助：「美國如果不願意向那些為自己的生命而戰的盟友提供適當援助，將會嚴重影響我們作為一個同盟者在全世界的可信度。」國會無動於衷。福特只能袖手旁觀。

一九七五年四月二十一日，北越軍隊攻入西貢，南越宣布投降。兩天後，福特宣告越戰正式結束。海軍陸戰隊的直升飛機從西貢美國大使館屋頂救出官兵和僑民。這倉皇逃竄的一幕，象徵著美國失去冷戰優勢，天平向蘇聯一方傾斜。

美國在越戰中的失敗，是多重原因共同導致的結果，也有多種責任人。歷屆總統缺乏精準目標、取勝決心和宏觀戰略，受制於國內分裂的政治形勢；媒體、學界和青年學生左傾激進化，以暴力方式展開反戰運動，改變民眾對戰爭的態度；南越政權腐敗無能；北越堅定意志和殘忍戰術以及從中國和蘇聯得到巨大援助……這一切，使自由世界經歷了一次重大挫敗。

邦迪後來如此自問：「我最嚴重的錯誤是什麼？」其答案是：「沒有對成功的概率、一方的優勢和另一方的弱勢做出縝密研究。」面對越南危機，這位權力菁英未對美國戰略的目的和手段做出精準評估。他低估了敵人，整個政府普遍犯的錯誤是沒有弄清楚「敵人如何獲勝，如何恢復元氣後捲土重來」。邦迪認為，只要美軍部署能達到「朝鮮規模」就能獲勝，他相信「能夠用軍事手段達到政治目的」。他寫道：「我們和詹森都沒有問過『胡志明能堅持多久』這個問題。」[25] 美方沒有想到，北越領導人從未動搖過其決心：不惜以任何代價實現清楚的政治目標——完全統治這個國家。他們「目標清晰，令人恐怖」，不在乎美軍的「消耗戰略」，即便以十比一的比例換取美軍的傷亡，也在所不惜。越南裔美國人、俄勒岡大學政治系主任武有祥（Tuong Vu）指出：「儘管失去大量人力，他們仍能調動起來，這意味著像自殺式、人浪式進攻等的軍事戰術北方可以用，而南方則不可以用。」[26] 由此，北越挺過詹森實施的大規模轟炸的「滾雷行動」，憑藉著一種讓美國軍人既沮喪又敬畏的堅韌毅力重建道路和橋梁。與此同時，他們繼續向南方滲透。胡志明相信華盛頓的威望維繫在越南戰爭上，並大膽預言詹森將進一步加大戰爭力度，但這仍然遠遠不夠。跟法國人一樣，美國人到頭來也會嘗到失敗的滋味。

在美國，越南戰爭常被描述成「第一場呈現在電視上的戰爭」，它所得到的媒體關注前所未有。美國國家檔案局估算，至一九六六年，百分之九十三的美國家庭都擁有電視機，而當時內容審查更少，也比過去的報導更實時。在新春攻勢期間，美國駐西貢大使館周圍的作戰畫面震撼了美國民眾——儘管這場戰役的獲勝方是美國和南越，但觀眾在電視上看到的部分真相卻是：越共將衝突蔓延到南方政府中心地帶，進而蔓延到公眾的客廳當中。從一九六八年開始，媒體報導已不利於這場戰爭——無辜平民被殺、重傷或者虐待的影像呈現在電視和報紙上，很多美國人被嚇怕了，轉而反對戰爭。

與美國的情形相反，儘管北越的損失要慘重得多，但極權政府對媒體有絕對控制，也壟斷了信息的傳播。百姓所遭受傷亡，對他們沒有絲毫影響——北越沒有自由媒體和公共輿論，越共無需考慮民意。「美國和南越對於塑造公共意見的能力和意願，不能與共產主義政權相比，」武有祥指出，「後者有強大的宣傳體系。他們關閉邊境，打壓異見。誰不同意這場戰爭，誰就被送進監獄。」這個政治體系的本質意味著公眾會相信這場戰爭，而對傷亡所知較少。

有人認為，選擇為共產主義者一方作戰的人們，比起加入南越一方的人更有求勝決心。共產主義軍隊在大量傷亡的情況下仍堅持作戰，是其士氣之強的證據。但武有祥並不肯定北越有更強的士氣，他認為，北方軍隊受到的為共產主義獻身的洗腦宣傳，「他們能夠令人們信仰這份事業。得益於宣傳和教育體系，他們將人變成武器」。

美國戰略未能奏效的一個關鍵理由，是北越背後有中蘇撐腰。北越一直在漸行漸遠的中國與蘇聯之間左右逢源。一九六七年，北越領導人范文同、武元甲訪問北京，毛澤東親自接見他們並指示說：「打消耗戰就像吃飯一樣，一口別吃太多。和美軍作戰，你們可以一口先吃一個排，一個連，或者一個營。和偽軍作戰，可以一口吃一個團。就是說，戰爭就像吃飯一樣，得一口一口地吃。打仗並不是那麼難懂的。打仗和吃飯是一個道理。」[27]越共領導人學會了像毛一樣蔑視自己人的生命，這是其取勝的法寶。

在美國，「有限戰爭」理念的發明者考夫曼（William Kaufman）認為，「我們已經進入一個受理性約束的時代」，這種思路正好契合麥克納馬拉推崇的管理學理念——通過合理的計算和評估，用武力讓敵人意識到「結束衝突比繼續衝突有利得多」，由此實現對戰爭的「理性管理」。美國一直堅持在越南打一場像韓戰那樣的「有限戰爭」。北越卻從不設限。成功的商人和企業家未必能打贏一場與宗教狂熱分子的戰爭。麥克納馬拉並不了解更為複雜的人性因素，人類行為有時並不是理性的，它們荒誕怪異，難以捉摸，無法成為分析考量的要素。尤其是被類似於宗教的共產主義攫取心智的人群和軍隊，就像喪屍一樣兇猛無畏，對付他們不能靠一堆數學公式。多年後，麥克納馬拉承認，越戰升級是「一個錯誤，一個巨大的錯誤」。他概括美國在越戰中犯下的多達十一個錯誤，包括試圖通過軍事策略贏得一個文化完全不同的人民的心靈與思想。[28]

當戰略家肯楠被杜勒斯放逐之後，美國的決策層天天高喊反共，對共產黨的本質卻認識不清。肯楠在根據「長電文」（肯楠發給美國國務院的一份論及對蘇俄政策的長篇電報）擴展而成的〈蘇聯問題的根源〉一文中指出：「由於孕育於俄國—亞細亞世界，他們形成了對於競爭性力量能長期和平共存的可能性的懷疑心理。由於輕信自己教義的『正確性』，他們總是堅持降服或摧毀所有競爭力量。……人們任何形式的集體活動或社團都受黨的控制。在俄國，不允許存在任何具有活力和感召力的組織。只有黨組織具有組織結構，除此之外，便是無組織的民眾。」他繼續指出：「他們所信奉的意識形態教導他們，外部世界是敵對的，最終推翻境外的政治勢力是他們的責任。俄國的歷史與傳統是支撐他們這種情感的有力推手。」[29]

如果美國的決策者真正領悟肯楠的論述，就不會存有用戰場上的高死亡率逼迫越共領導人走上談判桌的幻想。越南人民軍領袖武元甲在法越戰爭結束後說過：「全世界每一分鐘都有成千上萬的人死亡，一百，一千，一萬，成千上萬的人死亡，為了革命與國家的統一，即使他們是我們的同胞，也算不得什麼。」胡志明死後，繼任者黎筍對美國的態度極為強硬，要求美國無條件撤軍，不接受任何其他條件。美國的關鍵錯誤是低估了北越對不達目的誓不罷休的堅韌和信念。河內早就宣布「沒有任何人類的力量能夠抑制」它的共產主義和民族主義的激情。

越共是一群宗教狂熱分子：作為升級版邪教的共產主義在這片炎熱的土地上發酵，迅速擊敗傳統的佛教和近代傳入的天主教。美國的決策者和將軍們沒有意識到，與共產黨人作戰，是一場觀念對抗觀念、思想對抗思想、靈魂對抗靈魂的戰爭。單靠武器、技術和理性化管理無法取勝。美國和西方如果丟棄了作為建國根基的清教秩序，就成了泥足巨人。

西方左派以反越戰為名，占據了道德制高點

越戰是美國建國以來外交政策和對外戰爭遭受的最大挫敗。當初，中國內戰如火如荼開打，美軍並未深度介入。中國赤化讓美國決策圈失望，但普通民眾對此無感——中國是一個遙遠而陌生的國度。如今，美軍捲入越戰這場比韓戰規模更大、持續時間更長的戰爭，卻全面慘敗。美國在越戰中直接投入一千五百億美元，五萬八千多名官兵犧牲，數十萬官兵身心遭受重創，反戰運動癱瘓了美國政府的行動能力和自信心。左派思潮與反戰運動互為表裡，此役之後，美國社會的政治光譜迅速左移，至今仍未轉回來。

一九七〇年四月三十日，尼克森在電視講話中告訴全國人民：「我們生活在一個無秩序的時代。我們看到，自由的文明在過去五百年中所創造的一切偉大的制度遭受了盲目的攻擊。即便是在美國，著名大學正在遭受系統性的破壞……在這樣的危機關頭，如果美國表現得像一個可憐而無助的巨人一樣，那麼極權主義和無政府主義就會威脅到全世界的自

由國家和自由制度。」他宣布美國將打擊柬埔寨和寮國的北越軍事基地。戰爭擴大化在國內引發更激烈的反戰運動，並導致首例死亡事件發生：五月四日，俄亥俄州國民警衛隊因為失誤，在肯特州立大學槍殺了四名抗議學生。

經過五個輾轉反側難以入眠的夜晚，尼克森決定「微服私訪」——他來到聚集在林肯紀念堂的抗議學生之中，試圖說服學生，但他在現場失去了老練政客的風采，語無倫次地談論著邱吉爾、綏靖政策、衝浪和足球，以及年輕時旅行的好處。他勸告學生們，不要因為反對政府政策而演變成盲目仇恨國家，「儘管我們這個國家有許多缺點，它卻是一個偉大的國家」。但學生們對他的話並無共鳴。一名抗議學生告訴總統：「我希望您明白，我們寧願為我們信仰的事業犧牲生命。」[30]

實際上，這些學生並不知道什麼是他們「信仰的事業」。他們只會唱巴布·狄倫（Bob Dylan）的反戰名曲〈風中逝去〉（Blowin' in the Wind）——「炮彈在天上要飛多少次，才能被永遠禁止？」他們真的反戰嗎？他們真的知道越南發生的一切嗎？他們真的願意擁抱共產主義嗎？或者，他們只是以反抗來宣洩過多的荷爾蒙？還是，他們想要的是性解放、毒品與暴力？

多年後，一九六八一代的科利爾（Peter Collier）、霍洛維茨（David Horowitz）充滿懺悔地寫道：「我們痛恨戰爭，但是我們也喜歡它。我們因越南而變得特殊，成為負有特殊使命的一代人。戰爭使任何出格的事、任何過頭的想法和行為都有了冠冕堂皇的藉口。向某大公司的玻璃窗投擲石塊，我們一想到這是為了支持越南人民，罪惡感就立刻消失。放火焚燒學校圖書館後，我們對自己說：這事為了支持越南人民。如果說戰爭給我們發了許可證，它還讓我們沉湎於道德優越感而不能自拔。我們比自己生活在其中的環境要高尚得多。如果我們犯下了什麼不太體面的小錯的話，從長遠來看，它們終將被美國政府在東南亞犯下的滔天大罪所淹沒。」[31]

尼克森被學生們的玩世不恭激怒，他對一位現役軍人的妻子說：「我見過美國的軍人們，他們是最了不起的人。但您瞧瞧那些遊手好閒的廢物，您知道，他們正在把校園搞得烏煙瘴氣。」他在一份備忘錄中指出，他的決策不會受反戰運動影響，他不會將政府的職責留給「真正的唯物主義者」、「奢談理想主義」卻「實行殘酷統治的社會主義者，即極權主義者」。面對極端反戰者不惜一切代價來抹黑戰爭和破壞總統權威的做法，他宣稱：「國內流行起了前所未有的恐怖主義風潮，他們要用暴力破壞我們的民主制度，我們只好尋求最好的辦法應對這種高度組織化和技術化的革命行為。」

越戰是美國建國以來第一次失敗的對外戰爭，嚴重損害了美國的國際威望，對美國造成「精神內傷」——美國在前幾個世代的三大功業（民權法案、婦女解放、以軍事行動將自由秩序加諸於世界）都遭到公眾否定。[32]新左派以反戰為名，掀起一場「美式文革」——「反文化的文化」。新左派中共產黨員的人數相對較少，但很多人被馬克思和當代馬克思主義者的作品吸引。新左派崇拜第三世界國家的馬克思主義者，如毛澤東、胡志明和切．格瓦拉（Che Guevara），儘管這些人手上沾滿鮮血。

越戰在此後的半個世紀裡一直是美國「文化戰爭」的中心議題——真正的勝利者，與其說是北越（近年來，越南啟動經濟改革，為對抗中國而靠近美國，與美國舉行聯合軍演），不如說是西方左派。作家、越戰老兵卡普托（Philip Caputo）總結說：「越南戰爭是一場文化、社會和政治地震的震央，自美國內戰以來，沒有哪次事件能將國內民眾弄得如此彼此對立。……我們認為自己領先世人、品德高尚、所向披靡，沒有歷史的負擔枷鎖和沉痛慘事，可越南戰爭之後，這種自視甚高不復存焉。戰爭或其結局都與我們國家和個人的意識形態格格不入。」[33]

前中情局局長蓋茨（Robert M. Gates）在回憶錄中承認，在他加入中情局的一九六九年，他與中情局的年輕人們深受國內反越戰運動之影響——仇視戰爭、仇視當權派。他們情緒激烈，很多人都參加過在國家廣場和五角大樓舉行的反戰集會活動。「我參加的唯一一次遊行是在一九七〇年五月九日——美國入侵柬埔寨導致了這次大規模遊行。」[34]參加遊行示威是包括中情局員工在內的美國公民的憲法權利，但高亢地參加反政府活動的政府僱員，能在其左派立場與職業生涯兩者之間保持平衡嗎？

一九六九年，諾貝爾生物學和醫學獎獲獎者、哈佛大學教授沃爾德（George Wald）在訪問北越前發表講話：「我們政府的所作所為就是製造死亡，互相殺戮成了他們的正事。」他對北越的大屠殺和集中營隻字不提。他在北越看到是一幅波坦金式的美好畫面。他說：

「越南戰爭是美國歷史上最恥辱的一章。戰爭罪行的概念本身就是美國的發明。」[35]當然，他跟被稱為「河內珍」的影星珍．芳達（Jane Fonda）一樣，絕對不會遷居河內。

歐洲新左派亦利用越戰議題掀起反美運動。一九六八年，一萬名西德和其他西歐國家的學生聚集在柏林市中心高呼：「胡，胡，胡志明！」令人聯想起美國示威者的呼喊：「胡，胡，胡志明！民族解放陣線必勝！」西德學生領袖達茲克（Rudi Dutschke）稱：「告訴美國人，除非你們自己拋棄帝國主義，否則被我們趕出去是指日可待的事情。」[36]他太健忘了，如果不是美軍將德國從納粹暴政下拯救出來，他這樣的共產主義者早就被關進集中營了。更具諷刺意味的是，直到二〇二〇年，還有數萬美軍駐紮在德國，當川普總統決定裁撤駐德美軍時，首先表達強烈不滿的是德國總理梅克爾（Angela Merkel）——德國人已離不開免費保鏢了。

一九七二年，瑞典媒體將美國對越南的轟炸比喻為「納粹屠殺」——瑞典人偏偏忘記了，納粹鐵蹄橫掃歐洲時，瑞典所謂的「中立」政策一點不中立，瑞典是納粹的幫兇：它從未中斷將鐵礦石等重要戰爭物資輸入納粹德國。納粹德國以此製造武器，殺死的每個人，瑞典都負有道義責任。

德國學者施萊（Nicole Schley）和布塞（Sabine Busse）批判美國「通往強國的道路是血腥的——以戰爭解決衝突如同一條紅線貫穿美國的歷史。隨著時間的推移，美國的自我意識發展到了極端。人們的印象似乎是它很願意扮演世界警察的角色」。[37]這是歐洲左派的自我正義化：絕對的和平主義者站在道德制高點上批判美國好戰。他們忘記了一個真相：若非美國幫助歐洲打敗納粹德國、防禦蘇俄擴張，德國或仍在希特勒統治下，或由東德實現統一並淪為蘇聯的衛星國，這些德國知識分子連著書立說的自由都沒有了。

自由是奢侈品，美國士兵當年在歐洲為自由而戰，如今在越南也是為自由而戰。越戰雖然沒有達成美國的戰略目標，卻是非戰之罪，而是外交政策決策者所犯下的重大錯誤。推翻越共，還得靠越南人自己。終有一天，越南人將擺脫共產暴政，擁抱自由。

注釋

1 弗雷德里克・羅格瓦爾（Fredrik Logevall）：《戰爭的餘燼：法蘭西殖民帝國的滅亡及美國對越南的干預》，（北京）社會科學文獻出版社（上），2017年，頁449-450。

2 弗雷德里克・羅格瓦爾：《戰爭的餘燼：法蘭西殖民帝國的滅亡及美國對越南的干預》（下），頁936。

3 戈登・戈德斯坦（Gordon M. Goldstein）：《災難六課：麥喬治・邦迪與越戰的誕生》，（北京）中國青年出版社，2017年，頁53。

4 戈登・戈德斯坦：《災難六課：麥喬治・邦迪與越戰的誕生》，頁225。

5 克里斯・華萊士（Chris Wallace）：《危急時刻的大國領袖》，（北京）中共中央黨校出版社，2006年，頁94。

6 羅伯・麥克納馬拉：《回顧：越戰的悲劇與教訓》，（北京）作家出版社，1966年，頁343。

7 克里斯多弗・考德威爾（Christopher Caldwell）：《爽拿的時代：一九六〇年代美國民權改革的貽害》，（臺北）時報，2022年，頁90。

8 戈登・戈德斯坦：《災難六課：麥喬治・邦迪與越戰的誕生》，頁79-80、頁86。

9 克里斯・華萊士：《危急時刻的大國領袖》，頁84-85。

10 吉兒・萊波爾（Jill Lepore）：《真理的史詩》，（台北）馬可孛羅，2020年，頁847。

11 文安立：《冷戰》，頁315。

12 克雷格・惠特洛克（Craig Whitlock）：《阿富汗文件》，（台北）黑體，2022年，頁28。

13 艾倫・布倫克利：《美國史》（第三卷），頁1255。

14 埃德蒙・伯克（Edmund Burke）：《美洲三書》，（北京）商務印書館，2003年，頁88、頁96。

15 許劍虹：〈美軍實力不如北越嗎？若非詹森的錯誤戰略，也許越戰結局會完全不同〉，關鍵評論網，2020 年 5 月 1 日，https://www.thenewslens.com/article/134436/fullpage。

16 菲利普・卡普托（Philip Caputo）：《最殘酷的夏天：美國人眼中的越南戰爭》，（北京）北京聯合出版社公司，2019 年，頁 7-8。

17 羅伯・麥克納馬拉：《回顧：越戰的悲劇與教訓》，頁 343。

18 芭芭拉・塔克曼（Barbara W. Tuchman）：《愚政進行曲》，（臺北）廣場，2018 年，頁 348。

19 馬克・謝亞（Mark Shea）：〈越南戰爭五十週年：再看美國失敗的七大原因〉，ＢＢＣ中文網，2023 年 3 月 29 日，https://www.bbc.com/zhongwen/trad/world-65108729。

20 馬克斯・黑斯廷斯（Max Hastings）：《越南啟示錄：1945-1975》（下），（臺北）八旗文化，2022 年，頁 335-336。

21 馬克斯・黑斯廷斯：《越南啟示錄：1945-1975》（上），頁 219-220。

22 王懷慶：〈越南的分治之殤與統一之苦〉，議報網站，2023 年 9 月 29 日，https://yibaochina.com/?p=250712。

23 許劍虹：〈敗者真為寇？回顧被遺忘的「南越」越南共和國軍功過〉，關鍵評論網，2020 年 5 月 4 日，https://www.thenewslens.com/article/134612/fullpage?fbclid=IwAR20RnJedIls-bYPure8yRk1iY3cX69M-zMW7vHGwjvVtAkr7EFDieQk83c。

24 馬克斯・黑斯廷斯：《越南啟示錄：1945-1975》（下），頁 373。

25 戈登・戈德斯坦：《災難六課：麥喬治・邦迪與越戰的誕生》，頁 172-173。

26 馬克・謝亞（Mark Shea）：〈越南戰爭五十週年：再看美國失敗的七大原因〉，ＢＢＣ中文網，2023 年 3 月 29 日，https://www.bbc.com/zhongwen/trad/world-65108729。

27 文安立：《冷戰》，頁312-313。

28 羅伯・麥克納馬拉：《回顧：越戰的悲劇與教訓》，頁332。

29 喬治・肯楠：《美國大外交》，頁154-155。

30 約翰・劉易斯・加迪斯：《冷戰》，頁169-170。

31 彼得・科利爾（Peter Collier）、戴維・霍洛維茨（David Horowitz）：《破壞性的一代：對六十年代的再思考》，（北京）文津出版社，2004年，頁152。

32 克里斯多弗・考德威爾：《爽拿的時代：一九六〇年代美國民權改革的貽害》，頁114。

33 菲利普・卡普托：《最殘酷的夏天：美國人眼中的越南戰爭》，頁322。

34 羅伯特・M・蓋茨（Robert M. Gates）：《親歷者：五任美國總統贏得冷戰的內幕》，（南京）江蘇鳳凰文藝出版社，2014年，頁3-4。

35 蒙克：〈越戰春季攻勢五十年：反戰和左翼抗議〉（下），BBC中文網，2018年2月2日，https://www.bbc.com/zhongwen/trad/world-42926505。

36 馬克・科蘭斯基（Mark Kurlansky）：《1968：撞擊世界之年》，（北京）民主與建設出版社，2016年，頁77。

37 妮科勒・施萊（Nicole Schley）、莎貝娜・布塞（Sabine Busse）：《美國的戰爭：一個好戰國家的編年史》，（北京）三聯書店，2006年，頁2。

第五章

柏林牆：眼看他起高牆，眼看他牆倒了

我從未夢想過不到三年時間，這堵牆就將坍塌，而且其中一段重六千磅的牆體會被送給我，以便裝飾我的總統圖書館。

——雷根

馬克思主義誕生之後，「一個幽靈」開始在歐洲遊蕩——但在相當長一段時間裡，它僅止是「幽靈」。直到被德國用封閉列車送回俄國的列寧發動布爾什維克革命、建立疆域超過帝俄的蘇聯，這個「幽靈」才變成活生生的「絞肉機」——讓法國大革命的「斷頭臺」望塵莫及。

早在十九世紀，托克維爾已預測正在崛起的美國與俄國間將爆發一場衝突。他一語道破天機：由意識形態所演化產生的美國民主原則同君主制原則之間互不相容，必將是這場意識形態對峙的導火線。不過，他沒有預料到馬克思主義及其升級版列寧主義征服俄國——蘇聯的專制程度遠勝於沙皇政權，它對美國模式、美國信念、美國觀念秩序以及國家安全構成嚴峻威脅。德國歷史學者施特弗爾（Bernd Stver）將冷戰的前奏提前到俄國十月革命——「在這裡，意識形態之爭已確立了它的根基。兩種世界觀的全球訴求及其拉幫結派的行為都是有目共睹的。」[1]

喬治·肯楠指出，蘇聯總體上敵視西方世界，其外交政策不會表現出對和平穩定的熱愛，不相信社會主義和資本主義世界友好共處的可能性。這就要求美國對遏止政策充滿信心，在俄國露出侵害世界和平穩定的跡象的每一個點上，堅定不移地反擊。蘇美關係從本質上講，是對作為世界民族之一的美國總體價值的考驗。為了避免毀滅，美國只需達到其民族之最好傳統，並證明其值得作為一個偉大的國家而存在。[2]

冷戰從柏林開始。一九四八年四月十日，作為駐德美占領區軍事首長，克雷（Lucius D. Clay）在給上司的報告中指出：「我們已經失去了捷克斯洛伐克，挪威正受到威脅。如果柏林陷落了，那麼西德就是下一個。如果我們真的想在歐洲阻擋共產主義，那麼我們就一定不能讓步。」他的觀點是，如果美國不能捍衛西柏林，共產主義就會瘋狂氾濫。「我相信民主的未來需要我們留在柏林。」

克雷將軍的擔憂並非杞人憂天。根據捷克斯洛伐克國防部長的記述，史達林在蘇聯集團領導人會議上如此宣告：「沒有一個歐洲國家的軍隊具備與蘇聯軍隊相抗衡的實力，人們甚至可以認為這些國家壓根就不會進行抵抗。美國現有的軍事實力還不夠強大，因此蘇聯陣營在這一領域具有暫時的優勢。……我們有必要充分利用這幾年的時間，動用我們所有的經濟、政治和人力資源，幫助軍隊完成系統性的準備工作。在未來三、四年裡，我們所有的國內和國際政策都將服從於這個目標。我們只有動員起全部的力量，才能抓住這唯一的機會，讓社會主義擴大到整個歐洲。」[3]

一九四八年六月十八日，美英法三國宣布從六月二十一日起在西占區實行單方的新貨幣改革，發行新的德國馬克。蘇聯強烈抗議，也發行另一種馬克。當時還是史達林嘍囉的赫魯雪夫宣稱：「帝國主義分子們使德國問題變成了引起國際緊張局勢的長久根源。」六月二十四日夜，蘇聯全面切斷西占區與柏林的水陸交通及貨運。此一事件影響的不僅是德國的命運，還有全球冷戰的進程——這是第一次柏林危機，也是第一次美蘇冷戰的高潮。

當電力、燃料和食品斷絕之後，兩百五十萬柏林人如何堅持下去？西方盟國如何應對此一挑戰？美國國務院持失敗主義思維，認為應當跟史達林談判。克雷則提出派兵沿高速公路開進，打通前往柏林的道路——如果蘇聯回擊，肯定會引發一場戰爭。克雷認為，值得冒這個險，狹路相逢勇者勝，當時蘇聯尚未掌握核武器，史達林不敢與西方開戰。但杜魯門否決了派遣陸軍進入西柏林的計畫。

剩下的唯一選擇就是空運。克雷組織的「柏林空運」完全是自己的決定。他的決定給了杜魯門信心。這是人類歷史上最大規模的空運：一九四八年七月，英美一個月空運六萬七千噸物資；到了十月，上升到十四萬七千噸；一九四九年四月，一天投送近八千噸；到復活節，每過一分鐘就有一架滿載物資的飛機在西柏林降落。柏林市民親切地稱呼這些飛機是「葡萄乾轟炸機」。

從財政角度看，克雷將軍實施的空運是一次失敗的交易——運送物資付出巨大成本。但從政治和心理角度來看，它卻是不可估量的勝利。美國展示了其決心和意志：為了將一座陌生的城市保留在自己陣營中，它準備冒著觸動戰爭的危險。西柏林成為一種政治象徵。五月十二日，美英法三國軍事長官在法蘭克福批准西占領區的新憲法，標誌著西德政府結構基本確立。看到西方的空運成功、封鎖並不能阻止建立西德的進程，史達林於同一天結束封鎖，第一次柏林危機結束。

九月二十日，西德建立，定都波恩（Bonn），首任總理阿登納（Konrad Adenauer）組建了第一屆聯邦政府。也許正是在柏林的失敗，讓史達林次年在朝鮮展開一場新的冒險。[4]

第三次柏林危機中的甘迺迪：「說起話來像邱吉爾，做起事來像張伯倫」

美國總統大選中大規模的舞弊，並非始於二〇二〇年，早在一九六〇年的大選中，甘迺迪就以作弊手段竊取了本來屬於尼克森的總統寶座——尼克森要等到八年之後才能捲土重來。

甘迺迪的父親老約瑟夫（Joseph Kennedy）是億萬富翁，曾任美國證券交易委員會主席、駐英大使（任內拒發簽證給猶太難民，間接導致十餘萬猶太人被納粹殺害）。他最初培養長子小約瑟夫（Joseph Patrick Kennedy Jr.）為總統候選人，小約瑟夫在二戰中陣亡後，才培養次子約翰。他與芝加哥黑幫大佬詹卡納（Sam Giancana）祕密會晤，商討如何操縱選舉。他承諾幫助黑幫大佬免於聯邦司法調查，黑幫大佬則承諾拿出五萬美金賄賂選舉官員、讓甘迺迪勝出。會晤的竊聽紀錄被聯邦調查局局長胡佛（John Edgar Hoover）掌握，甘迺迪上臺之後只好繼續重用胡佛。

在伊利諾伊州和德克薩斯州，選舉舞弊最明顯。跟甘迺迪搭檔的詹森精於選舉舞弊，做事毫無底線。在德州，甘迺迪贏了四萬六千票。據一位選舉專家計算，有十萬張投給甘迺迪的選票根本不存在。在一個投票站，登記選民只有四千八百九十五人，統計票數卻高達八千八百五十八張。黑手黨頭子詹卡納對坎貝爾（Judith Campbell，他和甘迺迪共有的情婦）自誇：「聽著，寶貝，要不是因為我，你的男朋友壓根就進不了白宮。」就連艾森豪都建議尼克森對選舉結果提出正式的法律異議。但尼克森擔心將會導致一場「憲政惡夢」而吞下這顆苦果。[5]

甘迺迪在競選中聲稱要「讓美國再次前進」，批評艾森豪隨波逐流、暮氣沉沉、讓共產主義在經濟和軍事上領先於美國。民主黨參議員富布賴特（James William Fulbright）說：「我們從來沒有面對這樣一個對手。蘇聯一飛沖天，從一個二流不發達國家一躍而起，虎視眈眈地雄踞於世界之上。」

甘迺迪發誓將推行比共和黨更強硬的對外政策——壯大常規部隊，加快飛彈和北極星導航的試驗；擴大對發展中國家的援助。他說，「我們所面臨的最大挑戰，依舊是沒有捲入冷戰之中的世界」，美國必須加強對聯合國的支持，「使它成為結束冷戰的工具，而不是冷戰的舞臺」。

甘迺迪是美國歷史上最年輕的總統（四十三歲），代表了活力充沛、在外交上更積極主動的美國。他崇拜邱吉爾，卻沒有邱吉爾的信仰、智慧、經驗和勇氣，骨子裡卻像張伯倫（Arthur Neville Chamberlain）那樣優柔寡斷、患得患失。他不是傳統的民主黨左派，他承認，自己接觸「自由主義」比較晚，「一些人二十多歲就『樹立』了自由主義思想。我沒有。我被淹沒在逆流和旋渦之中。只是到了後來我才開始進入主流」。在國會時，他提倡在國內與海外均持強硬反共立場，曾與反共鬥士麥卡錫密切合作。他公開譴責美國「失掉」中國。直到一九六〇年大選時，他才與占民主黨主流的自由派勢力接近——這裡的「自由派」指一種號稱改革的政治文化傳統，繼承了老羅斯福和威爾遜的「進步主義」（Progressivism）、羅斯福新政、甘迺迪和詹森的「新邊疆」（New Frontier）和「偉大社會」（Great Society）計畫。

東西德分治之後，柏林成為東歐進入西歐的唯一交通要道。那些想要逃往西部的德國人可以從東德任何角落湧向東柏林，沿著和西柏林相連接的公路或鐵路線，從蘇聯占領區進入西方盟軍占領區，直達西德的任何地區。只要能順利抵達這些地方，他們就自動成為西德公民。從一九四九年春到一九六一年八月，約有兩百八十萬到三百萬的東德人到了西德，約占東德總人口的百分之十六。他們之中的許多人受過良好教育，擁有專業技能。

柏林的奇特地位讓東德政府十分尷尬，給東德政府的公共關係帶來了災難。一九五九年，蘇聯駐東德大使字斟句酌地報告莫斯科：「目前柏林開放的現狀，確切地說，柏林圍牆成為這座城市中間社會主義和資本主義兩種制度的分界線，讓人們對兩邊做出草率的比較。很不幸，這種比較並不是對民主德國有利。」蘇聯和東德的領導人無法繼續對大批人力資源的不斷流失漠然視之。[6]

一九五八年十一月二十七日，蘇聯向英美法三國發出照會，要求它們在六個月內撤出西柏林的駐軍，使西柏林成為自由市。英美法三國拒絕此要求，並宣稱如果蘇聯封鎖進入西柏林的通道，它們將不惜訴諸武力。蘇聯強烈抗議並開始調兵遣將。此次衝突史稱第二次柏林危機。後來，蘇聯對西方國家的態度軟化，表明六個月的期限非最後通牒，並希望透過國家領導人會晤改善東西方關係。美國表明，如果蘇聯能先收回六個月的最後通牒並由蘇聯先舉行外長會議，美國將同意召開新一輪四國首腦會議，討論柏林問題。蘇聯表示接受。第二次柏林危機結束。

在甘迺迪執政第一年，他的著眼點不是歐洲擊退共產主義的進攻，只是試圖阻止它向更多不發達國家傳播。甘迺迪對雅爾達的遺產——歐洲將永久分裂——全盤接受，他說：「要保證國際局勢的變化不能讓兩國違背各自的條約，並影響到各方力量的平衡，這是非常重要的。」也就是說，波蘭及其他東歐國家都對華沙公約組織負有義務，都屬於蘇聯的勢力範圍，美國不能介入這些國家的事務——即便蘇聯出兵鎮壓這些國家的民主運動，美國也只能袖手旁觀。

一九六一年六月三日，甘迺迪赴維也納與赫魯雪夫展開第一次談判。討論焦點集中於柏林問題，赫魯雪夫先發制人，他說，西方和美國必須明白一個事實：「共產主義已然存在，也贏得了發展的權利。蘇聯相信共產主義一定會取得勝利，不是通過軍事力量，而是歷史發展的規律。」甘迺迪回應說：「我們的立場是，人民可以自由選擇。」赫魯雪夫說，美國「想要建築一個堤壩來阻擋人類思想和覺悟的進步」，並將美國的政策比喻為西班牙的宗教裁判所——諷刺的是，隨後他卻命令東德政府修建柏林牆。[7]

在午餐之後的會談中，赫魯雪夫舊事重提，要求英美法撤出西柏林，否則西方國家進入西柏林需得到東德同意，甘迺迪斷然拒絕。兩人唇槍舌戰，從早上一直談到下午兩點。赫魯雪夫恐嚇說，蘇聯要「給這個糜爛的地方做個手術，拔掉這根刺，清除裡面的腐爛物」。甘迺迪回憶：「我從沒見過這樣的人。我對他說如果爆發核戰爭，在十分鐘內將會有七千萬人被殺死。但他只是看著我，好像在說：『那又怎麼樣呢？』赫魯雪夫給我的印象是他根本就不管那一套。」[8]

赫魯雪夫攻擊說，美國一直強調民主，卻支持伊朗專制君主及西班牙獨裁者佛朗哥（Francisco Franco）。

面對這頭咆哮的熊，甘迺迪的回應力不從心，他承認伊朗政府需要改善人們的生活質量，否則「那個國家還會發生劇烈變動」——伊朗的前景被他不幸言中。他卻沒有攻擊赫魯雪夫最薄弱的地方：蘇聯分別在一九五三年和一九五六年對東德和匈牙利的抗議民眾使用武力；他也沒有抓住最關鍵的問題——為什麼無數東德人為了更好的生活而逃往西方。[9]

甘迺迪向赫魯雪夫保證說，美國「並不想剝奪蘇聯與東歐之間的聯繫」，即俄羅斯人可保有他們擁有的一切，包括德國東部在內，以及原德國所屬，現歸波蘭、捷克斯洛伐克和蘇聯的領土。

看到甘迺迪節節敗退，赫魯雪夫轉頭低聲對翻譯說：「這個人沒有經驗，甚至可以說很不成熟，比艾森豪差遠了。」大多數在維也納會議結束後見到甘迺迪的人都發現，總統被嚇得不輕，而且表現焦慮。[10]

維也納會談失敗。一九六一年七月初，蘇聯宣布暫停復員，並將軍費增加三分之一。甘迺迪被迫強硬反應，並要求國會增加三十二點五億美元國防預算，徵召部分後備役人員及國民警衛隊入伍，擴大民防及修築防空措施，這令美蘇關係再次緊張。史稱第三次柏林危機。

多年以後，參與峰會的外交家斯蒂爾曼向學生講述峰會的教訓，講座題目是「青澀男孩遇到黑幫大老」。他認為，面對赫魯雪夫野蠻的攻擊，甘迺迪表現得很幼稚，幾乎在急於認錯。豬灣事件打擊了甘迺迪的信心，這一事件讓赫魯雪夫感到「甘迺迪現在就是被我追擊的玩物」。

中情局支持的古巴反抗人士在豬灣登陸失敗，顯示出甘迺迪政府極度混亂，此事被艾森豪形容為：「要說膽小怕事和優柔寡斷，這場行動可謂『當仁不讓』。」甘迺迪告訴其經濟顧問加爾布雷斯（John K. Galbraith）說：「在十二個月內，已經有過豬灣事件了，我們又被趕出寮國，我不能再接受第三次失敗。」

甘迺迪派遣克雷作為特使到柏林前線處理危機。克雷接受這項新工作的動機，要比甘迺迪安排給他的原因高貴得多。對於克雷來說，這是另一個歷史性時刻，一次重返冷戰中心戰場的機會。他的行動可能具有決定性意義。而對於甘迺迪來說，派遣克雷這位美國人和柏林人心目中的英雄出任特別代表，只是為了緩解輿論的批評。他並未按照此前的承諾賦予克雷「全權負責在柏林的所有決策」，也沒有給這位將軍指揮權。克雷的任命再次顯示了甘迺迪外強中乾的本質。即便如此，甘迺迪的國家安全顧問邦迪仍警告，啟用克雷是在冒「另一次麥克阿瑟與杜魯門關係」的危險。

修建柏林牆的建築材料，居然是西方賣給東德的

甘迺迪回到華盛頓後不久，東德當局開始對企圖移民者實施旅行限制。然而，經由柏林移居西方的人口數字上升更為迅猛：七月就有三萬零一百四十五人離開；八月第一週，又增加兩萬一千八百二十八人，其中半數不到二十五歲。如果以此速度繼續下去，東德很快會變成空殼。

一九六一年六月十五日，德國統一社會黨在東柏林召開國際記者會，總書記兼國務委

員會主席烏布利希（Walter Ulbricht）回答西德《法蘭克福評論報》記者提問時說：「西德有人期望我們會動用東德的建築工人來修建一道圍牆。我並不知道我們有此類意圖。我們國家的建築工人現在正忙著修建家園，沒有人想要建造一堵牆！」這是「牆」一詞第一次出現，儘管是以否定的方式，卻已然傳遞出不祥之兆。

維也納會談失敗後不到兩個月，一九六一年八月一日，赫魯雪夫與烏布利希通話，提出修建一堵牆，一勞永逸地遏制東德民眾逃亡的想法。

烏布利希隨即將修牆作為「保家衛國」首選措施。八月十二日，星期六，烏布利希召集東德最高領導層到柏林北部大多恩湖「樺樹林別墅」舉行會議——此處原來是納粹頭子戈林（Hermann Göring）的狩獵屋，現在是東德領導層的度假屋。晚上十點，眾人酒足飯飽之後，烏布利希宣布，將授權安全部隊對「社會主義歐洲與資本主義歐洲之間仍然開放的邊界予以適當控制」，他要求在座高官都在該法令上簽名。然後，他告訴大家，為了確保絕對安全，在行動完全展開之前，所有人不能離開別墅，但此處有足夠多的美食美酒享用。於是，在代號為「玫瑰」（Aktion Rose，這個名字頗具反諷色彩）的行動雷厲風行地實施之際，這群人繼續在此花天酒地。

負責修築柏林牆的是烏布利希的接班人何內克（Erich Honecker），他面對一生中最艱鉅的任務——必須在一夜之間、一次性完成，絕不能出任何差錯。這個計畫動用八千兩百名常規警察、四千名預備警察、一千五百名祕密警察及一萬兩千名「工廠戰鬥小組」，還有四千五百名史塔西（Stasi）武裝刑警和一萬名正規軍。使用的建築材料包括一萬八千兩百根水泥柱和超過三百噸帶刺鐵絲網。

蘇聯式的計畫經濟無法為人民提供好的生活水平，卻在邊界封鎖工程中發揮了讓西方歎為觀止的高效率。如此宏大的任務以令人咋舌的速度完成，不能不說是奇蹟，更不可思議的是大多數參與者不清楚自己到底在做什麼。[11]

西方情報機構對東德即將實施如此浩大的工程一無所知。何內克搜刮了東歐集團的鐵絲網之後，發現還有巨大缺口。他將購買鐵絲網的訂單分派給一些可靠的進口商，讓他們與英國和西德的生產商洽談。訂單沒有引起西方生產廠家的懷疑，相關物品很快完成交易。列寧那句預言在何內克的腦際迴響：「資本家連我們用來吊死他們的繩子都會賣給我們。」這一次，西方自由世界的資本家以批發價兜售鐵絲網，而共產主義者將用它們把自己的人民囚禁起來。為了避免任何外交上的麻煩，何內克的人把鐵絲網上貼著的英國和西德等產地的標籤取下來燒毀。[12]這是整個「玫瑰行動」中最具諷刺意味的細節。多年以後，西方國家向中國出口各種監控技術，幫助中共將中國打造成超越歐威爾（George Orwell）想像的數位極權國度。荒謬的歷史不斷重演，人類最大的錯誤是不會從歷史的錯誤中汲取經驗教訓。

接下來幾個星期，東德對這道牆又進行加固和抬高，又安裝探照燈，配備崗哨。街道和廣場被一分為二。緊挨牆壁的建築物上的門被封閉，用磚堵死。

柏林牆是赫魯雪夫、烏布利希和何內克等人努力的結果，甘迺迪政府的軟弱與縱容也是其順利完成的助力。赫魯雪夫對於甘迺迪不會強烈反對修牆行動具有充分信心。在修建柏林牆兩星期前，美國參議院外交委員會主席富布賴特迅速由強硬派轉變為綏靖派，他在全國電視節目上說：「我認為俄國人有能力關閉邊界。如果下週他們做出了關閉邊界的舉動，那麼他們並沒有違反任何條約。我不明白為什麼東德不關閉邊界，我認為他們有權利關閉它。」他說出了甘迺迪的心裡話。甘迺迪的國家安全顧問邦迪說，其言論對政府「很有幫助」。

赫魯雪夫斷定這是美方刻意傳遞的信息，他對烏布利希說：「當邊界關閉後，美國人和西德人都將會感到高興。人人都會感到滿意。除此之外，還會讓他們感覺到你的權力。」他再次強調說：「甘迺迪沒有面對嚴重挑戰的勇氣。」

一九六一年十月，連著三天，蘇聯與美國的坦克在柏林查理檢查站（Checkpoint Charlie）緊張對峙。東德政府以此考驗西方列強的意願，確定它們是否繼續擁有進入東部的入境權，是否遵守四大強國的協約。克雷將軍拒絕妥協，堅決不承認東德有權妨礙盟軍行動。二十八日早晨，第一批蘇聯坦克開始撤離。過了半個小時，美國坦克也撤離。蘇聯不情願地同意今後三十年內四大占領國軍隊繼續駐守原地，然後雙方都認可德國現存政府對各自區域的統治權。冷戰中最危險的時刻悄然結束。

柏林牆建好後，美國國務卿魯斯克公開譴責說：「圍牆不應該是歐洲的永久景觀，我不理解為什麼蘇聯會考慮它的存在，這無疑是修建了一座顯示共產主義失敗的紀念碑。」在總統召開的對策會議上，魯斯克卻說出心裡話：「儘管邊界封鎖是一起最為嚴重的事件，但從現實的角度來看，這很可能使解決柏林問題變得更加容易。我們當前最為緊迫的就是減緩德國和柏林的憤怒情緒，它的出現，是覺得我們不應該只是提出抗議。然而要我們知道還應該做什麼真的不容易。」這是赤裸裸的綏靖主義思維，代表著甘迺迪政府大部分高官的想法。[13]沒有一個西方政治家敢真的命令士兵「獻身為柏林而戰」。甘迺迪承認：「修牆不是個很好的解決方案，但一堵牆比戰爭好的多。」然而，一旦柏林牆修好，甘迺迪再也無法消除這座由於他的消極無為而建立起來的高牆。

當危機落幕時，美蘇雙方都未達到積極目標，但各方都達到消極目標：赫魯雪夫封鎖了西方人進入東柏林的通道，禁止東德居民逃離；甘迺迪則拒絕蘇聯提議修改城市地位條約的要求，確保了西柏林的生存。結果與朝鮮的情形一樣，對峙雙方恢復原狀，但分界線更明確，這意味著這座被分割的城市將成為超級大國全球性分歧的一個有力標誌。[14]

在柏林牆存在的近三十年間，而且很可能是在整個歷史中，它都成為一個象徵：當自由世界領導人不加反抗，專制體制施加的暴力會有多大。[15]柏林牆成為共產極權的醜陋和西方的綏靖政策的共同產物。

赫魯雪夫嘗到甜頭之後，迅速在古巴發起新一輪進攻——派遣四萬多名蘇聯軍人進駐古巴，並在這個島國的要塞內安裝中程飛彈。這些飛彈能對美國東岸發動核打擊。他得意洋洋地宣稱：「該讓美國人嘗嘗自己的土地受到威脅的滋味了。」

克雷將軍說，假如赫魯雪夫沒有覺察到甘迺迪的軟弱，古巴飛彈危機永遠不可能發生。甘迺迪承認，古巴事件是蘇聯脅迫美國在柏林讓步的一枚棋子，它對英國首相麥克米倫（Harold Macmillan）說：「不用我指明，您也應該明白赫魯雪夫這一祕密、危險的行動與柏林問題之間可能存在的關係。」他私下對顧問們說：「我想我們沒有任何令人滿意的解決辦法……我們的問題不僅僅在古巴，也包括柏林。」[16]

甘迺迪等決策層錯誤評估了美國與蘇聯在中歐軍事力量的對比。傳統上，這種對比是按照陸軍師數量來衡量：與北約的二十五個師相比，華約有一百七十五個師，因而中歐防務問題看來毫無希望。然而按照麥克納馬拉在五角大樓使用的系統分析技術重新評估，蘇聯的兵員僅是美國的兩倍（兩百萬對九十六萬），北約兵員實際上多於華約（六百萬對四百五十萬）。原因很簡單：蘇聯師的規模僅有美國和北約師的三分之一。更何況，美軍在裝備上優於蘇軍，蘇軍若要實現美軍的標準，將花費八倍於華府的費用，但以蘇聯較低的國民生產總值和更低的農業生產能力而言，蘇聯不具備這樣的財力。因此，美國對蘇聯具有軍事優勢。後來，甘迺迪才恢復了信心：「就總體軍事實力而言，美國不會讓位於地球上的任何國家。」[17]

甘迺迪明白，此前他的軟弱鼓勵了赫魯雪夫步步緊逼，乃至在古巴為所欲為。他於是採取強硬路線發起反擊。首先，古巴對於美國的威脅更大，危險臨近家門。其次，在國內政治中，若對古巴問題處置不當，將影響其連任。

美國空軍司令李梅（Curtis Emerson LeMay）建議空襲古巴的彈道基地，「若不強硬回擊，這跟慕尼黑的綏靖也差不多了」。甘迺迪沒有勇氣採取這種堅決行動，但決定對古巴實行封鎖，禁止蘇聯船隻進入該區域、違者開火。

蘇聯船隻接近了，在美國軍艦警告下，又掉頭離開。那一刻，世界正接近核戰邊緣，比柏林危機那時還要接近戰爭狀態。但正如克雷將軍所料，一旦甘迺迪明確表示不再受莫斯科欺負，所有威脅都會緩解。赫魯雪夫是紙老虎，受到甘迺迪態度堅決的回擊，馬上就退縮了——一九六二年十月二十八日，他同意從古巴撤回飛彈，這次失敗嚴重打擊其在國內的威信，政敵開始聚集力量推翻他。而古巴領導人卡斯楚（Fidel Castro）在憤怒與沮喪中用腳踢牆，稱赫魯雪夫是同性戀，還打碎了一面鏡子。

不過，甘迺迪也悄悄接受蘇聯開出的部分條件，做出某些讓步——撤出美國部署在土耳其和義大利的朱庇特（Jupiter）飛彈，承諾不再支持古巴流亡者顛覆卡斯楚政權的行動。

蘇聯並未全然失敗，將飛彈撤出古巴後，繼續在古巴完成一個計畫——建造電子監聽設施。蘇聯軍事顧問大部分留下來，將古巴軍隊訓練成一支強大的武裝力量——此後，這支軍隊作為政治僱傭軍，活躍在亞非拉多國戰場上，給西方造成莫大困擾。

一九六三年六月，甘迺迪訪問柏林，發表題為「我是柏林人」的演講。他說：「所有的自由人，不論他們生活在什麼地方，都是柏林市民。因此，作為一個自由人，我自豪地宣布：『我是一個柏林人』。」他再次對柏林牆做出譴責：「自由有許多困難，民主亦非完美，然而我們從未建造一堵牆把我們的人民關在裡面，不准他們離開我們。」這篇演講是民主黨人在二十世紀下半葉發出的反共最強音。甘迺迪是最後一位具有反共意志的民主黨總統，他承諾支持早已由納粹大本營蛻變成自由世界橋頭堡的柏林——柏林是檢驗西方對全球決心的地方。

柏林牆一定會倒下：雷根篤信「你們一定會輸，我們一定會贏」

柏林牆的建立，標誌著柏林已不再是世界和歐洲事務的危機區了。甘迺迪發表「我也是柏林人」演講之後很多年，柏林風平浪靜，冷戰焦點轉向亞洲——越戰成了一處「熱戰」戰場。

一九八七年六月，雷根總統訪問柏林，在布蘭登堡門（Brandenburger Tor）前發表重磅講話，這篇講話超越了甘迺迪的講話而被銘記史冊。雷根用充滿感情的聲音呼籲：「戈巴契夫（Mikhail Gorbachev）總書記，如果你要尋求和平，如果你要為蘇聯和東歐尋求繁榮，如果你想要尋求開放，請你來這裡。戈巴契夫先生，請打開這道門。戈巴契夫先生，請拆除這道牆。」從國務卿到白宮幕僚長再到撰稿人都建議刪除這句「有可能觸怒蘇聯」的話，但雷根還是在講稿中加上這句話，並大無畏地講出來。

雷根對於歷史發展趨勢比尋常人更有直覺和洞見。他一上任就決心與失敗的上任總統卡特聲譽掃地的軟弱政策拉開距離，就職一週後，他在第一次記者會上表示，將對蘇聯採取強硬路線：「自俄國革命之後，我所認識的任何一位蘇聯領導人，包括現任領導人，都屢次在各級黨代會中重複他們的目標——促成世界革命，建立統一的社會主義或共產主義社會，不管你想用哪個詞都可以。現在，只要他們這樣做，就表明他們自己保留了犯罪的權力、說謊的權力、欺騙的權力。」[18]

雷根在柏林牆的演講展示了他有信心將蘇聯制度推至崩裂點。他認為，蘇聯是一個「逆歷史潮流而動的國度」，當指令性經濟與極權主義政治搭配成雙時，必然導致該國在現代世界陳舊過時，「蘇聯在這個新時代勢必經久地落後其餘世界，除非它改變自己的經濟和政治制度」。美國有能力「通過在所有國際領域持久地與蘇聯有效競爭，遏制和扭轉蘇聯的擴張主義」。這個較量將是整體性的，從擴充核武器和常規武器，到被公開討論的實戰戰略、經濟制裁和咄咄逼人的人權宣揚，以及公開和隱蔽地支持東歐和阿富汗的反蘇抵抗運動，還有在亞非拉各地的反共國家和人士。[19]雷根在一九八三年三月二十三日宣布的「戰略防禦計畫」（Strategic Defense Initiative，亦稱星球大戰計畫〔Star Wars Program〕），更是全面撼動了正統觀念。

做過加州州長的雷根，親眼目睹加州所帶動的資訊技術革命，美國在該領域遙遙領先世界其他國家。蘇聯靠偷竊美國的技術，以舉國之力興建了一座蘇聯版的矽谷，卻畫虎不成反類犬，因為矽谷繁榮的祕訣乃是自由市場經濟體制。雷根深知，決定「你們會輸，我們會贏」的關鍵力量，不在華盛頓，而在加州；不在白宮，而在矽谷。

到了一九九〇年，連戈巴契夫也意識到，透過計畫經濟模式與抄襲戰略來克服技術落後已經無望，他正式到矽谷參訪，並在史丹福大學發表演講，公開承認：「未來的概念與技術都是在加州誕生的。」他自欺欺人地說：「冷戰已經過去了，我們別再爭論誰贏了。」其實，早在一九八三年，負責蘇軍新武器研發的奧加可夫（Nikolai Ogarkov）元帥就私下告訴美國記者蓋爾布（Leslie H. Gelb）：「冷戰結束了，你們贏了。」蘇聯的坦克和火箭依然威力巨大，核武庫也超過美國，但它的半導體生產跟不上，電腦業落後，通訊技術更差。奧加可夫承認：「所有的現代軍力都建立在經濟創新、技術、經濟實力的基礎上。軍事技術以電腦為基礎。在電腦方面，你們遠遠超過我們。在你們國家，每個小孩五歲開始就有電腦了。」[20]

歐洲對冷戰天平已發生根本性傾斜反應遲緩。歐洲政客和民眾已習慣柏林牆的存在，承認東德政權的統治合法性——東德的每一次選舉，領導人都能獲得百分之九十九的選票，遠高於任何西方國家候選人。雷根訪問柏林之後三個月，何內克訪問西德，受到熱情款待，沒有人追問柏林牆及其帶來的死亡。西德政客、社會民主黨人施羅德（Gerhard Schröder）稱：「重新統一是彌天大謊！」社民黨邀請東德官員參加「基本價值觀聯合委員會」，雙方究竟在哪些「基本價值觀」上可達成一致意見？

除了極少數雷根這樣的先知，西方的菁英階層未能預料到柏林牆倒下和蘇聯東歐集團崩解。長期擔任中情局局長的蓋茨指出，中情局的數據和分析會成為總統和國會信賴的依據，影響最高決策層的外交政策。然而，中情局對蘇聯經濟規模的描述高於其實際水平，其統計數據未能充分把握蘇聯經濟與西方不斷拉大的差距。

中情局比較晚才認識到整個蘇聯體系可能崩潰。直到一九八九年初，中情局並未意識到，作為蘇聯共產黨的改革家，戈巴契夫會在無意識中摧毀國家體系的基礎，使早已衰弱的經濟進一步惡化，從而推動蘇聯整個政治與帝國體系的瓦解。對此，蓋茨勉為其難地辯護說：「這一錯誤並非中情局一家所有，在美國、西方甚至蘇聯，很多人都抱有相同觀點。」[21]無論如何，他無法否認的一個事實是：中情局自身早已被左派意識形態嚴重侵蝕，因此在相當程度上喪失了捍衛自由和反共的職能。

東德統治階層認為，他們的統治像柏林牆一樣堅如磐石。一九六三年，作家諾特博姆（Cees Nooteboom）在西柏林的媒體中心觀看東德統一社會黨黨代會的電視畫面。黨魁烏布利希面對四千五百名黨代表發表演講，成功建起柏林牆的獨裁者自信滿滿，在嚴肅的演講中穿插了一句笑話：「德國再也不是世界最西的社會主義國家，這個稱號現在屬於古巴了。但這是一大優勢，因為德國可以比從前更靠近美國——我們有大使館在哈瓦那！」人們發出開心的笑聲。諾特博姆感歎說：「在那個廳堂裡，有種強烈的身為正當的一方的感覺。通過屏幕，無產階級的力量朝我們湧來。」但他很快意識到：「介於他們和我們之間的是柏林牆，一份石頭做的文件。但這份文件在那邊毫無意義，或許除了強調他們有多麼正當。」[22]

一九八九年一月十八日，何內克期待著七十七歲生日和東德四十週年國慶，他自信地吹噓：「柏林牆將繼續存在五十年或一百年。」儘管三天前東德政府簽署了《赫爾辛基協議》，其中有「任何個人都有權不受限制地離開和返回自己的祖國」，但何內克輕鬆地對蘇聯大使說：「我們發出指令簽署條約，但我們不會執行它。」[23]

幾個月後，北京發生天安門屠殺，東德是第一個公開表態支持屠殺的共產國家。九月，何內克的副手克倫茨（Egon Krenz）以國務委員會副主席身分率團訪華，向中共「取經」。[24]

九月，戈巴契夫訪問東德，勸說何內克改革，被其拒絕。何內克反問：「你們有足夠的食物、麵包和奶油嗎？」他把兩國人民的生活做了比較，結果是蘇聯的生活水準不如東德。他聲稱，東德已位列「全球十大經濟體」。戈巴契夫忍不住對其噓唏，聲音清晰可辨。日後，戈巴契夫在回憶錄中寫道：「我在與何內克會晤時曾不止一次討論過新思維，以及摒棄『勃列日涅夫教條』（Brezhnev Doctrine）[25]背景下盟國之間、黨與黨之間關係的話題。我發現他很不友好地看待改革，從而明白了，他企圖以『馬克思主義祖國真正代表』的資格，在社會主義大家庭中帶頭反對我，以維護正統思想。」[26]

一個月後，東德爆發其建國以來最大規模的民眾示威抗議。當萊比錫民眾發起和平祈禱會之際，史塔西（祕密警察）首腦米爾克（Erich Mielke）發出「紅色代碼」警戒，這是給部隊發出街頭「殺人執照」。其命令內容讓人毛骨悚然，幾乎就是「殺無赦」。安全部隊荷槍實彈，醫院裡準備好接收傷員。

但東德沒有發生天安門慘劇——絕大多數東德官兵不願開槍殺人。這是因為他們生活在一個與東方專制主義不一樣的文化和歷史傳統之中——儘管就歐洲而言，普魯士和德意志的文化及歷史傳統殘存了最多野蠻和鐵血的部分，但經過基督教特別是宗教改革之後的新教洗滌，其文明程度遠遠領先於東亞大陸。

在六月四日的北京，拒絕向學生和市民開槍的只有徐勤先等少數官兵；在深秋的東德各大城市，從最高將領到普通士兵都拒絕向民眾開槍。在德勒斯登（Dresden），治安部隊指揮官波利德賽上校有權決定是否開槍，但他不准手下對民眾開槍，這一舉措讓他成為當地的英雄。萊比錫警察指揮官斯托森伯格對部下說，無論發生什麼事，只能在自衛時使用武器。

十月九日是一個轉折點，當大規模的遊行示威出現時，蘇聯駐軍沒有出來鎮壓示威者。戈巴契夫不准蘇軍武力干涉，「再不能發生布拉格和布達佩斯那樣的悲劇了」。

十月十六日，何內克倒臺前一天，十二萬柏林人發起和平聚會，高呼「必須拆除柏林牆」。何內克與政治局的同僚們在戰情室觀看電視畫面，他極度震驚，不停地驚呼：「現在，當然，我們必須做出反應！」但整個屋子裡沒有人同意使用武力鎮壓。陸軍參謀長斯崔里茨（Fritz Streletz）拒絕出動軍隊對付示威人群。「什麼也不能做，」他說：「我們打算讓它順其自然。」[27]

在全國各地民眾遊行示威風起雲湧的壓力下，何內克被黨內同僚罷黜，繼任者克倫茨承諾進行「認真的民主改革」。

隨後，固若金湯的柏林牆被民眾用手和鐵錘推倒。一旦柏林牆倒下，一切皆有可能。「已成『脫韁野馬』的歷史，將人們捲入它滾滾奔騰的洪流。德意志民主共和國的命運和德國統一的前途，已經要由千百萬德國人首先是東德人的意志決定，他們在一場真正民主的全民運動的熱潮中團結了起來。」[28]幾個月後，東德政權瓦解了。克倫茨失去所有職務，被他的黨開除，一九九七年被聯邦德國法庭以謀殺罪判刑六年。[29]

緊接著，東歐共產黨政權一個接一個地走向崩潰。

在八個東歐國家中，最後垮臺的是羅馬尼亞。十一月底，西奧塞古（Nicolae Ceausescu）赴莫斯科求救，「共產黨的生存已危機重重」。戈巴契夫的回答像是一個心理醫生而非克里姆林宮的老闆：「你看來對此很擔心，那麼我們能做些什麼？」西奧塞古建議召開華沙公約國家峰會，各國協調立場、互相支持。但戈巴契夫告知，必須改革，不能再用「行軍靴」解決問題。不過，戈巴契夫同意於次年一月九日舉行東歐各國總理峰會，他向焦慮的客人保證：「放心，你會活到一月九日的。」這是一句陰鬱的玩笑，未能讓對方笑出聲來。

西奧塞古沒能活到次年一月九日。十二月十七日，羅馬尼亞民眾海嘯般的吶喊將他轟下臺。西奧塞古夫婦倉皇乘坐飛機外逃，很快被逮捕並經臨時組成的軍事法庭審判，在聖誕節那天被處決。峰會不必召開了。

雷根和柴契爾夫人（Margaret Thatcher）大獲全勝，柏林牆轟然倒下，一個更自由和繁榮的世界觸手可及。根據世界銀行的數據，在蘇聯崩潰之後，全球的經濟自由度大大提高，貧困、饑荒、兒童死亡率、汙染度、文盲數量等指標都大幅度下降。

東歐民主轉型為何成功？俄羅斯民主轉型為何失敗？

柏林牆倒下是冷戰結束的前奏。冷戰正式結束的那一刻是一九九一年十二月二十五日，戈巴契夫神色黯然地坐在攝像機前，向蘇聯也向全世界發表電視講話，宣布終止行使蘇聯總統權力，蘇聯作為一個國家在三十一日之後將不復存在。克里姆林宮迎來新主人——俄羅斯聯邦總統葉爾欽（Boris Yelsin）。飄揚在克里姆林宮上空的鐮刀和鐵錘的蘇聯國旗徐徐落下，紅白藍三色俄羅斯國旗升起。

在發表電視講話之前兩小時，戈巴契夫與美國總統老布希通話，特別告知：「鑒於我要停止履行最高統帥的職責，我將把使用核武器的權力移交給俄羅斯聯邦總統。這件事必須在嚴格的監督下進行，對此我非常重視。只要我一聲明辭職，命令就生效。因此您完全可以安心過聖誕節了。」[30]老布希從未想到，雷根播種的果實，如今由他來收割。

一九九二年一月四日，經濟互助委員會（Council for Mutual Economic Assistance）宣布解散；二月二十五日，華沙公約組織宣布解散。至此，持續近半個世紀的冷戰畫上句號。

蘇聯東歐共產黨集團的崩潰，根本原因在於其體制無法讓人民過上自由、富足、安定的生活。柏林牆倒塌、蘇東劇變、冷戰結束之後，俄羅斯及高加索諸國、帶有「斯坦」後綴的中亞諸國的民主轉型舉步維艱，至今仍未擺脫專制魔咒；波羅的海三國和東歐諸國的民主轉型相對成功，多數已加入北約和歐盟，在各國際組織評估的民主自由指數方面，這些「新歐洲」國家比「老歐洲」國家不遑多讓。兩者轉型為何出現如此大的差異？

首先，是否具備民主和法治傳統，是決定制度轉型成敗的關鍵因素。

俄羅斯沒有民主、法治的傳統與典範。曾任美國駐俄羅斯大使的麥克福爾（Michael McFaul）認為，蘇俄案例揭示了締造社會契約的重要性：「在尋求創建一個新的、同民主政體相符的制度環境的時候，俄羅斯領導人很少能從蘇聯體制中找到可以利用的相關制度。在拉丁美洲、南歐甚至中東發生的民主轉型中，被威權主義統治所壓制的原有的民主制度只是被再次啟動，這是一個比建立新制度要有效得多的過程，然而，俄羅斯領導人沒有這樣的制度可以重新使用。」[31]

在沙皇絕對君主專制與列寧—史達林式現代極權主義之間，俄國有過一個曇花一現的資產階級民主政府。一九一七年以克倫茨基（Alexander Kerensky）為首的臨時政府促進了民主和自由，所有公民在法律上都是平等的，罷工成為現實，祕密警察、鞭刑、流放西伯利亞及死刑都取消了。但是，雖然臨時政府顯示出的自由主義給俄國帶來益處，卻未能克服困擾著國家和統治者的異常困難。臨時政府的領導人深信法治，認為俄國的主要問題能在制憲會議中得到解決。然而，深受戰爭之苦的民眾，對憲法不感興趣，他們需要和平與麵包——列寧承諾能給他們這兩樣東西。只存在短短八個月的自由主義臨時政府，並未獲得民眾的認可和尊重，也未能在國人的記憶中留下深切痕跡，更不可能成為一種可以復興的歷史經驗。

與俄國（包括白俄羅斯、烏克蘭）相反，諸多中東歐國家大都擁有悠久的民主傳統和長期的民主實踐。比如，捷克在一九一八到一九三八年間有過長達二十一年的「第一共和」時期。一九二〇年二月二十九日，由制憲國民大會通過捷克第一部憲法，明定捷克國體為民主共和國。該憲法吸收了當代歐美憲法的精髓，也兼顧捷克的歷史傳統。一戰之後，經過成功的土地改革及發展工業，捷克成為東歐新興國家中經濟結構最為健全的國家。「捷克在當代的東歐諸國中，是首屈一指的民主國家，它的政治體制，大致符合它的國父馬薩里克（Tomas Masalyk）的崇高理想，如能持續發展，必將成為鄰邦的楷模，東歐民主的重鎮。」[32]此後捷克遭到納粹德國的吞併及蘇俄之占領，二十一年的「第一共和」未能持續，但普通民眾在極權暴政的蹂躪之下未能忘懷「第一共和」時期的民主自由與欣欣向榮。這段寶貴的歷史經驗成為此後「天鵝絨革命」（Velvet Revolution）的重要資源。哈維爾（Vaclav

Havel）當選總統後從「第一共和」時代汲取靈感，勾勒出民主捷克的藍圖。

其次，公民社會的強弱，直接影響民主轉型的成敗。

在俄羅斯，上層在一夜之間便可實現政權更迭，戈巴契夫、葉爾欽和普丁都發布過若干法令，申明廢除共產黨對權力的壟斷、實行多黨制、推行普選、保障人權等。但政府承諾保障公民基本的政治及文化權利，與公民自身權利意識的覺醒和堅守，是兩碼事。若僅有前者而沒有後者，再好的法律和再開明的統治者，也無法鍛造出成熟的公民社會。

戈巴契夫的助手、改革派領袖雅科夫列夫（Alexander Yakovlev）認為，長期的共產極權統治，製造出一種「害怕自由、不知道該拿自由怎麼辦」的蘇維埃人。歷史學家皮爾斯（Richard Pipes）認為，共產黨長期的統治讓民眾失去自立能力，「整個國家都發現自己既無能力，也不願意透過自己的雙手來決定命運。它同時埋下嚴重的後遺症，扼殺了民眾的工作倫理與公共責任感」。[33]俄裔美國記者、作家葛森（Masha Gessen）指出，蘇聯的馬克思主義歸根究柢是這麼一回事：對人（蘇聯公民）的理解完全由他們的社會及其生活物質條件形塑，個人必須隨著一套目標而生，這套目標恰好完全呼應創造他的社會之所需。[34]

長期以來，俄國國內沒有真正的公民組織，工會、共青團、婦聯、紅十字會都是半官方組織，是黨的分支機構。私人生活的領域基本消失，人們像幼稚園的孩子，眼巴巴地等待黨和政府安排衣食住行，不知道如何獨立地生活。麥克福爾描述說：「蘇維埃制度把私人生活堆砌在社會組織的金字塔裡，它們在名稱上模仿公民組織，但在實踐中被用來控制社會。結果，當這個制度開始崩潰的時候，公民社會必須從頭開始重建。」

公民社會的中流砥柱是中產階級。但是，由於經濟改革出現一系列失誤，俄國的財富高度集中在寡頭手中。寡頭依附普丁，利用財富控制媒體、影響選舉、打壓公民社會，「在後共產黨時代的俄羅斯，金融工業集團可能是社會中惟一有組織的部門」。與此同時，「中產階級——西方大多數公民組織的資助者——在俄羅斯卻發展緩慢」。在俄國，只有百分之九的公民參加非政府組織。民主是一種政治制度，也是一種生活方式、思維習慣和文化氛圍，它不僅需要被政治家所篤信，也需要獲得普通民眾的支持。但是，「俄羅斯不發達的公民社會使得國家能夠以虛假的選舉和不尊重民意的方式進行統治，這種國家責任的缺失反過來損害了大眾對民主的信心，並在更為一般的意義上阻礙了民主文化的發展。」

俄國的民主制已被獨裁者普丁顛覆。前祕密警察（KGB）、身上充滿殺伐之氣的普丁能獲得較高的民意支持，說明俄國民眾心甘情願地臣服於彼得大帝（Peter the Great）、史達林以及類似強勢人物腳下。即便沒有沙皇，也要炮製一個出來。俄國依然是「臣民社會」而非「公民社會」，普丁的出現不是偶然而是必然，普丁是「臣民社會」的產物。

與公民社會極度脆弱的俄國相比，即便在共產黨暴政的巔峰時期，東歐各國的公民社會仍存留了相當部分。以波蘭為例，在一九八九年歷史性劇變之前，波蘭團結工聯（Solidarity）始終充當反對黨角色，其成員在動員和反抗過程中，接受了組織、宣傳、自治等方面的訓練。團結工聯的兩位領袖米奇尼克（Adam Michnik）和武奇茨娃（Helena

Łuczywo）創辦了歐洲最有活力的報紙《波蘭選舉報》（*Gazeta Wyborcza*），該報每天出版，在十七個都市中發行。[35]此類有深度的報刊培育出一個具有思辨精神和政治判斷力的公民群體。在歷史轉折點到來之時，團結工聯足以在一場選舉中擊敗執政黨，並擁有取而代之的大批專業管理人才。

第三，不同的宗教傳統對民主轉型和民主鞏固的影響迥異。不同宗教在其自主控制的資源規模以及它們與國家的關係方面，存在重大差異。

蘇俄的異議作家索忍尼辛（Aleksandr Solzhenitsyn）認為，東正教將在俄羅斯的民主化進程中發揮重要作用，但這種期待並未發生。原因在於，東正教即便在本質上不是一種反民主的力量，但從沙皇時代開始，它就是韋伯（Max Weber）所說的「神權依附於世俗權力」，在歷史上已接受一種「國家高於教會」的模式，國王或國家首腦既是世俗權威，也是精神權威。

與東正教對應的政治體系，不存在更高層次的國際權力資源，東正教的範圍以國家為界，不具跨國性，反抗者或公民社會無法從國外的宗教資源中得到幫助。而且，東正教既然是「國內教會」，國家對教會的財政和人事起主導作用，這樣的「國內教會」，就難以構成相對自治的公民社會的組成部分。如果國家領袖和政治社會是反民主的，公民社會的民主反對活動，就無法獲得來自東正教會實質性的或有效的支持。

俄羅斯東正教支持普丁對內獨裁，也支持其對外戰爭。烏克蘭戰爭爆發後，各個東正教教堂都為戰爭舉行祈福儀式。其牧首基爾一世（Kirill I）不吝向普丁獻上僅次於給上帝的讚美：「透過上帝的神跡，在國家領導人的積極參與下，我們成功度過一九九〇年代可怕的全面危機」，「普丁總統在扭轉歷史方面扮演了重要角色」。他譴責上街反對普丁的民眾所擁戴的是「與俄羅斯傳統格格不入的消費文化和墮落價值觀」。異議人士披露，這位東正教領袖擁有大型別墅、私人遊艇、昂貴的手錶並享用進口雪茄。[36]

與俄羅斯不同，在東歐和波羅的海諸國，天主教是主流宗教，還存在與之競爭的新教。在社會學和政治學意義上，極權國家之中一個強大的天主教會的存在，往往會成為多元主義的潛在源泉，因為它具有跨國性的正式組織基礎。羅馬天主教是一個跨國性、層級制的組織，可以為地方教會以及反抗團體提供物質或教義上的支持，以幫助他們對抗國家的壓制。一個抵抗的天主教會，可被視為對更強大、更具有自主性的公民社會的支持。波蘭裔教宗若望·保祿二世（Paulus PP. II）對波蘭乃至整個東歐的民主化，都發揮了不可或缺的影響。

新教教會對民主力量的支持更加明顯，由於其對個人意識的強調，透過廣泛的國際網路，新教可以幫助公民社會反抗壓制性國家，例如在東德和愛沙尼亞。[37]

研究者指出，即便在東歐諸國內部，宗教信仰傳統對民主轉型成敗、快慢的影響也非常顯著。羅馬尼亞、保加利亞以信仰東正教居多，阿爾巴尼亞和波士尼亞則以信仰伊斯蘭教居多，其民主化進展遠不及信天主教居多的波蘭、捷克和匈牙利。

南斯拉夫的演變形同東歐的縮影。這個有「火藥桶」之稱的巴爾幹半島，在後內戰時代分裂成諸多小國，這些小國的民主轉型大相徑庭。深受西方文化影響並信仰天主教的斯洛維尼亞和克羅埃西亞這一方，工商業發達，更趨穩定；反觀信仰東正教和伊斯蘭教的塞爾維亞、波士尼亞與赫塞哥維納那一方，內部矛盾重重，危機猶在。[38]

俄羅斯民主轉型的困難，超出所有人的想像——無論是戈巴契夫、葉爾欽等掌權者，還是沙卡洛夫（Andrey Sakharov）、索忍尼辛等地位超然的異見者，以及不由自主身陷其中的普通民眾，都沒有意識到建立民主制度需要付出如此巨大代價。雅科夫列夫指出：「建立在暴力和恐懼上的社會是不能改革的，我們面臨的複雜歷史任務是拆除其意識形態、經濟和政治根源的制度，這種理解來得太遲了。」麥克福爾對俄國轉型之路充滿「同情的理解」：「考慮到蘇聯和俄羅斯領導人在駕馭由共產主義統治的轉型時，面臨著廣泛的變遷議程，我們對在政治自由化開始僅十年後，就期望在蘇聯或俄羅斯建立起的自由民主制，可能是過分樂觀了。解散一個帝國，把計畫經濟轉變成市場經濟、在共產主義專制的廢墟上建立一個民主政體，這三重挑戰甚至會難倒美國那些充滿智慧的國父們。」

戈巴契夫對蘇聯體制內改革失敗耿耿於懷，他後來成立基金會，致力於研究此一議題。參與過戈巴契夫時代經濟政策制定的經濟學家涅基佩洛夫（Aleksandr Nekipelov）用一比喻說明這項事業的艱難——「在黑屋子裡逮住黑貓容易嗎？」[39]事實上，包括戈巴契夫在在內的領導人，連要尋找一隻什麼樣的「貓」都沒弄清楚。戈巴契夫只是感覺到「為了更好地生活，應該有某種改變」，卻未能釐清這些變革的實質和方法。他的顧問們、左右兩邊的反對者們，固執己見、誇誇其談，沒人知道下一步該如何走。涅基佩洛夫又用另一比喻描述說：「改革的『飛機』遇到暴風雨，不是因為不清楚確切的目的地就起飛了，而是因為這架『飛機的機組員和乘客』不往共同確定的航向去，卻在『飛機』上打得不可開交。」

美國式或西方式民主，絕非一夜之間可移植到俄羅斯及其周邊國家。俄羅斯不再是共產國家，卻蛻變為「擬似極權主義」，用俄國學者古德科夫的話來說就是：這個政權不可能發展成運行良好的民主政體。事實上，它完全沒有能力發展，也不能重新創造出前朝的恐怖體系及完全動員體系，唯一的目的只是盡力支撐，維持著恰好夠用的慣性。[40]

當時，老布希政府的對俄外交政策也有嚴重失誤：未能把握歷史契機，幫助俄羅斯度過難關，然後邁出彼得大帝以來至關重要的西化和民主化步伐。後來，北約盲目東擴，激起俄國國內反美和反西方的民族主義——普丁的帝國夢迎合了俄國人的民族主義狂想，九成俄國人支持其發動烏克蘭戰爭。

美國和西方再一次失去了與俄羅斯牽手的歷史契機。如果美國在一九九〇年代實行「聯俄抗中」的「新大三角政策」，中俄（包括伊朗）不會合體，美國的戰略壓力會小得多。

電影《再見列寧》的美國版：美國左派想重溫柏林牆後面的「幸福生活」？

柏林牆倒下，「蘇東波」讓三億多鐵幕後的人們擺脫共產極權統治，獲得自由與解放。被極權主義奴役四十年的中東歐國家，大都選擇議會民主制和古典自由主義經濟模式——就後者而言，其起源可以回溯到戰後早期的維也納，當時海耶克在「朝聖山學社」（Mont Pelerin Society）裡匯集了一群志同道合的學者，他們想要創造一個針對蘇聯的計畫經濟與凱恩斯主義的福利國家的替代模式。這個如山林小屋般的國際會社的宗旨是：自由的市場經濟、自由的競爭，以及侷限於基本功能的政府。

然而，當時西方國家的經濟強烈受到羅斯福新政和與之有關的國家干涉主義影響。米塞斯、海耶克及奧地利學派即便在美國這個西方最偏右的國家，也長期處於邊緣狀態。直到雷根和柴契爾夫人執政，西方才發生典範轉移——這兩位領導人都是海耶克精神上的弟子。此時古典主義經濟學的代表人物為傅利曼（Milton Friedman），他是海耶克的追隨者之一。他相信市場的力量，認為福利國家是自由經濟的破壞者，而社會主義的失敗也是基於同樣的原因。一九八九年的「華盛頓共識」（Washington Consensus）即建立在芝加哥學派的原則之上——重點為自由化、撤銷管制和私有化之鐵三角。[41]

古典自由主義經濟學不是「新自由主義」，也不是「新保守主義」。在福利國家的「小確信」中安樂太久的西歐人，大都聽不進奧地利—芝加哥學派對福利國家的嚴厲批評，但此種尖銳的批評聲音聽在剛剛擺脫共產黨的東歐人耳裡，卻心有戚戚焉——持續的供給短缺、難以估量的不公正，以及在經濟上日益落後西方，這些都是造成意識形態的共產主義以及現實的國家社會主義失敗的原因。東歐民眾受夠了灰色生活，當柏林牆倒下，他們有機會到西方旅行，驚奇地發現多姿多彩的商品世界，還有在所有生活領域裡更多的自由，他們當然以熱切的心情擁抱古典自由主義經濟學——直至三十年之後，他們的經濟政策仍比西邊的鄰居更偏右——受過共產黨奴役之苦的中東歐國家，對左派意識形態有一種天然免疫力。

東德與西德統一為新的聯邦德國，有不少東德人在西德資本主義的政治經濟文化模式的衝擊下，對昔日的東德生活產生某種懷舊情緒。德國導演沃夫岡貝克（Wolfgang Becker）的電影《再見列寧》（*Good bye, Lenin!*），用詼諧幽默的喜劇手法表現這種懷舊情緒以及對懷舊情緒的諷刺。

故事中的母親克莉絲汀，在其丈夫逃離東德後，帶著兩個孩子繼續生活在東德，為了擺脫賤民身分，積極向共產黨靠攏，將所有生活都貢獻給共產主義，地位也節節攀升。一八九年十月，她前去參加官方慶典，卻在電視中看到警察鎮壓示威群眾的畫面，示威者中有兒子艾利，由此心臟病發，昏迷整整八個月。這段時間，她錯過了柏林牆倒塌、錯過了世界盃足球賽、錯過了東德政權垮臺。之後，她奇蹟似地甦醒。醫生告訴艾利，千萬不要讓母親再受刺激了。

艾利將母親送回家裡，決定隱瞞外頭發生的一切，重頭改造房間裡的擺設，自行拍攝假新聞（當年東德的新聞就是假新聞），為母親重塑那不再存在的東德往日時光。「這是個不曾存在的國家，卻跟著母親一起住進我的記憶中。」

《再見列寧》是一個虛構故事，類似情節卻在現實中發生，且發生在美國。作家普茲德（Andy Puzder）和經濟學家哈特利（Jon Hartley）在《福克斯》（*Foxnews*）雜誌發表評論文章指出，從未經歷過「蘇東波」的、美國和西方的千禧一代年輕人，不了解柏林牆倒塌的意義，對往昔的蘇聯東歐國家抱有一廂情願的美好想像，認為社會主義意識形態「流行」、「時髦」乃至「很酷」。因為他們沒有經歷那場劇變，再加上美國現在左派肆虐的政治環境的影響，許多人不知道社會主義給人類帶來的巨大災難——蘇聯的古拉格集中營和大清洗、烏克蘭的大饑荒、中國的大饑荒和文革、北韓的大饑荒、柬埔寨的階級屠殺等。

當年在東德，共產黨的獨裁統治，令人們在痛苦和絕望中掙扎，不甘為奴的東德民眾奮起反抗，赤手空拳推倒那道牆。對於許多進步主義者而言，蘇聯的崩潰是一個災難。西方極左派人士費盡心思想掩蓋共產主義失敗的事實，美國有一個笑話說，蘇聯和東歐國家再也沒有馬克思主義者了，實行「權貴資本主義」的中國也沒有，「只有在哈佛大學的教授群裡，才能再找到一個或幾個真正的馬克思主義者」。經過一九六八一代在大學校園的深耕，大學將左派意識形態奉為真理，美國最頂尖的大學淪為「數量龐大、學術鬆散、政治偏激；孵育官僚、政治家和煽動者的場域」。因為被左派教育洗腦，千禧一代毫無保留地支持極左派提出的社會政策。

在此背景下，激進的民主黨參議員桑德斯（Bernie Sanders）和沃倫（Elizabeth Warren）以毫無遮掩的社會主義政策為基礎，角逐總統大位。雖然未能當選，但他們的政策被拜登政府吸納。

民主黨政府尚未明目張張膽地宣布將個人財產收歸政府所有，但「綠色新政」（Green New Deal）等進步政策賦予政府無限大的權力，讓政府控制所有國家經濟——醫療保險、能源、交通以及建築行業。掌控政府的左派菁英階層制定反資本主義的目標，阻止創新和投資，限制自由市場下消費者的選擇權。

沃倫和桑德斯提出的「全民醫保」措施（Medicare-for-All，歐巴馬醫保的加強版），可能消滅占美國經濟比例百分之二十的私人保險公司。他們還打算建立一個新的政府部門，專門負責美國企業在政府的登記註冊。政府控制權延伸到各大企業，讓企業董事會按照政府的意志分配資金。沃倫口口聲聲為窮人請命、打擊貪婪的資本家，她自己卻比資本家更貪婪：她當參議員的年薪為二十萬美金左右，但在從政十多年後，居然斂財超過一千兩百萬美元。她推動成立消費者金融保護局（CFPB），短短數年間，該機構僱員由數十人膨脹到一千七百人，卻從未對消費者提供任何得力的保護。當該機構被川普政府關閉時，沃倫高調反擊，但當有記者詢問她何以暴富，她卻倉皇奪路而逃。

另外，加稅是社會主義政策的重中之重。通過形形色色的高額賦稅，政府將個人和企業的資金收歸政府來支配。所有這些政策，都將徹底消滅代表資本主義自由經濟的激勵機制，讓未來的風險投資無法獲得成功。普茲德和哈特利指出：「沃倫和桑德斯的目的是要攫取消費者的權利並親自指導我們的經濟，來決定某些企業成功，某些企業失敗，同時，將政府的權力交由一小撮政府菁英來掌控。這就是他們所謂的『民主社會主義』的含義。」

冷戰時代，美國在長達四十年裡領導了對抗共產陣營的鬥爭，正如蘇聯解體之際老布希所說，「美國一直反對共產主義和它給我們最為珍貴的價值觀造成的威脅……現在這種對抗結束了」。然而，柏林牆倒下三十多年後，同樣的鬥爭居然出現在美國內部。美國憲法學家萊文（Mark Levin）指出，馬克思主義已經大軍壓境，入侵美國的政壇、大學、媒體和娛樂界，極有可能摧毀這個有史以來最偉大的國家，也摧毀這個國家的自由、家庭和安全。民主黨激進派嘗試藉著若干途徑獲得權力：「破壞憲法的防火牆；如果不能除掉規則、傳統和習俗，就避開它們；採用馬克思主義的階級鬥爭語言；與某些公開的馬克思主義團體及意識形態目標結盟。」如果他們成功，美國將屈服於馬克思主義的專制。[42]

電影《再見列寧》的結尾顯示，作為母親的克莉絲汀並不是社會主義的忠貞信徒，她只是出於恐懼而服從，對於柏林牆後面的一切，她並非真心熱愛，當知曉真相的那一刻，她雲淡風輕地表示：「這樣也很好。」而歐巴馬、柯林頓、希拉蕊以及桑德斯和沃倫等名為「進步主義」、實為馬克思主義者的政客們，真的希望將美國「改變」、「重建」為當年柏林牆後面的世界。用保守主義思想家索薩的說法，「進步主義者最終尋求的對國家自殺的一種認同，就此結束美國時代。這種衰退不僅關乎美國，也對美國人深具影響」。終身捍衛自由市場經濟和民主價值的經濟學大師傅利曼說過：「反對自由市場的大多數觀點的背後，都隱藏著對自由本身的不信任。」這些不信任乃至仇恨自由的美國政客和菁英，正在重建一道比昔日的柏林牆還要醜陋和恐怖的高牆，「未來他們塑造的國家，不僅將讓華盛頓和傑佛遜（Thomas Jefferson）深感陌生，就連成長在二十世紀的人們也將無從辨認。如果他們成功，就再也無法回頭，這裡將是他們的美國，而不是我們的美國，我們將成為無處可去的喪國之人」。[43]

如果不能在美國國內捍衛自由、捍衛美國秩序的根基，美國還有什麼權利和能力在海外傳播自由民主？如果美國的國內政策滑向社會主義、一片烏煙瘴氣，美國又怎麼可能拿出睿智、長遠的外交政策引導世界的發展？

攘外必須先安內，這是卑之無甚高論的常識。對此，萊文大聲呼籲：「自由總是不到一代的時間就消失，我們沒有在血液裡將它傳給子女。我們必須為自由而戰，必須保衛自由，必須將它傳下去，讓他們為自由而戰，讓他們保衛自由，否則有一天，我們會在遲暮之年告訴我們的子孫，曾經自由的美國是什麼樣子。」[44]

注釋

1 貝恩德・施特弗爾：《冷戰：1947-1991，一個極端時代的歷史》，頁20。
2 喬治・肯楠：《美國大外交》，頁174-176。
3 理查德・克羅卡特：《五十年戰爭：世界政治中的美國與蘇聯（1941-1992）》，頁105。
4 貝恩德・施特弗爾：《冷戰：1947-1991，一個極端時代的歷史》，頁79-80、頁83。
5 保羅・約翰遜：《美國人的歷史》（下卷），頁120-122。
6 托尼・朱特（Tony Judt）：《戰後歐洲史》（上），（北京）新星出版社，2010年，頁221。
7 戴維・雷諾茲：《峰會：影響二十世紀的六場元首會談》，頁227-228。
8 甘迺迪被赫魯雪夫的殘酷嚇壞了，赫魯雪夫後來卻被更殘酷的毛澤東嚇壞了——毛告訴赫魯雪夫，不惜與西方發生核戰爭，中國死掉一半人口（三億人）仍會贏。赫魯雪夫認為毛是「發瘋的國王」。
9 弗雷德里克・肯普（Frederick Kempe）：《柏林1961：甘乃迪、赫魯雪夫和世界上最危險的地方》，（北京）中國青年出版社，2014年，頁207。
10 戴維・雷諾茲：《峰會：影響二十世紀的六場元首會談》，頁239。
11 弗雷德里克・泰勒（Frederick Taylor）：《柏林牆》，（重慶）重慶出版社，2009年，頁107。
12 弗雷德里克・肯普：《柏林1961：甘乃迪、赫魯雪夫和世界上最危險的地方》，頁288。
13 弗雷德里克・泰勒：《柏林牆》，頁163。
14 理查德・克羅卡特：《五十年戰爭：世界政治中的美國與蘇聯（1941-1991）》，頁169。
15 弗雷德里克・肯普：《柏林1961：甘乃迪、赫魯雪夫和世界上最危險的地方》，頁448。
16 托尼・朱特：《戰後歐洲史》（上），頁225。

17 約翰・劉易斯・加迪斯：《遏制戰略：冷戰時期美國國家安全政策評析》，頁 207-208。

18 布蘭茲（H. W. Brands）：《雷根傳》（上），中信出版社，2017，頁 313。

19 約翰・劉易斯・加迪斯：《遏制戰略：冷戰時期美國國家安全政策評析》，頁 350-352。

20 克里斯・米勒（Chris Miller）：《晶片戰爭》，（臺北）天下，2023 年，頁 208-209。

21 羅伯特・M・蓋茨：《親歷者：五任美國總統贏得冷戰的內幕》，頁 490。

22 賽斯・諾特博姆（Cees Nooteboom）：《邁向柏林之路》，（臺北）蔚藍文化，2016 年，頁 25-27。

23 弗雷德里克・泰勒：《柏林牆》，頁 290。

24 有流亡海外的中國民主人士認為，東德政府沒有血腥鎮壓民眾的抗議活動，跟他們看到中國天安門屠殺的慘烈場景有關。是中國人先流血，讓德國人避免了流血。這種看法太過自作多情。站在獨裁政權的立場，北京不是壞例子，而是好榜樣，唯有像鄧小平敢於殺人，才能擁有權力。何內克及其同僚怎麼可能因北京發生屠殺就心軟呢？他們非不為也，乃不能也——是東德軍方和警察不服從最高層的殺人命令。

25 勃列日涅夫時代，蘇聯社會政治經濟長期停滯，外交上粗暴干涉他國內政，以所謂的主權有限論、大國責任論等為其出兵侵略捷克和阿富汗辯護。

26 戈巴契夫（Mikhail Gorbachev）：《我與東西德統一》，（北京）中央編譯出版社，2006 年，頁 60。

27 弗雷德里克・泰勒：《柏林牆》，頁 298。

28 戈巴契夫：《我與東西德統一》，頁 63-64。

29 東德政權潰敗三十多年後，克倫茨並不認同聯邦德國，卻將共產主義的夢想寄託在中國身上，他在新書《我看中國新時代》中寫道：「中國在，社會主義就在！」、「中國做到了，中國是真正屬於人民的國家。」他的諂媚之詞比《環球時報》還要肉麻：「世界上沒有一個國家能像中國這麼快戰勝疫情。」

30 戈巴契夫（Mikhail Gorbachev）：《真相與事實：戈巴契夫回憶錄》，（北京）社會科學文獻出版社，

2002年，頁447。

31 邁克爾·麥克福爾（Michael McFaul）：《俄羅斯未竟的革命》，（上海）上海人民出版社，2009年。

32 李邁先：《東歐諸國史》，（臺北）三民，1991年，頁259。

33 理查·皮佩斯（Richard Pipes）：《共產主義簡史》，（臺北）左岸，2004年，頁190。

34 瑪莎·葛森（Masha Gessen）：《偉大的俄羅斯回來了》，（臺北）馬可孛羅，2020年，頁38。

35 胡安·J·林茨（Juan J. Linz）、阿爾弗萊德·斯泰潘（Alfred Stepan）：《民主轉型與鞏固的問題：南歐、南美和後共產主義歐洲》，（杭州）浙江人民出版社，2008年，頁299-300。

36 史蒂文·李·梅耶斯（Steven Lee Myers）：《普丁正傳：新沙皇的崛起與統治》，（臺北）好優文化，2022年，頁422-423。

37 胡安·J·林茨、阿爾弗萊德·斯泰潘：《民主轉型與鞏固的問題：南歐、南美和後共產主義歐洲》，頁476。

38 李邁先：《東歐諸國史》，頁639-640。

39 戈巴契夫基金會：《奔向自由：戈巴契夫改革二十年後的評說》，（北京）中央編譯出版社，2007年，頁157。

40 瑪莎·葛森（Masha Gessen）：《偉大的俄羅斯回來了》，頁351-352。

41 菲利浦·泰爾（Philpp Ther）：《歐洲1989》，（臺北）麥田，2019年，頁34-35。

42 馬克·萊文（Mark Levin）：《馬克思主義在美國》，（臺北）黑體，2022年年，頁21、頁27。

43 迪內希·德·索薩（Dinesh Joseph D'Souza）：《一個國家的自殺：假如美國不存在，世界將會怎樣》，（成都）四川人民出版社，2015年，頁92。

44 馬克·萊文：《馬克思主義在美國》，頁33。

第六章

九一一：對「歷史的終結」的終結

他們把這種戰爭稱為聖戰。這是一場想征服我們靈魂的戰爭。它企圖讓我們的自由、我們的文明消亡。……如果我們不反對他們，如果我們不保護自己，如果我們不去鬥爭，這場聖戰將會贏得勝利。它會摧毀這個世界，摧毀我們的文化、我們的科學、我們的道德、我們的價值、我們的歡樂……

——奧莉婭娜·法拉奇（Oriana Fallaci）

九一一恐怖襲擊當天，擁有美國永久居留身分的義大利女記者法拉奇正在位於曼哈頓的家中，她已在紐約居住二十年。或許是多年記者生涯鍛造出的本能，她在九點正時突然有一種不祥的預感，「這是一種也許不會傷及我、但卻肯定與我有關的危險感覺，是一種你能在戰爭中，或一次戰鬥中體會到的感覺」，她彷彿回到越戰前線：

當它臨近之時，你皮膚的每一個毛孔都能感覺到飛梭的子彈與瀰漫的硝煙，你會豎起耳朵，並且對旁邊的人大聲吼道：「趴下！趴下！」由於上帝的緣故，在二〇〇一年某個令人驚奇的早晨，我就待在紐約。但那種預感仍是莫名其妙地攫住了我。

所以，那天早晨我做了一些我從不會去做的事情：把電視打開。電視有畫面，但沒有聲音。我們這兒幾乎能收到一百個頻道，在每一個頻道上，你都能看到世貿大廈的一座塔樓像一個巨大的火柴盒燃燒的畫面。難道是電視信號短路？一架小飛機偏離了航向？抑或一次計畫周密的恐怖主義行動？我看著塔樓，全身僵硬得幾乎不能動彈。

……另一架飛機出現在螢幕上。這是一架巨大的、銀白色的飛機。它飛得非常低。在低空飛行時，它像一枚瞄準目標的炸彈轉向了第二座塔樓，隨即撞了進去。此刻，我明白了，同時也理解了這究竟是怎麼回事，因為與此同時電視機的音訊信號恢復了，並且播放採自現場的那些嚎叫、嘈雜的聲音。現場的叫聲不斷地重複著：「上帝！啊，上帝！」那架飛機像一把刀子戳進一塊奶油一般衝進了第二座塔樓。[1]

九一一不是偶然事件，它以血腥而冷酷的方式終結了福山的「歷史終結論」（福山的每一個判斷幾乎都是錯的，卻絲毫無損其虛幻的學術地位和名聲，他的著述仍然一本接一本地成為暢銷書）。

九一一恐怖襲擊與韓戰、越戰、冷戰有著某種神祕的關係，它是美國中東政策失敗及伊斯蘭世界現代化失敗共同激蕩和演化的結果。

此一例子或許生動地呈現了歷史的關聯性：最後一個離開越南的美國軍人是陸軍軍士

長貝爾柯（Max Beilke）。他在很年輕時從明尼蘇達州的小農場應徵入伍，參與過韓戰，之後又參與越戰。陸軍將貝爾柯列為最後一個離開越南的軍人。作為在陸軍中從事退伍軍人工作的無軍職人員，當恐怖分子劫持的飛機撞向五角大樓一翼時，他剛好在那裡工作。他是這種奇特的新戰爭（後現代戰爭或超限戰）開始時第一個犧牲的美國軍人。[2]

當雙子塔倒下之時，沒有人比法拉奇更明白那一幕所傳達的真實訊息。甘迺迪訪問柏林時曾宣告「我是柏林人」，此刻乃是宣告「我是紐約人」的時刻——「因為當西方的命運、我們倖存的文明危若累卵之時，實際上，我們就是紐約，我們就是美國。如果美國被摧毀，歐洲也會被毀滅，我們也將被毀滅。我們的毀滅是全方位的。」

過去數十年來，美國和西方忽視了伊斯蘭的威脅，伊斯蘭是另一種形式的極端左派意識形態，它與宗教改革以來的西方現代文明不可能和諧相處。早在九一一發生之前九年的一九九二年，尼克森就在冷戰的廢墟上發出警告：「在動蕩不安的伊斯蘭世界，現代化主義、激進主義及基本教義主義各方勢力，一直為贏得三十七個國家八億五千萬人民而傾軋不已，不論是選擇土耳其的親西方現代化之路、伊拉克的世俗化激進主義或者是伊朗回歸傳統的基本教義路線，伊斯蘭世界的不安都足以造成全球大震蕩。美國和西方國家對於伊斯蘭世界的處理方式都將影響這些國家的抉擇。」[3]

法拉奇的憤怒與自豪：美國是被所有的極權主義仇視的地方

九一一恐怖襲擊發生後，法拉奇在悲憤中寫下長文〈憤怒與自豪〉（The Rage and the Pride），後來擴展成一本書出版，各種語言的版本銷售數百萬冊。

此前，法拉奇的採訪錄《採訪歷史》（*Interview With History*）早已成為很多西方大學新聞系學生的必讀書。她曾是激進左派，少女時代即參與反法西斯的抵抗運動。當了記者之後，一度反對越戰，同情越共，鼓吹平等和女權，與比她小十歲的希臘反政府游擊隊領袖阿萊德斯（Alexandros Panagoulis）相戀並結婚。後來，她由左派轉變為右派，這種轉變跟歐威爾十分相似——她的覺醒始於訪問加薩走廊的巴勒斯坦小孩，一開始她十分同情在戰爭中失去家人的孩子，但她發現這些孩子長大後走向「聖戰」，身綁自殺炸彈，充滿死士殉難精神。她批評這是盲目的宗教狂熱，是被宗教洗腦的結果，意識到過去同情巴勒斯坦人是自作多情——以色列願意承認巴勒斯坦的存在，而巴勒斯坦絕對不願承認以色列的存在。她的轉向受到歐洲左派的討伐，雙方展開長期論戰。《憤怒與自豪》更將論戰推到頂峰。[4]

法拉奇對「野蠻落後」的伊斯蘭教的批判，一大原因是伊斯蘭教對女性的歧視和壓制：「我們如何解釋那些強加在婦女身上的長袍、披風和面紗呢？在這些長袍之下，穆斯林婦女成了沒有身體形狀的包裹，只能通過一個狹小的網孔來觀看世界。我們如何解釋以下的事實：在大多數伊斯蘭國家，女性不能去學校讀書，不能去醫院看病，她們沒有任何基本的權利，甚至還不如一隻駱駝。通姦的妻子會被石頭砸死或砍頭，我們怎麼解釋那種醜陋的惡習？（然而這種方法卻不針對通姦的丈夫。）」法拉奇是少數挺身對抗未經歷現代化和啟蒙運動的伊斯蘭專制世界的西方知識分子。

一般而言，西方的女權主義者們，通常對伊斯蘭世界的女性連奴隸都不如的悲慘處境，選擇性地視而不見、默不作聲。當不得不面對這個問題時，則迅速轉換為一種新立場——伊斯蘭是跟西方不一樣的文化和文明，需要用不同標準去看待，如此才符合謙卑、寬容和多元主義的原則。實際上，這既怯懦、偽善、自欺欺人，又是赤裸裸的種族歧視——「他（她）們」是一種跟「我們」不一樣的人，人權、民主、自由這些西方價值不適用於「他（她）們」。

法拉奇發現，伊斯蘭世界的可怕，在於其擴張性，它要將其宗教信仰、法律體系和生活方式向全球推廣。早在九一一之前二十年，她就撰文呼籲西方世界警惕「一場正在來臨的聖戰的惡臭」——「如果我們尊敬的那些人，他們並不尊敬我們，那究竟是一種什麼樣的感覺呢？當他們蔑視我們的文化，而我們卻在保護或儘量理解他們的文化時，這是一種什麼樣的感受？」後者正是西方左派的思路：對伊斯蘭極端主義無底線的理解、寬容和保護。西方左派故作深沉地辯解說：伊斯蘭的「經」是好的，只是被少數「歪嘴的阿訇（Akhund，宣揚極端主義的伊斯蘭神職人員）」念偏了。

伊斯蘭教與儒教一樣，本質上是一種左派宗教——推崇集體主義、反對個人主義；強調偽善的道德、蔑視自由的精神；崇拜人造的偶像、拒絕權力的分割與制衡。它們所結出的「果子」，無一例外都是獨裁政權。伊斯蘭進行的是征伐和同化：如果你臣服，你可活下來；如果你反抗，加諸於你身上的就是刀劍。

儘管西方左派對伊斯蘭基本教義派百般遷就、包容，但伊斯蘭基本教義派卻不願收刀入鞘。二〇一五年一月，法國巴黎發生震驚世界的《查理週刊》（*Charlie Hebdo*）槍擊案。刊登諷刺伊斯蘭教漫畫的《查理週刊》遭到兩名伊斯蘭恐怖分子持槍攻擊，造成十二人死亡，死難者中有多名穆斯林（包括編輯和聞訊趕來的警察）。

在死難者中，總編輯夏邦尼耶（Stéphane Charbonnier）早已上了蓋達組織（Al-Qaeda）暗殺名單。但他其實是反對西方價值的左派，他在自傳中認為「排斥伊斯蘭的心態」就是「某種形式的種族主義者」。他在關於「伊斯蘭教與法國社會」這一主題的文章中寫道：「即使全法國的穆斯林都願意捨棄信仰，改信基督教，種族主義歧視者也不會改變主張吧！他們只會說：『外國人或是出身外國的法國人正是萬惡的根源。』」他還提及自己一生追求的「幽默」與伊斯蘭教的關係：「和其他宗教相比，伊斯蘭教不懂幽默的說法到底有何根據？這就像是在說伊斯蘭教不適合民主主義一樣。」他進而為《古蘭經》辯護說：「宗教問題與《古蘭經》或《聖經》無關。這就像是按照字面閱讀宜家（IKEA）家具的組裝說明一樣，是閱讀者本身的問題。」[5]然而，事實如此冷酷：恐怖分子不能理解他的幽默，按照《古蘭經》的教導將其擊殺。

像夏邦尼耶這樣的西方左派用生命為代價證明，他們對伊斯蘭世界的善意想像多麼天真和荒謬。法拉奇一針見血地指出，「《古蘭經》並不像人們看上去的那樣，全然是公正，全然是和平」，「那些歧視和禁忌就寫在《古蘭經》中」。她宣布：「我絕不會採取他們的生活方式。我是由自由的觀念哺育長大的。」所以，「如果他們在我家中把那些相同的東西強加於我……他們的確在這麼做」，奮起抗爭就是唯一的選擇。

在左派「政治正確」成為絕對真理的時代，法拉奇勇敢說出「政治不正確」的常識，其後果是：伊斯蘭恐怖分子還未來得及對她發出死亡追殺令，西方左派就群起而攻之——「此言一出，彷佛天馬上就塌了下來。他們想把我釘在十字架上，衝著我喊：『種族主義者！種族主義者！』甚至那些所謂進步人士（他們自稱為共產主義者）的所作所為也一模一樣，也想把我置於死地。」

義大利左派批判法拉奇「不寬容」，與此同時，法國有三個團體以「散布種族歧視和仇恨罪」將她告上法庭，要求立即查禁她的書——左派的寬容多麼虛假，只是對共產黨或伊斯蘭的寬容，絕對不包括對法拉奇的真話的寬容。他們試圖像納粹宣傳部長戈培爾（Paul Joseph Goebbels）那樣禁書乃至燒書。

法拉奇在批判伊斯蘭世界的同時，也毫不畏懼地反對左派、捍衛美國及其代表的文明。她是美國永久居民，卻比大多數美國公民更熱愛美國——這個曾兩次拯救歐洲的超級大國：

我非常依戀美國。我總是和它爭論，總是責備它，但我仍然深深地依戀著它。對我來說，美國就是一個情人，不，是丈夫。對他，我總是充滿忠誠，即使他沒有睡在我身邊。我關心我的這個丈夫。我不會忘記，要是他當初沒有麻煩自己捲入那場與希特勒和墨索里尼的戰爭，我想，我今天就得說德語。我不會忘記，如果他不曾對蘇聯保持警惕的眼睛，今天，我恐怕就得講俄語。我關心它，並且喜歡它。比如，我喜歡當我返回紐約，把護照和綠卡遞過去時，那些海關人員對我滿臉笑意，並且說「歡迎回家」的情景。那態度看上去多麼大方，多麼充滿感情。我還記得美國一直就是那些沒有祖國的人們的庇護所、容身地。6

左派仇恨美國，仇恨美國國旗，仇恨美國的觀念秩序——這恰恰說明美國的重要性，「美國是一個特殊的地方」，「它誕生於一種靈魂的需要，那種想擁有一個祖國的需要，它誕生於那種人類一直都堅信的最崇高的理想：這是一種有關自由的理想，或更進一步說，是一種想讓自由與平等的觀念結緣的理想」。

檢視美國的建國歷史，法拉奇發現，美國與現代歐洲（尤其是法國）的重大差異：美國的建國者們不是法國大革命時期那幫無足輕重的小律師，不是嗜血成性、歇斯底里實行恐怖主義政策的劊子手，而是理性、睿智、審慎的紳士。美國承接了歐洲文明中最優質的一部分，在美國文明背後，有荷馬（Homer）、蘇格拉底（Socrates）、亞里斯多德（Aristotle），有建造帕德嫩神廟、創建民主政治的古希臘，有創造法律和法治觀念的古羅馬，更有「一位革命家耶穌基督，他被釘死在十字架上，是他教給了我們愛與公正的觀念」。

作為義大利公民，法拉奇及其家族在二十世紀經歷了共產主義和法西斯兩種極權主義的侵襲，她牢牢記得作為抵抗軍戰士、同時反法西斯和反共的父親常說的一段話：「共產主義是一種君主制統治，是一種守舊派的君主制度。因為它抹去了人身上那種分明的輪廓。當你抹去一個人的輪廓時，它就再也不是一個人了。……共產主義沒有讓庶民們自由，相反，它讓每一個人都變成賤民。它使每一個人都由於飢餓而死亡。」戰後的義大利險些被共產黨武裝顛覆、變成共產黨國家。正是這樣的經驗，讓法拉奇比大多數「生於安樂，死於安樂」的美國人對美國和西方迫在眉睫的危機具有先知般的預見。

西方面臨的根本問題是一個不同的文明——伊斯蘭

柯林頓等美國領導人認為，西方只是與伊斯蘭極端主義暴力分子之間存在問題，而不是與伊斯蘭世界之間存在問題。但杭亭頓駁斥了這個西方左派流行的似是而非的看法，他回顧過去一千四百年的歷史指出：伊斯蘭教和基督教的關係經常充滿風暴，彼此將對方視為外人。自由民主主義與馬克思列寧主義在二十世紀的衝突，與伊斯蘭教和基督教之間持續的、深刻的衝突關係相比較，不過是一種短暫和表面的歷史現象。九一一發生之前，西方左派對其預言嗤之以鼻，認為宗教只是一種被理性顛覆的落後觀念，對政治尤其是國際政治影響有限。九一一發生之後，人們才驚呼，原來杭亭頓早已料到悲劇近在咫尺。

喬治城大學教授、美國權威的伊斯蘭學者埃斯波西托（John L. Esposito）指出：「歷史的變化常常使基督教—伊斯蘭教兩個群體處於競爭之中，有時陷於爭奪權力、土地和靈魂的殊死搏鬥之中。」[7]這場文明的衝突源遠流長。

穆斯林文明在其本身的認知中，是由宗教來界定的。在穆斯林看來，他所屬的社群就是世界的中心（跟天下主義的儒家很相似），並由真主指示的正路和教法所允許的範圍來界定。在這個世界中，基本上只有一個國家——即哈里發（Caliph）國家；以及一位君王——即哈里發，他是伊斯蘭家族的正統領袖，穆斯林政體的最高首長。[8]

在很長的歷史時期內，東西方都沒有可以跟伊斯蘭哈里發國家抗衡的對手：在東方，中國和印度的大型文明從來沒有侵犯過伊斯蘭教世界。蒙古人的入侵固然可怕，但作為征服者的蒙古人很快被伊斯蘭教所征服。伊斯蘭世界認為，西方世界是其「西北邊疆」，在那裡，拜占庭帝國節節敗退，最終被滅亡；更遙遠的歐洲只是笨拙的野蠻人的居住地而已。[9]伊斯蘭文明是唯一使西方的存在受過威脅的文明。

近代以來，情勢發生逆轉。以西力東漸來界定伊斯蘭世界的現代史開端，已然約定俗成——界定其他非西方區域的現代史開端也是如此。不同的歷史學家選擇不同的時間和事件標誌此一轉折點：一五七一年，歐洲基督教聯盟（Holy League）的艦隊以少勝多，在地中海的雷班托海戰（Battle of Lepanto）中擊潰土耳其帝國的艦隊，讓伊斯蘭教無法向基督教世界進一步擴張，歐洲不再認為土耳其人是無敵的，在當時極具決定性。一六八三年，土耳其人在維也納城外功敗垂成，奧斯曼帝國與奧匈帝國簽訂《卡洛維茨和約》（Treaty of Karlowitz），土耳其人第一次以和敵人對等的身分進行協商。一七七四年，向南擴張的新興帝國俄羅斯在俄土戰爭中大獲全勝，土耳其帝國被迫簽訂喪權辱國的《凱納甲湖條約》（Treaty of Kuchuk-Kainarji），俄國除了吞併克里米亞之外，甚至取得在奧斯曼帝國首都建立一座東正教教堂的權利。一七九八年，拿破崙的遠征軍征服埃及，儘管法國很快撤軍（因為英軍的攻擊），但此事反映了即使是一個西方強權派出一支小小遠征軍，也能輕易征服和占領伊斯蘭的心臟地帶，而法國的離開，又顯示出只有另一個西方強權才能把他們趕出去，這次事件是個不祥的雙重教訓。

伊斯蘭教和基督教這兩個世界權力關係的轉折點，就像其他歷史轉折點一樣，很難確切做出時間定位。新秩序的開始，是在驚天動地的大事使這個變化明朗化之前，就看得到端倪。而舊秩序的絕大部分在它表面上被廢止之後，仍然長期運作。

以奧斯曼帝國為中流砥柱的伊斯蘭世界，其衰弱是因為他們未能與西方在科學技術方面、在戰爭和平的藝術方面、在政府和商業方面的急速進步並駕齊驅。土耳其的領袖曉得表面上的問題所在，也做出若干努力來解決，但他們無法拆除不願接受新方式和新觀念的體制和意識形態的巨大堡壘（東亞的清帝國也是如此）。

在歷史上，伊斯蘭世界有過相對開明、寬容和創造輝煌文明的時代。但是，正當歐洲激烈辯論文藝復興、宗教改革和啟蒙運動帶來的新意見與新建議之際，穆斯林卻躲進假的避難所，對統治秩序不加置疑。沒有屬於土耳其的古騰堡（Gutenberg，歐洲現代印刷業的發源地和宗教改革時代文化思想傳播的中心）。實際上，當印刷術出現在奧斯曼帝國的海岸時就被禁，理由是讓《古蘭經》易於傳播，只會使更多無知者錯誤詮釋它；後來，印刷被定為死罪。要消除疑慮和懷疑，一個相當有用的方式是盛讚自己的無知。於是，伊斯蘭文明崩壞和腐朽了。除了少數例外，到了十八世紀時，主流伊斯蘭已退回到經院哲學和文本主義，偶見瘋狂的神祕主義。至於讓九世紀巴格達生龍活虎的精神，中世紀安德魯西亞（Andalusia）的宗教共融，以及波斯東北部開創性的文學和數學，已不見蹤跡。

伊斯蘭是一種未能成功「現代轉化」的文明。現代轉型的失敗讓伊斯蘭世界對西方世界充滿怨恨——如同中國深深沉浸在「百年國恥」和「百年悲情」之中一樣。第一次世界大戰結束之時，英國、法國和義大利發動了致命的攻擊，在奧斯曼殘存的土地上建立起了直接或間接的統治，土耳其帝國大大縮小為單一民族國家——土耳其共和國。到了一九二〇年代，只有四個穆斯林國家——土耳其、沙烏地阿拉伯、伊朗和阿富汗——保持了某種形式的獨立。

伊斯蘭世界與中國一樣，對近代以來落後於西方並被西方擺布的屈辱念茲在茲。埃及穆斯林兄弟會的創始人班納（Hassan al-Banna）對祖國病入膏肓的狀態痛心疾首，他創建的這個帶有法西斯主義和共產主義特質的組織，試圖「用《古蘭經》的藥來拯救這個受盡病痛折磨的世界」。他進而發展出準軍事機構並開始武裝鬥爭——在此意義上，更像是伊斯蘭版的毛澤東。

班納的弟子、埃及政府派送到美國的留學生庫特布（Sayyid Qub），對美國的一切充滿仇恨和不屑，「美國不會留給世界任何有價值的遺產」。他的論著《伊斯蘭與資本主義之戰》（*The Battle Between Islam and Capitalism*）大獲成功，致力於世俗化的獨裁政治和現代化建設的納瑟（Gamal Abdel Nasser）成為其敵人。他被納瑟政府絞死，但他在最後一部著作《里程碑》（*Milestones*）中發出的吶喊將長久迴響在伊斯蘭世界：「必須成立先頭部隊（他借用了列寧的革命思想），推動伊斯蘭理念，直到它接管世界、建立純正的伊斯蘭政府並實施教法為止。」[10]

班納、庫特布的穆斯林兄弟會未能在埃及掌權（阿拉伯之春期間，穆斯林兄弟會一度通過選舉上臺執政，但其嚴酷的宗教政策很快被民眾厭棄，並被軍事政變推翻），但其催生的另一股現代穆斯林運動——何梅尼（Ruhollah Khomeini）的伊斯蘭主義成功在伊朗實現了「黑色革命」。

在這一階段，美國的中東政策再次出現重大偏差：美國並未將伊斯蘭基本教義主義者當成是主要威脅。相反地，由於美方自己也反對蘇聯支持的左翼民族主義政權，想要加以剷除，而伊斯蘭基本教義主義者也反對左翼民族主義，因此美國認為伊斯蘭基本教義主義可以被其所用——後者的社會保守主義和反共主義似乎與美國的戰略目標有重合之處。伊斯蘭主義者的宿敵是共產黨，尤其是在兩伊的共產黨。[11]美國卻沒有想到，當冷戰結束、共產黨勢力退出該區域之後，伊斯蘭主義者立即將敵對目標轉向了西方。

一九九〇年代初，當美國政府高層沉浸在冷戰勝利的狂喜中時，不少有識之士已經預感到另一場危機將至。一九九四年，一位很有影響力的埃及記者艾哈邁德指出：「明確無誤的跡象表明，猶太教—基督教的西方倫理與伊斯蘭復興運動之間的衝突正在加劇。」即便是開明派的穆斯林女性學者默尼斯（Fatema Mernissi）亦在《伊斯蘭教與民主》（*Islam and Democracy*）一書中嚴厲斥責西方是「軍國主義的」和「帝國主義的」，而且通過「殖民恐怖」傷害了伊斯蘭世界，作為西方文化標誌的個人主義是「萬惡之源」。

其實，早在一九七九年伊朗革命之後，美國與伊斯蘭世界就處於某種「準戰爭狀態」。一九八〇至一九九五年的十五年中，根據美國國防部的說法，美國在中東參與了十七次軍事行動，其目標全部是穆斯林。美國沒有對任何屬於其他文明的國家採取過類似形式的軍事行動。不過，美國領導人聲稱，捲入準戰爭的只是少數激進的穆斯林，而且他們的暴力行動遭到了大多數持溫和態度的穆斯林反對。這種說法並沒有任何證據可以支持——所謂溫和的穆斯林究竟在哪裡呢？

對於美國決策者掩耳盜鈴的做法，杭亭頓冷峻地指出：西方面臨的根本問題不是伊斯蘭基本教義主義，而是一個不同的文明——伊斯蘭，它的人民堅信自身文化的優越性，並擔心自己的力量處於劣勢。伊斯蘭面臨的問題不是美國中央情報局和國防部，而是一個不同的文明——西方，它的人民確信自身文化的普遍性，而且確信，儘管他們的優勢正在下降，但這一優勢仍然使他們有義務把它們的文化擴展到全世界。這些是造成伊斯蘭和西方衝突的根本因素。[12]

美國在伊朗的挫敗：「白色革命」為何敗給「黑色革命」？

伊朗革命是繼越戰之後美國外交的最大挫敗。巴勒維（Mohammad Reza Pahlavi）國王垮臺，何梅尼及其代表的伊斯蘭基本教義主義回歸，將美國視為「邪惡之本、反革命之源」。二十世紀以來，這一戲碼在若干後發展國家上演：威權政府的現代化改革被極權主義的左派革命顛覆。

巴勒維國王是美國扶持上臺的。一九五三年八月十九日，英國和美國情報機關策動政變，推翻試圖實施石油公司國有化政策的民選首相摩薩臺（Mohammad Mosaddegh）。政變使巴勒維由立憲君主變成倚賴美國支持在位的實實在在的獨裁者。從此，首相和國會形同虛設。巴勒維還建立了類似東德史塔西、名為「薩瓦克」（SAVAK）的安全機構，該機構試圖滲透到平民生活的每一個領域。

這場政變是美國首次利用中央情報局推翻一個民選政府。艾森豪政府認為此行動大獲成功，並取得「直接和深遠的成果」，「中央情報局突然成為了美國重要的外交機關，而祕密行動也被看作是改變國際事件趨向的一種不費力且有效的途徑」。

這場政變最長遠的影響，是伊朗人的集體記憶。它不僅進一步加強政治文化中很普遍的偏執風氣，也將美國帶進這幅畫面中。有政治意識的公民深信，在國家的舞臺上，看得見的人物都只是由「外國的絲線」控制的「牽線木偶」。[13] 這場政變持久地損害了美國的聲譽：「這是伊朗及中東局勢的轉捩點，也使美國在中東地區的地位發生了轉變。英美兩國的聯合行動制止了伊朗尋求資源自主的勢頭，也終結了伊朗歷史上民族主義和民主運動最鮮明的一頁，結果在日後造成了戲劇性的反響。美國在一九五三年對伊朗政局的干預加劇了民眾對巴勒維二十六年來的漫長統治的不滿，刺激一九七九年革命的反美浪潮，使巴勒維遭到推翻。」學者霍恩貝格爾（Jacob Hornberger）評論說：「在本質上，政變為何梅尼的崛起清除了障礙，與日後各種事件甚至九一一事件也不無關係。」

一九七〇年代，在美國的外交政策中出現了對伊朗具有決定性影響的新因素，即尼克森政府根據「尼克森主義」決定將伊朗塑造為中東地區的穩定力量。國家安全委員會指出：「對於和伊朗保持親密關係以外，美國手中沒有其他清晰的戰略替代方案。」美國的主要影響手段是透過福特基金會和經濟學家幫助伊朗制定經濟發展計畫，更重要的是出售軍火。

對於美國來說，伊朗就是國王，國王就是伊朗，似乎除了與國王合作之外別無選擇。美國駐伊朗大使沙利文（William Healy Sullivan）說，「我們的命運就是與國王一起合作」。[14]

一九七七年，口口聲聲說倡導人權外交的美國總統卡特訪問德黑蘭，在國王為之舉辦的晚宴上致辭說：「伊朗是世界上最混亂地區中的一個安全島，這要歸功於國王的偉大領導。」然而，晶瑩剔透的高腳杯一碰就碎，這個看似強大的政權和盟友亦如此。

人口的增長、城市化的快速推進和壓迫人民的政權的窮奢極慾，調成一杯毒酒。巴勒維的致命盲點是：其發展計畫忽略了占人口絕大多數的城市和鄉村貧民，不計其數被拋棄、在絕望中掙扎的民眾，將國王視為西方的傀儡，將解放的希望寄託在平民教士何梅尼身上。[15] 數年之後，人們才知道，這個從頭到尾一身黑色的教士比身穿白色軍裝、掛滿勛章、浮誇且奢侈的國王更可怕。

美國的近東政策千瘡百孔。伊朗岌岌可危，敘利亞和伊拉克都倒向了蘇聯。按照英國駐伊朗大使帕森爵士（Sir Anthony Parsons）的話來說，西方國家「用對了望遠鏡，卻瞄錯了目標。」[16] 美國未能對其伊朗政策做根本性調整，情報機構也未能就一九七九年伊朗的大動亂提醒卡特政府提早準備。中情局在一九七八年八月的一份評估報告中指出，伊朗「不處於革命之中，甚至也不處於革命的前夜」。[17]

法拉奇採訪過巴勒維國王。她對國王的評價相當負面，「他像專制君主那樣統治他的國家，但在向臣民講話時，卻又使用相信人民和熱愛人民一類的字眼」、「他是一個陰險的獨裁者，受到人民對一切陰險的獨裁者必然懷有的憎恨」。[18]

巴勒維滔滔不絕大談其德政，認為君主制是唯一治理伊朗的方式，沒有君主制就會有無政府主義、寡頭政治或獨裁政權。他沉浸在被人民愛戴的虛幻假象之中：「那次我從美國回來，乘坐了一輛敞篷汽車穿過德黑蘭城，從機場到皇宮，至少有五十萬狂熱的群眾夾道歡迎我。」[19]他不會料到，結束十四年流亡生涯回到伊朗的何梅尼，有五百萬人湧上街頭歡迎，是歡迎他的人的十倍。

法拉奇承認，巴勒維領導了一場「白色革命」，「似乎為掃除文盲和反對封建制度做了若干努力」。巴勒維炫耀說：「十年前，當『白色革命』開始時，學校只有一百萬學生，而現在有三百萬。」伊朗政府利用石油出口獲得的鉅額資金，啟動龐大的經濟和社會發展計畫，進行土地改革，組織掃盲團，伊朗的經濟成長率十分驚人，幾乎是世界上最高的。[20]

巴勒維洋洋得意地歷數「白色革命」的成果：「伊朗要比你們歐洲國家民主得多，除了農民是土地的主人，工人參加管理工廠，大的企業屬於國家所有而不是私人所有以外，這裡的選舉從村莊開始，並且在地方、城市和省的各級機構中進行著。」國王聲稱，伊朗唯一的禁忌是不允許共產黨存在，蘇俄被其視為最危險的敵人。他真的相信伊朗已然「躋身世界五大強國之列」。但事實真相是：在一九七〇年代，伊朗有超過百分之四十的人尚未解決溫飽問題。

一九七九年的伊朗伊斯蘭革命，可以拿來和法國大革命以及俄國革命相提並論。它是一場群眾運動，參與者十分廣泛，這場運動造成經濟權益以及政治權力的重大轉移，這個轉移又開啟一場大型社會轉化的歷程。[21]革命是由世俗左派人士、伊斯蘭社會主義者和支持何梅尼的什葉派人士聯合發動的。何梅尼為消弭人們對伊朗會變成宗教國家的恐懼，許諾教士將不會直接治國，只是從旁提供「指導」。但革命剛一成功，他就以狡猾的、蜘蛛網般的計謀，削弱了所有派別，他剛一回國就宣稱：「我將把我的拳頭打在這個政府的嘴上，從現在起，我將給這個政府任命人選。」

何梅尼勝出的原因在於，他說出了民眾心中最深處的渴望：世俗主義和現代主義改革失敗了，應當給伊斯蘭一次機會。他煽動性的言辭，讓巴勒維國王以美式武器裝備的軍隊瓦解了——最終的崩潰不只摧毀君主制，也對武裝部隊造成附帶傷害。自一九四一年來，在伊朗君主制以及軍隊上投注大量金錢與心血的美國，最後成了大輸家。沒了正規軍隊，也沒了美國的影響力。國王的士兵拒絕向人民開槍，但何梅尼的士兵會毫不猶豫地向人民開槍，一直開到今天——何梅尼處決了一群受西方教育的將軍，肅清了軍官團，然後成立伊斯蘭革命衛隊，卻有凌駕於常規部隊之上常規部隊的地位。[22]

一九八〇年，何梅尼將伊朗轉變成一個由最僵化頑固的伊朗正統什葉派烏理瑪（Ulama，伊斯蘭教宗教領袖和神學家）所統治的「伊斯蘭共和國」。經過全民公投，頒布了新憲法，此後「該國所有的民事、刑事、金融、經濟、行政、文化、軍事、政治及其他各種法律和規章制度都將以『伊斯蘭的』標準為基礎」。[23]具有諷刺意味的是，伊朗伊斯蘭共和國自稱是恢復伊斯蘭教政府的正道，但它卻是以成文憲法和選任議會的形式來恢復——成文憲法和選任議會在伊斯蘭教教義或伊斯蘭歷史當中，並無先例。

中東地區最有力量和最為持久的西方政治理念，是「革命」這個政治理念。伊斯蘭世界的歷史中充斥著以叛亂或謀反推翻政權的例子，但那只是「皇帝輪流做，今日到我家」，是「亡國而非亡天下」，統治者換人，甚至王朝更迭，基本的政治模式及其背後的觀念秩序卻不變。進入二十世紀，中東地區絕大多數國家，都是由以武力推翻前朝而建立的政權所統治。

伊朗不一樣。這場革命的標誌和口號是伊斯蘭式的，伊斯蘭教明確陳述了應做到的目標，且界定出對抗的敵人，最終目的是掃蕩所有外來的和異教的增添物，恢復受命於天的伊斯蘭教秩序——這些添加物，是外邦人宰制與影響時期，強行加諸到伊斯蘭教地區和伊斯蘭教民眾之上的。但在本質上，革命這個詞語來自西方，何梅尼的挑戰方式和工具也來自西方：他是第一位將演說製成錄音帶，再從海外寄回國，以此贏得眾望的演說家；也是頭一位在流亡途中以電話指揮國內追隨者行動的革命領袖——這得感謝國王將電話引入國內。當然，無論是國內鎮壓，還是對外戰事，革命政權使用的全是西方製造的槍支、坦克、飛機和飛彈等武器。

伊朗革命政權從西方轉借來的，還有其統治模式：表面上是伊斯蘭式的，骨子裡仍是西方式的，更準確地說，是從法國大革命到俄國革命的左翼極權模式。比如，建立宛如蘇聯的格別烏（KGB）和納粹德國蓋世太保（Gestapo）式的「共和國衛隊」，大量處決意識形態的敵人，將成千上萬男男女女流放出境，大規模充公私人和外國公司的財產，暴力統治與鞏固權力齊頭並進的思想改造，這些都是來自羅伯斯庇爾（Maximilien de Robespierre）和史達林，而非來自穆罕默德和阿里。這些方法很難說是伊斯蘭教式的，但毫無疑問是革命式的。

蘇聯一開始歡迎這場革命，但當何梅尼將革命矛頭對準伊朗人民黨（即共產黨）之後，蘇聯大失所望。伊朗革命標誌著在美蘇兩極之外，伊斯蘭基本教義主義作為第三勢力悄然興起。伊朗成為伊斯蘭基本教義派發源地，成為西方與伊斯蘭世界鬥爭的最前沿。伊朗與九一一事件無直接關係，卻是其間接鼓吹者——賓拉登訓練的恐怖分子的說法與何梅尼如出一轍：美國代表著世界上「最後的邪惡」。何梅尼早先非常準確地說過：「伊朗實際上是在與美國打仗。」[24]

伊朗革命後，伊朗社會進入教士治國、自由歸零、女權倒退的封閉年代。女性不能直視男人，出門必須戴面紗，街頭有風化警察嚴密監控著裝打扮。自由民主的退化比它的進化更快。法拉奇來到這個氣氛森嚴的國家，試圖採訪何梅尼。她終於如願。在採訪中，她突然摘下面紗，殺人不眨眼的何梅尼無法招架這位身材瘦小的女記者，嚇得離座躲避。

美國為這場革命付出慘痛代價，就像是下錯賭注的賭徒，輸光手中的牌。國際油價飆升三倍，全美各地有大量加油站因缺少供應而關門。卡特的支持率跌破百分之二十八，比水門事件中的尼克森還要低。此後，卡特處理伊朗人質事件遭遇災難性失敗，是其在連任選舉中慘敗的原因之一。

伊朗革命還有一個後遺症：何梅尼掌權之後，立刻關閉美國在伊朗設置的情報設施，該設施是用來監視蘇聯在中亞進行的飛彈發射試驗。美國在情報搜集上出現「大破口」。為填補該漏洞，美國作出「超乎尋常敏感」的舉動來尋求新盟友——與中國領導人開展在中國西部建立替代設施的高級別討論。

一九八〇十二月二十七日至一九八一年一月七日，中情局局長特納（Stansfield Turner）與負責蘇聯事務的蓋茨（後出任中情局局長、國防部長）祕密出訪北京。這趟行程多年後才被披露，具體細節極其簡略。蓋茨在回憶錄中寫道：「這次訪問在極為祕密的情況下進行。訪問期間，特納的鬍鬚甚至都長了出來。」他透露，鄧小平在訪美時主動向美方提出該建議，鄧將合作視為重大戰略決策；這也是美方的重大戰略決策，「一九四九年以來，我們這些情報人員就一直處於『交戰』狀態，現在竟然坐在了一起。有時，我們不得不擰自己一把，確保不是在作夢」。[25]

此後，中情局在新疆奇台和庫爾勒修建監視點，解放軍總參謀部的技術部門與美國顧問密切合作——中國得到的好處是可分享關於蘇聯軍事實力的情報以及美國的先進技術。

美國和中國在軍事和情報上的緊密合作，成了伊朗革命的衍生品。[26]這種合作的嚴重後果是，美國對中國在新疆的種族滅絕政策長期保持沉默，更錯誤地將鄧小平的中國視為比巴勒維國王的伊朗更忠誠的盟友。

當然，伊朗革命不是伊斯蘭世界最後一次在無意中幫助中國擺脫作為美國首要敵人的角色——九一一事件，使美國將戰略重心轉向中東，為中國意外地贏得二十年厲兵秣馬的戰略空窗期。

自從一九七九年之後，神權統治的伊朗就成為美國外交政策中的「骨刺」。卡特因拯救被伊朗扣押的人質失敗而在大選中一敗塗地；雷根政府祕密通過伊朗輸送武器給阿富汗的反蘇武裝力量，釀成其任內最大的醜聞「伊朗門」（Iran Gate）事件。

冷戰之後處理伊朗問題最失敗的總統是歐巴馬。以色列總理納坦雅胡（Benjamin Netanyahu）在美國國會發表演講時，對歐巴馬與伊朗簽訂的協議提出猛烈批判：「我們都知道有個壞的協定還不如沒有協定。眼下這就是個壞協定，非常非常壞的協定，不如不簽。」他指出，歐巴馬政府即將與伊朗就核問題達成的框架協定無法阻止伊朗發展核武器，反而會保證伊朗擁有很多很多核武器。美國在協定中有兩項重大妥協：允許伊朗保留大量核設施；至少十年內伊朗可以自由生產核材料，這兩點都不是在為伊朗擁有核武器堵路，而是鋪路。美國國際關係專家羅特科普夫認為，歐巴馬與伊朗簽訂有名無實的協定，其結果是「對伊朗放鬆制裁，伊朗獲得了影響力、經濟利益，恢復了元氣，卻沒有改變其危險、挑釁的行為……美伊關係的變化已經給美國和中東國家的關係增添了變數，整個中東地區正在經歷前所未有的動盪」。[27]

被歐巴馬政府輸血的伊朗，開始在中東地區四處出擊、輸出恐怖主義：支持黎巴嫩真主黨和巴勒斯坦的哈瑪斯兩個恐怖主義組織攻擊以色列，支持敘利亞的阿薩德鎮壓反抗軍，支持伊拉克的什葉派武裝力量挑戰民選政府。伊朗進而與俄羅斯與中國結盟，成為反美三駕馬車之一。

直到二〇二四年底，以色列擊潰加薩的哈馬斯政權及黎巴嫩真主黨，敘利亞反抗軍推翻阿薩德政權，伊朗的擴張態勢才得到遏制。而川普政府將對伊朗施加空前的制裁。伊朗這顆毒瘤的潰決，應當為時不遠。

「阿拉伯之春」演變為「阿拉伯之冬」，誰之過？

在小鎮中央新翻的墓地以及濕潤的土壤，看來彷彿地下埋了數百名死者。有位女子每天都會到墓園外頭，查看入口那張死者清單，她在尋找失蹤的幾個兒子。她說：「我們搜索每間房子跟廢棄的房屋殘骸，希望能找到我兒子。」[28]

這個距大馬士革南方七公里處的小鎮名叫德拉雅（Daraya），過去以手工木製家具聞名。在關於使徒保羅的傳說中，保羅就是在這個去大馬士革路上的小鎮看見耶穌向其顯靈。然而，二〇一二年八月，德拉雅地區沒有神跡降臨，三百位居民遭到屠殺，包括老弱婦孺。[29]此時，敘利亞內戰爆發已一年半；此後，內戰結束遙遙無期。

德拉雅大屠殺如同二戰期間納粹在捷克利迪澤村（Lidice）的大屠殺。[30]德拉雅大屠殺表明，敘利亞的阿薩德（Bashar al-Assad）世俗主義獨裁政權及其對立面的伊斯蘭國，本質上跟納粹相似。

極端殘酷的敘利亞內戰只是「阿拉伯之春」結出的苦果之一。二〇一〇年十二月十七日，一位突尼斯年輕的街頭小販布瓦吉吉（Mohamed Bouazizi）不堪警察欺壓而以自焚抗議，這一悲劇事件在社交媒體上迅速傳開，引發民眾怒火，示威抗議和衝突蔓延全國。執政二十三年的獨裁者本．阿里（Ben Ali）逃亡，成為第一個在街頭運動壓力下失去權力的阿拉伯世界獨裁者。

此後數週內，示威抗議蔓延至埃及、利比亞、葉門……次年一月二十五日，阿拉伯世界最大城市開羅爆發街頭示威，抗議風潮被冠以「阿拉伯之春」之名。二月十一日，總統穆巴拉克（Hosni Mubarak）下臺，結束了長達三十年的統治。專攻現代埃及政治經濟的美國學者辛格曼（Diane Singerman）評論道：「就像許多統治者把自己孤立起來集權一樣，他誤讀了埃及人和他們對集體生活的承諾。」當時，電視中反覆播放充滿希望和欣喜氣氛的鏡頭，傳遞出強烈信息：一切皆有可能！中東政治宿命論就此被打破。

這場持續數月、空前規模的民主浪潮導致多國政權更迭，深刻改變了地區面貌。看似堅不可摧的獨裁政權如多米諾骨牌般崩潰，「那是腐爛了數十年的東西最後的崩解：阿拉伯世界諸多共和國自作自受，最終自我毀滅」。這些獨裁者無力處理逐漸加劇的經濟危機、失業問題、物價上漲、環境汙染，還有他們深陷其中的貪汙腐敗。[31]

在這場風暴中，本・阿里、穆巴拉克、格達費（Muammar Gaddafi）、薩利赫（Ali Abdullah Saleh）及巴希爾（Omar al-Bashir）等五個獨裁者被推翻，他們的統治時間累計長達一百四十六年。[32]

家庭背景有埃及和敘利亞淵源的黎巴嫩作家穆尼耶認為，革命以來，阿拉伯地區的「現實敘事」發生了某些改變：「我不知道還有什麼比民眾以同一個聲音呼喊、要求獲得有尊嚴的生活更加崇高和令人感動。」革命證明「人們有可能反抗最惡劣的專制、有足夠的勇氣面對整個軍隊」。

然而，備受期待的「春天」並未到來。「阿拉伯之春」一詞在該地區已很少被使用，人們很快對這場運動有了反義詞，美國學者費德曼（Noah Feldman）以此為主題的著作名為《阿拉伯之冬》（*The Arab Winter*），加拿大學者伊格納蒂夫（Michael Ignatieff）以「悲慘的失敗」來形容這段歷史，美國記者沃斯（Robert F. Worth）將此一還在演進的事件形容為「烈火焚春」。多個國家的現狀比運動初發時更糟。處境最好的國家如突尼斯，正在脆弱改革中艱難前行；境況差的國家如埃及，重新恢復威權體制；更糟的如敘利亞，恐怖主義組織、聖戰分子趁亂興起，國家和政府架構分崩離析，跌回原始部落狀態。

在埃及，二〇一二年當選的首位民選總統、代表伊斯蘭勢力「穆斯林兄弟會」的穆爾西（Mohamed Morsi），明目張膽攫取獨裁權力，不顧反對派的抗議舉行全民公決，強行通過新憲法，企圖將埃及變成第二個伊朗——諷刺的是，他是在美國受教育的博士，曾任教於美國名校，是革命之後返回埃及的「海歸」。他的所作所為引發數十萬人示威抗議和全國騷亂，反對派包圍並洗劫總統府，放火燒毀穆斯林兄弟會總部。自由派反對派領袖、諾貝爾和平獎得主巴拉迪（Mohamed ElBaradei）嚴詞譴責說：「跟獨裁者沒有對話的空間，他實行了最暴虐、最可惡的措施，然後卻說讓我們撇開分歧。」隨後，軍方發動政變，軍人出身的國防部長塞西（Abdel Fattah el-Sisi）掌權，重建了堪比穆巴拉克的專制政權。埃及作家蘇埃夫（Ahdaf Soueif）感歎說，解放廣場上那些激動人心的日子已成海市蜃樓：「民眾前所未有的貧窮，埃及成了年輕人極力想要離開的土地。」

在利比亞掌權長達四十二年的格達費也未能熬過這場風暴。自二〇一一年二月十五日爆發反政府示威之後，利比亞局勢迅速失控。格達費警告示威者停止抗議，否則將「燒毀整個利比亞」。當鎮壓失效後，他表示自己並非總統或國王，只是「革命領導人」，所以「沒有辦法下臺」。很快，各反對派占山為王，國際刑事法院以涉嫌反人類罪對格達費發出逮捕令。十月二十日，格達費在蘇爾特（Sirte）城西某道路下水管中被反對派軍隊擒獲，隨即被憤怒民眾當場虐殺。格達費死有餘辜，但他的死並未給利比亞帶來和平，內戰繼續延燒。美國駐利比亞大使史蒂文斯（John Christopher Stevens）在一場恐怖襲擊中遇難——時任國務卿的希拉蕊對其喪生負有不可推卸的責任。

敘利亞的經歷最為痛苦，民主抗議變成無情的武裝衝突。敘利亞持續地戰亂，數十萬人喪生。反阿薩德事件「德拉塗鴉」（Daraa graffiti）參與者之一對法新社說：「我為當時的作為感到自豪，但我從未想到我們會變成這樣，政權會如此地摧殘我們。」內戰導致四百萬人成為逃離敘利亞的難民，國內則有七百萬人流離失所。歐盟稱此為第二次世界大戰之後最嚴重的難民危機。

歐巴馬曾斬釘截鐵地宣稱，如果阿薩德對自己的人民動用化學武器，這將是美國的「紅線」。然而，阿薩德深知歐巴馬只是說說而已，遂於二〇一三年八月二十一日，用化學武器殺害了上千名平民，其中三分之一是兒童。歐巴馬的國務卿凱瑞（John Forbes Kerry）指出，「美國必須言出必行，這關乎美國的信譽」。但歐巴馬一會兒說要得到英國的支持（英國國會否決了出兵的議案），一會兒說要得到國會的授權（卻害怕被國會否決而受到羞辱），最後就無所作為、自食其言了。就連其最親密的幕僚都承認，這是「歐巴馬外交政策記錄中的最低點」。羅特科普夫指出：「對『紅線』的笨拙處理引發歐巴馬親密盟友和支持者雪崩式的質疑，他們不僅質疑歐巴馬的領導力，還質疑美國未來在世界的角色。」[33]

二〇二四年十二月八日，敘利亞反對派攻占首都大馬士革並宣布推翻阿薩德的復興黨政權，阿薩德本人此前已乘機離開敘利亞，流亡莫斯科。然而，自我任命為敘利亞新總統的反抗軍領袖夏拉（Ahmed Al-Sharaa）此前曾是蓋達恐怖組織成員，在伊拉克戰爭中被美軍逮捕並關押了五年，此後被美國當做恐怖分子通緝。十二月二十日，在夏拉與美國駐大馬士革外交官會晤後，美國決定撤銷此前為逮捕夏拉所設的一千萬美元懸賞。但夏拉真能帶領敘利亞走向和平和民主嗎？前景不容樂觀。

當二〇一四年伊斯蘭恐怖分子巴格達迪（Abu Bakr al-Baghdadi）宣布成立一個規模堪比英國的「伊斯蘭國」（ISIS）並自任哈里發時，這個「國家」控制了伊拉克和敘利亞的大片地區。這個可怕的聖戰組織在網路上傳播極端暴力，招募聖戰士，在世界各地發起恐怖攻擊。截至次年十一月，「伊斯蘭國」共處決了三千五百九十一人，包括一千九百四十五名女性與兒童。

在中東的劇烈動盪中，遜尼派和什葉派，伊斯蘭和世俗派，分離主義者與統一論者，獨裁和民主，各種勢力相互較量。美國傳統基金會中東事務專家菲利普斯（James Phillips）指出：「我希望中東不要從阿拉伯之春走向伊斯蘭之冬，但不幸的是，阿拉伯世界很多地方都出現了這種情況。」他認為，至少要一代人的時間，這些地區才能實現向民主的艱難過渡。

柏林科學與政治基金會的中東問題專家亞瑟布格（Muriel Asseburg）博士在《阿拉伯之春的苦果》一書中指出，阿拉伯國家各不相同，卻具有導致革命失敗的共同點——即存在一個不願人民積極參與政治的宗教勢力，該勢力只關心如何與維護權力或重新掌權的團體結成聯盟，而不是推進民主轉型。

伊斯蘭的僵化與封閉，是「阿拉伯之春」淪為「阿拉伯之冬」的關鍵因素；歐巴馬在中東外交上的優柔寡斷，是導致美國的中東民主推廣計畫夭折的重要原因，用羅特科普夫的說法就是：「歐巴馬及其支持者忽略了一個核心事實：無所作為可以製造出與錯誤行徑一樣嚴重的災難。」[34]

一場新的冷戰，或日本學者山內昌之所說的「第二次冷戰」已經開打，它以敘利亞內戰關係國為中心，開始朝全球規模發展。美國和西方面對的敵人比冷戰更多元化：有企圖恢復天下帝國秩序的中國，有重歸威權主義模式的俄國，有核武器在手、三代傳承王朝北韓，有伊斯蘭基本教義主義宗教領袖掌權的伊朗，有號稱馬克思主義治國的委內瑞拉……這些國家正逐步建構勢力圈，挑釁以歐美為本位的國際政經及法律系統。[35]

目前對「阿拉伯之春」的失敗提出最全面深刻反思的，是曾任埃及臨時政府副總統的巴拉迪。他曾撰文指出，「麵包、自由和社會正義」是集會口號，但事實證明，將其轉化為更加民主的現實卻問題重重。沒有強大而充滿活力的公民社會——包括工會、政黨、團體和獨立媒體——在阿拉伯獨裁統治者迅速垮臺之後繪製過渡路線圖，根本就不可能。那裡不存在實現真正社會凝聚力的制度。多數情況下，這場鬥爭演變為根深蒂固的「深層政府」、軍隊和唯一有組織的宗教團體之間惡毒的權力鬥爭。抗議群眾難免遭受邊緣化或迫害的命運。

巴拉迪指出，「阿拉伯之春」革命留下四大教訓。首先，獨立而活躍的公民社會是關鍵所在。沒有合適的平臺來組織和宣傳變革，改革的呼聲很容易遭到遏制。

其次，社會凝聚力抵禦外界干預的必要性怎麼強調都不過分。意識形態和解、實現宗教和國家關係規範化以及妥協意願，都是民主國家正常運轉所不可或缺的基石。

第三，向民主轉型必須遵循漸進軌跡。就像沒人能從幼稚園直接跳到大學，民主化進程必須經過仔細權衡，同時容納各方參與，並標記出明確的里程碑。人們可以用改善人權為共同目標。

最後一個教訓——在利比亞和敘利亞表現得尤為明顯：必須說服當權者，加入民主進程符合他們的自身利益。對任何政權而言，漸進式改革比突發劇變更可取，突發劇變可能導致權力真空中出現另一個獨裁者。[36]

奧斯曼土耳其帝國崩潰後，英法兩國都曾根據自身的模式，在中東創建若干新邦國。法國人建立的是議會式共和國，英國人建立的是本於憲政的君主政體。然而，這些模式在其後臺老闆撤離之後，幾乎全數崩解或被拋棄，中東地區紛紛尋求其他模式。[37]格達費式怪異的「綠色革命」是特例，伊朗極端化的伊斯蘭主義也是特例，更多的是土耳其的凱末爾（Mustafa Kemal Ataturk）、埃及的納瑟、伊拉克的海珊（Saddam Hussein）、敘利亞的阿薩德父子那樣半軍事化且帶有幾分社會主義色彩的威權模式，以及沙烏地阿拉伯、阿拉伯聯合大公國、卡達、約旦等絕對君主專制模式。

二戰後，美國對伊斯蘭世界的外交政策一敗塗地。美國千方百計幫助這些地區防止共產黨掌權，誤以為伊斯蘭主義是盟友，卻不知道伊斯蘭主義是另一種在地化的左派意識形態。跟伊斯蘭主義結盟反蘇，與跟中國結盟反蘇一樣，是前門驅虎、後門進狼。最後的結果是，共產極權主義與伊斯蘭極端主義結盟反美。

九一一恐怖襲擊發生後，伊斯蘭世界為之歡呼雀躍。一份對美國穆斯林公民所做的網路調查顯示，他們之中兩成以上同意「對美國人行使暴力攻擊是一種全球聖戰的合理手段」——他們忘記了自己是美國公民，他們的穆斯林身分認同遠高於美國公民身分認同（哈瑪斯恐怖分子發動對以色列的恐怖襲擊之後，這部分人的表現極其惡劣，公然支持被美國政府定位為恐怖主義組織的哈瑪斯）。由此可看出，伊斯蘭世界對美國懷有刻骨仇恨，這種仇恨並不僅因為美國在阿拉伯國家與以色列的戰爭中站在後者一邊。這種仇恨背後，是杭亭頓所說的文明的衝突，文明的衝突背後是宗教信仰的衝突。日本學者山內昌之對此提出持平的評論：「伊斯蘭世界向來以維持傳統而自豪，如今卻失去了道德價值判斷的正常機能，對於歷史的傳承也同樣問題百出。伊斯蘭世界的信徒與公民應當深刻地內省，而不是一味寄望由歐美來承擔恐怖主義的遠因或解決之責。」[38]

歸根到底，還是托克維爾的主題：制度不是萬能的，制度背後的民情秩序和宗教信仰才是最終的決定性因素。

美國最重要的外交政策遺產之一，就是幾十年來和以色列維繫著牢固的關係

二十世紀美國與伊斯蘭世界的衝突，第一顆仇恨的種子是美國全力支持猶太人在中東建立以色列國。

英國撤離此一區域後，基本放手不管，美國勉為其難地接手殘局。對美方來說，以色列是自歐洲的猶太大屠殺倖存下來的猶太人的庇護之所，亦是《聖經》裡猶太人回到祖先家園的應許。而被英國人視為大麻煩的猶太復國主義運動，則是美國在該區域內培植的潛在盟友。

美國沒有料到阿拉伯世界對此會產生巨大反彈。以色列的建國催生了阿拉伯民族主義——阿拉伯諸國以此作為對抗以色列及其背後的西方世界的武器。與此同時，巴勒斯坦恐怖主義被弱者視為救命稻草，其攻擊的矛頭最初指向以色列，隨後波及美國和西方。

一九六七年的六日戰爭，是一場由巴勒斯坦解放組織（Palestine Liberation Organization，簡稱法塔赫〔Fatah〕）策畫的戰爭，只是戰局的發展遠非法塔赫所能控制。埃及、敘利亞、約旦、伊拉克和巴勒斯坦聯軍一開始以為穩操勝券，卻不料以色列以迅雷不及掩耳之勢反敗為勝。此戰對阿拉伯國家造成重大打擊，更直接影響作為阿拉伯聯盟領袖的埃及總統納瑟的心理及健康情況——戰敗後，納瑟試圖辭職，被民眾慰留，但其強人角色被摧毀。其

繼任者沙達特（Anwar Sadat）披露：「納瑟最寶貴的資產——自尊，已受到前所未有的傷害。……六月五日的事件，給他一個致命的打擊。瞭解他的人體會到：他並非在一九七〇年九月二十八日死去，而是在一九六七年六月五日，在戰爭爆發後一個小時，他就已經死去了。」[39]

隨著納瑟死去的，還有世俗主義、民族主義且摻雜些許社會主義的阿拉伯民族復興之路。納瑟生前代表了並不存在的、統一的「阿拉伯人」，當以色列擊潰納瑟，也就毀壞了那種西化、現代化、世俗化和民族主義的傾向。作為現代主義和伊斯蘭社會主義奇怪結合體的「納瑟主義」（泛阿拉伯主義）失敗了。它所留下的權力真空，將湧進更危險、更原始、更激進的勢力。

一方面，敘利亞和伊拉克出現了名為「阿拉伯社會主義復興黨」（Ba'ath Party）的政治力量，阿薩德和海珊兩個政治強人以某種蘇聯的一黨獨裁模式重建權威。

另一方面，政治性伊斯蘭基本教義主義開始興起。阿拉伯國家在一九七三年的戰爭中再次慘敗，一種希望渺茫、喪權辱國之慨，讓無數年輕人對世俗民族主義威權政府不滿，轉而去上伊斯蘭學校，投身清真寺。伊斯蘭神職人員將阿拉伯政權的失敗歸咎於它們離開了神，而美國和西方從學習的榜樣變成了腐敗墮落的撒旦國度。埃及出現了穆斯林兄弟會，其內部不斷裂變出新的分支，每一個分支都更暴力、更激進——伊斯蘭聖戰組織是其中一個分支，其創立者札瓦赫里（Ayman al-Zawahiri）是賓拉登（Osama Bin Laden）的導師。[40]中東各世俗政府鎮壓各種伊斯蘭主義組織，卻讓他們贏得人心。

美國忽視了這股幽暗的潮流，直到九一一恐怖襲擊發生，美國才如夢初醒。

在反恐戰爭的時代，美國與以色列的盟友關係鞏固了，與伊斯蘭世界的衝突則愈演愈烈。柯林頓、小布希、歐巴馬都束手無策。

其實，以色列的存在並不必然成為引爆美國與穆斯林世界衝突的火藥桶，伊斯蘭世界的大部分國家反對神權統治的模式，願意與西方、美國甚至以色列保持正常關係。美國有可能分化本來就四分五裂的伊斯蘭世界，推動以色列與一部分阿拉伯國家和好，並騰出手來對付伊朗及其支持的哈瑪斯、真主黨和蓋達組織。

川普政府促成了美國、以色列與阿拉伯聯合大公國、巴林簽署了《亞伯拉罕協議》（Abraham Accords），邁出了以色列與阿拉伯國家關係正常化的第一步。這是歷史性的突破。

另外，川普對以色列的支持也邁出了一大步：在二〇一七年十二月六日，打破數十年來美國外交界自欺欺人的禁忌，承認耶路撒冷為以色列首都。次年五月十四日，以色列建國七十週年紀念日，美國駐以色列大使館從特拉維夫遷移到了耶路撒冷。

在法律上，美國駐以色列大使館應當在耶路撒冷，但事實上並非如此。此前多屆美國政府不敢直面這隻「房間裡的大象」。這一次，若干自以為是的外交政策專家評估，川普的這一決定將引發巴勒斯坦乃至整個穆斯林世界的抗議和反擊，加劇此一地區的動蕩不安。然而，美國大使館遷到耶路撒冷之後，巴勒斯坦和其他伊斯蘭國家只是做出象徵性的抗議活動，始終保持「這裡的黎明靜悄悄」。他們清楚地知道，如果輕率對美國或以色列發動恐怖襲擊，川普必定會像剿滅伊斯蘭國那樣以強硬手段對付他們。恐怖分子沒有那麼傻，恐怖分子也欺軟怕硬。

當拜登竊位後，卻疏遠以色列，使得伊斯蘭恐怖分子蠢蠢欲動。二〇二三年十月初，拜登的國家安全顧問蘇利文（Jake Sullivan）在《外交事務》（*Foreign Affairs*）雜誌發表一篇文章，吹噓其對烏克蘭的支持是「可持續的」，同時也指出，儘管中東面臨挑戰，「幾十年來比以往任何時候都更安靜」。這篇文章剛發表幾天後，哈瑪斯就在十月七日發動了對以色列的大規模襲擊。尷尬至極的蘇利文下令「修訂」這篇文章的在線版本，刪除已淪為笑柄的「更安靜」這句話。

哈以戰爭與俄烏戰爭具有相似的國際背景。哈瑪斯與普丁一樣，看到美國民主黨當局採取綏靖主義外交路線，這才敢孤注一擲地對以色列發起恐怖攻擊。

民主黨極左派一直不諱言其反以色列和反猶立場（頗具諷刺意味的是，長期以來，大部分美國猶太人都是左派，都支持背棄以色列的民主黨）。

二〇一五年，共和黨控制的國會邀請以色列總理納坦雅胡來發表演講，歐巴馬避而不見。納坦雅胡對歐巴馬所有的中東政策做了全面否定，他告誡美國人，為奪取地區霸權，伊斯蘭國正發動一場「致命的權力遊戲」，但萬不能因此把伊朗看做打擊伊斯蘭國的盟友，因為「敵人的敵人還是敵人」。連左媒ＣＮＮ都承認，納坦雅胡的演講「富有戰鬥性，時而充滿詩意」。後來，事態的演變證明其觀點是正確的。

當時，歐巴馬在白宮反駁納坦雅胡的批評，聲稱「我和納坦雅胡總理之間並不是私人恩怨，而是不同世界觀的衝突和意識形態的深度分歧」。這是歐巴馬罕有的一句真話——他的世界觀與美國的立國價值（以及猶太教—基督教傳統）是對立的，而與伊斯蘭恐怖分子是一致的。

哈瑪斯恐怖襲擊發生後，拜登一開始對以色列表示同情和支持，但很快又回到民主黨左翼反猶主義的老路，對以色列捍衛其民族生存的反擊橫加指責，甚至威脅停止對以色列的軍事援助。

西方左派口口聲聲說，他們同情在戰爭中死難的巴勒斯坦平民，卻刻意忽視此一事實：哈瑪斯是加薩平民選出來的、「合法」的執政者，正如納粹和希特勒是德國選民選出來的「合法」執政者。哈瑪斯在巴勒斯坦有極高的民意支持度，也利用平民居所、醫院甚至聯合國設施隱蔽其作戰人員和軍事物資。以色列對哈瑪斯、真主黨的作戰，不能用常規戰爭的原則來判斷。

拜登政府默許和縱容美國國內同情哈瑪斯者的非法、暴力行動。支持哈瑪斯的學運在若干名校蔓延，反猶主義口號甚囂塵上。在美國的頂尖大學，挺巴立場往往被視為政治正確，導致美國大學和美國民意愈發脫節。有人諷刺美國排名前三的名校哈佛大學（Harvard）、麻省理工學院（MIT）和史丹福大學（Stanford）不妨改名為「哈瑪斯大學」

（HMS）。哈佛、賓大和麻省理工學院的校長被國會請去聽證會質詢，被問起校園中反猶太的歧視性行徑時，校長們閃爍其詞，賓大和哈佛校長陸續下臺。

以色列常駐聯合國代表埃爾丹（Gilad Erdan）將美國大學校園的反戰抗議歸咎於「聯合國對以色列的仇恨」、「聯合國不在乎以色列的鮮血，它是我們這個時代納粹的同謀，致力於確保哈瑪斯的生存，甚至獎勵他們謀殺和強姦。我無話可說。」他進而譴責說：「校園裡親巴勒斯坦暴徒的口號是呼籲摧毀以色列。我們一直知道哈瑪斯躲在學校裡。我們只是沒有意識到，這不僅僅是加薩的學校，還有哈佛、哥倫比亞這樣的許多菁英大學。」

拜登聲稱，二〇二一年一月六日美國民眾進入國會抗議選舉舞弊是「暴動」，是「攻擊民主」。然而，若是左派（比如親哈瑪斯的示威者）占據國會圓頂廳，他卻假裝沒有看到。即便親哈瑪斯的極左派人士阻塞了他本人車隊的路線，使他到國會發表國情咨文延遲二十六分鐘，他也展現出「海納百川」的胸襟。

當美國極左派毫不掩飾其反猶立場時，很多長期左傾的美國猶太人大夢初醒。此前，左派罵川普是希特勒；如今，左派暴露出他們與希特勒的共性——反猶。錫耶納學院（Siena College）的一項民意調查曾顯示，紐約州百分之五十三的猶太選民計畫在二〇二四年的大選中投票給川普。據民主黨政治顧問謝恩科普夫（Hank Sheinkopf）說，拜登猛烈抨擊以色列對哈瑪斯的戰爭，而民主黨因容忍其黨內同情恐怖分子的極左議員而受到抨擊。謝恩科普夫打趣道：「猶太人的第十一條誡命是：『你應該投票給民主黨。』現在有了第十二條誡命：『也許你應該成為共和黨人，親愛的。』」

川普的很多政策是未雨綢繆，而拜登的很多政策是亡羊補牢。哈以戰爭爆發後，有伊朗撐腰的葉門什葉派激進團體「青年運動」（Houthis）在紅海上對商船、美國及聯軍海軍艦艇發動了數十次飛彈和無人機攻擊行動，造成多名人員傷亡。早前，川普政府已將該組織列入「特別指定全球恐怖分子」（Specially Designated Global Terrorist，SDGT）及「外國恐怖組織」（Foreign Terrorist Organization，FTO）名單。拜登上臺後，聲稱「出於人道主義救助葉門民眾的考量」，將該組織從以上兩個名單中刪去。直到「青年運動」頻頻發起恐怖攻擊，拜登政府才於二〇二四年一月十七日宣布，將其列入 SDGT 名單，將對其「施以嚴厲的制裁，切斷其資金與武器來源」，卻並未將其列入危險度更高的 FTO 名單，希望以此留下與之談判的空間。但「青年運動」聲稱，他們不會取消攻擊。其發言人阿布杜沙蘭（Mohammed Abdulsalam）告訴半島電視臺，「我們不會放棄瞄準以色列船隻或駛向被占領巴勒斯坦港口的船隻……以支持巴勒斯坦人民」；其軍事發言人薩里（Yahya Saree）更表示，該組織以「一些適當的飛彈」瞄準亞丁灣一艘名為「Genco Picardy」的美國船隻。

屢屢碰壁之後，拜登轉而選擇的若干對外政策，都是此前他攻擊和否定的川普政策。如果拜登當初不改旗易幟，而是蕭規曹隨，「青年運動」又豈能悠然坐大？哈瑪斯怎敢投石問路？真主黨及其背後的黑手伊朗又豈會無法無天？面對窮凶極惡的恐怖分子，軟弱是投降和失敗的先聲。

美國對以色列的支持不能動搖。美國與以色列分享同樣的宗教傳統——一脈相承的猶太教和基督教文明；美國與以色列分享同樣的政治和經濟制度——以多黨制和普選為代表的現代民主和自由市場經濟。

二〇二五年二月四日下午，川普總統在白宮與以色列總理納坦雅胡會談，這是川普上任後首度與外國領袖的正式會面。川普視以色列為超級盟友，視納坦雅胡為最親密的朋友。納坦雅胡提及近日達成的加薩停火協議，以及川普決定向以色列運送拜登扣留的兩千磅炸彈，大讚川普是「以色列在白宮有史以來最好的朋友」。川普則提議，美國或許將「接管」並「擁有」加薩：「美國將接管加薩走廊，清除斷垣殘壁，重新整頓當地，創造經濟發展，為該地區的人民提供無限的就業機會和住房。」川普不僅將加薩描述為「煉獄」，更重申「數百萬巴勒斯坦人應離開加薩前往鄰國」。

同日，川普簽署備忘錄，準備對伊朗施加「最大限度經濟壓力」，包括對違反現有制裁的行為實施制裁和執法機制，且目標「將伊朗石油出口降至零」。面對伊朗可能會暗殺川普的假設問題，川普更警告，若伊朗暗殺他，美國將徹底「消滅伊朗，什麼也不會留下。」

或許，川普的超常規戰略和對美國強大實力的展示，能為中東打造久違的和平時代。

注釋

1 奧莉婭娜·法拉奇：〈憤怒與自豪〉，見豆瓣網，https://www.douban.com/note/52328988/。

2 德瑞克·李波厄特：《五十年傷痕：美國的冷戰歷史觀與世界》，頁797。

3 理查·尼克森（Richard M. Nixon）：《新世界》，（臺北）時報出版，1992年，頁28。

4 奧莉婭娜·法拉奇：〈憤怒與自豪〉，見豆瓣網，https://www.douban.com/note/52328988/。

5 三井美奈：《伊斯蘭化的歐洲》，（臺北）光·現，2017年，頁205-206。

6 奧莉婭娜·法拉奇：〈憤怒與自豪〉，見豆瓣網，https://www.douban.com/note/52328988/。

7 塞繆爾·杭亭頓（Samuel Phillips Huntington）：《文明的衝突與世界秩序的重建》，（北京）新華出版社，2002年，頁230-231。

8 柏納·路易斯（Bernard Lewis）：《穆斯林雄視歐洲》，（臺北）立緒，2015年，頁334。

9 伯納德·路易斯（Bernard Lewis）：《中東：自基督教興起至二十世紀末》，（北京）中國友誼出版公司，2004年，頁283-284。

10 克里斯多福·德·貝萊格（Christopher de Bellaigue）：《伊斯蘭啟蒙運動》，（臺北）馬可孛羅，2020年，頁446。

11 文安立：《冷戰》，頁443。

12 塞繆爾·杭亭頓：《文明的衝突與世界秩序的重建》，頁239-241。

13 埃凡德·亞伯拉罕米安（Ervand Abrahamian）：《1953：伊朗關鍵之年，一場被掩蓋的政變》，（臺北）臺灣商務印書館，2022年，頁318。

14 威廉·波爾克：《伊朗》，頁277-278。

15 彼得・梵科潘（Peter Frankopan）：《絲綢之路》，（臺北）聯經，2020年，頁572。

16 彼得・梵科潘：《絲綢之路》，頁574。

17 理查德・克羅卡特：《五十年戰爭：世界政治中的美國與蘇聯（1941-1991）》，頁353-354。

18 奧莉婭娜・法拉奇（Oriana Fallaci）：《風雲人物採訪記》（下），（上海）譯林出版社，2014年，頁450-451。

19 奧莉婭娜・法拉奇：《風雲人物採訪記》（下），頁458-459。

20 威廉・波爾克（William R. Polk）：《伊朗》，（臺北）光・現，2017年，頁280-282。

21 伯納德・路易斯：《中東：自基督教興起至二十世紀末》，頁288-289。

22 埃凡德・亞伯拉罕米安：《1953：伊朗關鍵之年，一場被掩蓋的政變》，頁317-318。

23 塔米・安薩里：《中斷的天命：伊斯蘭觀點的世界史》，頁502-503。

24 理查德・克羅卡特：《五十年戰爭：世界政治中的美國與蘇聯（1941-1991）》，頁354。

25 羅伯特・蓋茨：《親歷者：五任美國總統贏得冷戰的內幕》，頁88-89。

26 彼得・梵科潘：《絲綢之路》，頁580-581。

27 戴維・羅特科普夫：《國家不安全：恐懼時代的美國領導地位》，頁309-310。

28 珍妮・德・喬凡妮（Janine Di Giovanni）：《那天清晨他們來敲門》，（臺北）時報，2017年，頁112。

29 珍妮・德・喬凡妮：《那天清晨他們來敲門》，頁104。

30 黨衛軍頭目海德里希（Reinhard Heydrich）遇刺後，蓋世太保為了洩憤，包圍了利迪澤這個世外桃源般的小村莊，將所有成年男性全部槍殺（一百九十九人），將所有女性和兒童送入集中營（一百九十五名女性和九十五名兒童大都在集中營中死去），整個村莊被焚毀，然後用推土機推平。

31 羅伯・沃斯（Robert F. Worth）：《烈焰焚春》，（臺北）八旗文化，2017年，頁28-29。

32 馬克・莫榮（Jean Marc Mojon）：〈激情十年後，阿拉伯之春還剩下什麼〉，法廣中文網，2020年12月14日，https://www.rfi.fr/tw/%E5%B0%88%E6%AC%84%E6%AA%A2%E7%B4%A2/%E7%89%B9%E5%88%A5%E7%AF%80%E7%9B%AE/20201214-%E6%BF%80%E6%83%85%E5%8D%81%E5%B9%B4%E5%BE%8C-%E9%98%BF%E6%8B%89%E4%BC%AF%E4%B9%8B%E6%98%A5%E9%82%84%E5%89%A9%E4%B8%8B%E4%BB%80%E9%BA%BC。
33 戴維・羅特科普夫：《國家不安全：恐懼時代的美國領導地位》，頁351-355。
34 戴維・羅特科普夫：《國家不安全：恐懼時代的美國領導地位》，頁343。
35 山內昌之：《伊斯蘭的悲劇》，（臺北）遠足文化，2018年，頁50。
36 穆罕默德・巴拉迪（Mohamed ElBaradei）：〈阿拉伯社會比過往更分裂，民主轉型有四個教訓〉，台灣《上報網》，https://www.upmedia.mg/forum_info.php?SerialNo=105171。
37 伯納德・路易斯：《中東：自基督教興起至二十世紀末》，頁384。
38 山內昌之：《伊斯蘭的悲劇》，頁83。
39 塔米・安薩里（Tamim Ansary）：《中斷的天命：伊斯蘭觀點的世界史》，（臺北）廣場，2017年，頁484-485。
40 塔米・安薩里：《中斷的天命：伊斯蘭觀點的世界史》，頁487-488。

第七章

阿富汗戰爭與伊拉克戰爭：「新保守主義」夢想的墳墓

西方領導人的主要責任，不是試圖按照西方的形象重塑其他文明，這是西方正在衰弱的力量所不能及的；而是保存、維護和復興西方文明獨一無二的特性。由於美國是最強大的西方國家，這個責任就不可推卸地落到了美利堅合眾國身上。

——塞繆爾．杭亭頓

二〇〇三年五月一日，美國總統小布希搭乘軍用直升機飛抵參與過阿富汗戰爭和伊拉克戰爭的林肯號航空母艦，途中他親自駕駛了一段時間。這是第一次一名美國總統乘坐飛機登上一艘航空母艦。隨後，他穿著飛行夾克在甲板上宣布：「我親愛的美國同胞們，在伊拉克的主要作戰行動已經結束……獨裁到民主的過渡需要時間，但是它值得我們盡最大努力。……我們離開時，會留下一個自由的伊拉克。」這個結論下得太早了。

後來，小布希在自傳中辯解說，當時他沒有看到工作人員掛在船橋上的巨大橫幅——那是為電視轉播準備的，上面寫著「任務完成」。他承認：「橫幅看起來像是表現我因為勝利而喜形於色，就像我曾經警告並反對的那樣。……我們在對外宣傳方面出了偏差，這是個巨大的錯誤。」[1] 這個橫幅所傳達的信息與隨後伊拉克不斷惡化的戰況形成諷刺性對照，為小布希招來潮水般的批評。

在小布希擔任總統期間，美國發動了阿富汗戰爭和伊拉克戰爭。這兩場戰爭造成近萬名美軍陣亡，給美國社會帶來越戰之後最大的撕裂和痛苦。小布希會見過其中五百五十個傷亡軍人家庭。二〇〇四年六月，他去華盛頓州參訪路易斯堡（Fort Lewis）軍事基地時，會見了一位兒子在伊拉克犧牲的母親。傷心欲絕的母親當面斥責：「你跟賓拉登一樣，是個大恐怖分子！」總統受到平民嚴厲指責，場面極其難堪。小布希在回憶錄中如此描述當時的感受：「我根本無言以對。她失去了兒子，是我把他兒子送上戰場，她有權利向我直抒胸臆。她的悲傷引發了極大的痛苦，我也極為難過。」

布里辛斯基（Zbigniew Brzezinski）曾任詹森的顧問和卡特的國家安全顧問，他是伊拉克戰爭的反對者。作為攻勢現實主義者（offensive realist），布里辛斯基給總統的很多建議都是錯的，如支持越戰擴大化、支持美中建交並認為中國的繁榮必然帶來民主化且與兩岸統一有微妙聯繫。不過，他對伊拉克戰爭的批評有一定的參考價值。他認為，伊拉克戰爭導致對美國全球地位的災難性傷害，美國的全球可信性破碎，美國的「軟權力」丟失，其道德地位備受質疑。戰爭使美國的全球領導能力不足為信。美國既不能把世界團結在其事業周圍，也不能使用武力取得決定性勝利。它的行為分化了盟友，團結了敵人，並為競爭對手和幸災樂禍者創造了機遇。絕大多數世界公眾輿論和絕大多數美國公眾對伊拉克戰爭是「反恐戰爭」的定義持否定看法，參與「反恐戰爭最前線」在很大程度上變成孤立的美國事業。因此，他將伊拉克戰爭形容為「作為新保守主義夢想墳墓的『最前線』」。[2]

在美國及全球範圍內，對阿富汗戰爭及伊拉克戰爭的爭論至今仍未結束，很多人在不同的時間階段，觀點發生一百八十度的大逆轉。[3]阿富汗戰爭和伊拉克戰爭與美國在九一一之後面臨的反恐態勢有關；也與小布希本人的基督信仰有關，與他「向全球推廣自由民主」的雄心壯志有關。

美軍在正面戰場勢如破竹，戰爭中沒有大兵團的對壘和激戰，敵人潰不成軍，幾個星期之內便決定勝負。然而，戰場上的勝利只是完成第一步，戰場外的社會重建工程棘手千百倍。對於戰後如何組建民選政府、如何彌合民族和部落之裂痕、如何清除恐怖主義滋生的溫床，美國政府準備不足。

曾在兩地帶領軍隊作戰的美軍名將、後來出任川普政府國家安全顧問的麥馬斯特（H. R. Mcmaster）承認，「美國軍方與文人領導人走錯方向，他們那些不實際的策略不可能達成長期的政治建設」，「對戰爭本質的忽視，使原本已經艱鉅的任務更加棘手，戰略自戀讓美國領導人以為取勝易如反掌，他們不了解戰爭是一種政治的延續，由於人力巨大的投入，未來事態的發展難以預知」。[4]

老布希是謹言慎行的東部菁英，小布希是橫衝直撞的西部牛仔

布希家族是亞當斯家族之後美國第二個出了「父子總統」的家族。布希父子執政加起來十二年，但彼此執政風格差異頗大，對冷戰之後美國的內政和外交政策產生重大影響。

終結雷根保守主義革命的不是民主黨人柯林頓，而是其副總統及繼任總統老布希。

雷根選擇老布希作為搭檔，是一系列妥協和偶然的結果。主管雷根競選活動的艾倫（Richard V. Allen）後來向其老友、覬覦副總統職位的倫斯斐（Donald Henry Rumsfeld）解釋說，他建議雷根選擇老布希「只是手邊碰巧有老布希的電話」——這個解釋是託詞。真正的原因是：雷根陣營認為選擇老布希可以抵抗福特—季辛吉入圍（福特在黨內競爭中敗北後，一度考慮充當雷根的副總統搭檔，但開出的條件是他要當違憲的「分權的副總統」，且由季辛吉主持外交政策，雷根斷然拒絕這個荒唐的提議）。

老布希是代表東岸菁英的共和黨建制派，彬彬有禮，經驗豐富，被形容為「美國政壇最後一名紳士」。但他缺乏雷根的直覺、熱情、信念和完整的觀念秩序。美國共和黨建制派與柴契爾之後的英國保守黨建制派一樣，放棄價值堅守，在重要議題和政策上向左派妥協，淪為「政治泥潭」的一部分。

老布希是雷根的副手，卻不是雷根主義者。一般來講，如果一位在任的副總統升為總統，強調的重點就是和諧與延續性，但布希政府一開始更像是接管對立面。不少雷根的追隨者被解除職務。老布希摒棄雷根以減稅為特徵的經濟政策，稱其為「巫術經濟學」。他不願意被稱為雷根那樣的鷹派，更願意被看成鴿派；也不願意被稱為雷根那樣強硬的保守派，更願意被視為溫和派。他試圖恢復老共和黨時期寬厚的貴族價值觀，執行「更友善，更溫和」的政策，卻不知道社會背景早已今非昔比。[5]

突然之間，被雷根排除出權力核心的季辛吉及其現實主義哲學又流行起來。老布希選擇長期擔任季辛吉副手的史考克羅夫特（Brent Scowcroft）出任國家安全顧問。宣誓就職十一天後，老布希召開戰略研討會，季辛吉作為唯一的局外人受邀參加。季辛吉敦促政府設立一個與戈巴契夫聯絡的非正式渠道，並毛遂自薦出任中間人。布希的班子不願意給季辛吉如此重要的角色。但後來，在布希政府中，季辛吉始終保持某種「不在場的在場」。

老布希不是雷根式的保守主義者，這也是英國首相柴契爾夫人對他的評價。柴契爾夫人在跟老布希打交道時，找不到跟雷根相處的默契，美國駐英大使卡托（Henry E. Catto Jr.）回憶說，「這兩個人的關係從來就沒有融洽過」，「布希自信的貴族風範，讓他對柴契爾夫人直率的表達方式異常憤怒」——有貴族淵源、女性的英國領導人像直來直去的美國牛仔，而平民出身、男性的美國領導人反倒像矯揉造作的英國貴族。柴契爾夫人在回憶錄中寫道：「當年我和雷根在別人嗤之以鼻時堅持奮鬥，但布希卻從來不需要這麼做。面對同樣的問題，他要花很多時間來尋找答案，而我可以從我的基本信仰中很快找出答案。」[6]

蘇聯解體之後，美國突然失去存在半個多世紀的敵人，針對冷戰局勢而制定的國家安全戰略在一夜之間過時。然而，蘇聯的解體並不意味著美國的勝利，即便是福山在其「歷史終結」的歡呼之後也有下半句「最後之人」——意思是：沒有了敵人，西方的大眾將陷入消費主義和享樂主義的倦怠之中，淪為尼采所說的「末人」。日本哲學家梅原猛指出：

「馬克思主義的徹底失敗……蘇聯的急劇解體，僅僅是西方自由主義這一現代主流思潮失敗的先兆。自由主義遠不是取代馬克思主義和在歷史終結之時占據統治地位的一種意識形態。」確實，去基督教的世俗自由主義難以成為一種終極性信仰，難以承受「歷史終結」之重。

在國防戰略層面，努力使美國避免因敵人消失而彷徨失措之窘況的，是當時負責防務政策的國防部副部長沃爾福威茨（Paul Dundes Wolfowitz）。他在一次公開演講中檢討過去一個世紀美國的外交政策說：「我們過去從來沒有做對過。」一戰後，美國及西方民主國家將軍隊調回國內並大幅削減軍費，導致希特勒崛起。二戰後，美國重複這個錯誤，「僅在短短五年內，我們便從世界上最強大的、沒有對手能挑戰的軍隊，變成了朝鮮半島上勉強應付一個四流國家進攻的軍隊」。他強調，保存美國軍力非常重要，美國作為唯一的超級大國，世界秩序最終要由美國來支撐，美國將控制世界，必須採取積極措施以防止任何一位或若干位對手出現。他主持起草的《一九九二年國防計畫指南》成為兩黨政府都接受的國防戰略。[7]

然而，結束冷戰的光輝沒能縈繞在老布希頭上太久。一九九二年，老布希在尋求連任的競選中，意外地敗給初出茅廬的柯林頓。失敗的原因，固然如柯林頓的那句名言——「笨蛋，是經濟！」，更是因為老布希未能像雷根那樣激起保守派的支持與熱情。

八年之後，布希王朝捲土重來，保守派聚集在小布希周圍，比起東岸菁英老布希，他們更信任德州牛仔小布希。

小布希生長在德克薩斯，德州的風沙磨洗掉布希家族的菁英特質，讓他具有更接近傳統保守派的平民氣質和牛仔性格——儘管他也畢業於東岸常春藤名校。每當被問到他與深愛和尊敬的父親有什麼區別時，他總是回答：「米德蘭（Midland）。」米德蘭是德州西部一座因石油發展起來的小城，是小布希和夫人勞拉（Laura Bush）的故鄉，當地人以生活樸素、宗教虔誠而著稱。小布希說的既是他生長的地理環境，更是他的宗教信仰。

在基督信仰上，小布希比父親更真實和虔誠，作為總統，他更願意與黨內宗教積極分子交流，更關注全球範圍內的宗教信仰自由議題，將宗教信仰自由作為美國人權外交議程的首要選項。他喜歡公開講述「重生」和耶穌如何改變他的生命。他曾被問及在九一一之後做若干重要決策時是否向父親徵求意見，他回答說：「你知道，在實力較量問題上向他請教是不行的。我向一位更高尚的 Father 請教。」他特別強調此處的「Father」為大寫，意思不是「父親」，而是「上帝」。小布希上任後在若干與基督信仰直接相關的社會道德倫理議題更為堅持立場。

然而，小布希本人缺乏雷根那種整全性的清教觀念秩序以及由此孕育而出的政治直覺。這一點從一些小細節可看出：小布希最喜歡的書是歷史學家麥卡洛（David McCullough）撰寫的杜魯門傳記，「我佩服杜魯門堅強、有原則、有戰略的眼光」，他似乎不在意杜魯門是民主黨人，是「羅斯福新政」的支持者，對失去中國負有相當責任。

耐人尋味的是，深受小布希信任的萊斯（Condoleezza Rice）由國家安全顧問轉任國務卿之後，送給小布希一本艾奇遜傳記——艾奇遜是杜魯門的國務卿，其身邊的外交官和策士大都是希斯（Alger Hiss，曾任羅斯福總統特別顧問）那樣的左派和蘇聯間諜，其外交政策存在嚴重缺陷，其反共意志遠遜於艾森豪的國務卿杜勒斯。

小布希不向雷根而向杜魯門、不向杜勒斯而向艾奇遜尋求智慧，當然得不到真智慧。他與萊斯為討好中國，訓斥堅持臺灣主權的臺灣民選總統陳水扁，哪裡有半點基督徒「是，就說是；非，就說非」的勇氣。

小布希對非法移民開門，使他失去保守派選民信任，失去民意基礎。大部分美國人認為：美國是一個移民國家，美國歡迎合法移民，但必須阻止潮水般湧入的非法移民。小布希卻認為，解決這一問題的唯一辦法是對非法移民顯示憐憫之心，讓他們走向「通往公民身分的道路」。這個思路在邏輯上自相矛盾：非法移民可輕易獲得大赦、進而成為美國公民，就是鼓勵更多非法移民湧入美國。這卻是對合法移民的不公平和對法治的踐踏。[8]

小布希的經濟政策是偏左的「大政府」趨勢，尤其是二〇〇八年發生金融危機之時，他貿然進行大規模政府救市政策——歐巴馬當選之後，更推出史上空前的政府干預政策。歐巴馬時代興起的茶黨運動（Tea Party movement），首要目標是反對歐巴馬的左派大政府政策，茶黨發起人也將小布希視為罪魁禍首：「這是一項幾年前開始針對政府的抗議活動……小布希應該為他的社會主義政策而負責。」

小布希的政治、經濟和外交政策缺乏首尾一致的保守立場。在九一一之後輕率地發動阿富汗戰爭與伊拉克戰爭，使其總統任期被這兩場戰爭的爭議所束縛乃至毒化。另一方面，美國戰略中心全盤轉向中東（實際上，中東並沒有那麼重要，伊斯蘭恐怖主義的威脅被誇大），讓中國意外地獲得「大國崛起」的戰略空間和時間。

戰略目標的悄然偏移：從摧毀恐怖分子的巢穴到建構美式民主國家

麥馬斯特一針見血地指出，美國在阿富汗和伊拉克都是「軍事勝利、政治失敗」。遠征異國他鄉，若軍事勝利，政治失敗，則軍事的勝利付諸東流，這是越戰的教訓。

阿富汗戰爭從二〇〇一年十月七日開打，最初目標是反恐。當時，統治阿富汗的是伊斯蘭基本教義主義的塔利班政權。

蘇聯被趕走後，阿富汗人出於對長期軍閥混戰的不滿，普遍歡迎新崛起的宗教極端勢力塔利班。塔利班早期受歡迎，與他們恢復秩序有直接關係。然而，塔利班掌權後很快暴露出暴虐本質：引入伊斯蘭教懲罰措施，如公開處決犯有通姦罪的女性，對盜竊罪犯砍手砍腳；禁止電視、音樂和電影，反對女孩上學。即便如此，西方並不願意干涉阿富汗內政（全球範圍內，類似的暴政很多，西方不可能一一剿滅）。

美國出兵阿富汗的關鍵原因是：從一九九六年到二〇〇一年，被認定為跨國恐怖組織的蓋達組織與塔利班結盟，寄居於阿富汗，建立恐怖分子訓練營，從世界各地招募和訓練兩萬名聖戰志願者，實施九一一恐怖襲擊的兇手就在此受訓。麥馬斯特評論說，「基地組織與塔利班堪稱地獄組合」。[9]塔利班拒絕國際社會要求其交出賓拉登的呼籲，美國遂決定出兵直搗黃龍、斬草除根。

以美軍為主的北約盟軍共十三萬人參戰，塔利班很快潰不成軍。小布希在短暫視察駐阿富汗美軍營地之後，留下的感想並不樂觀：「訪問喀布爾時，我聞到一股刺鼻的氣味。我意識到這是燒焦輪胎的味道——這就是阿富汗可憐的冬季禦寒措施。回家之後我咳嗽了一個星期，這也能提醒人們，這個國家還有很長的路要走。」

賓拉登逃遁到阿富汗與巴基斯坦邊境地帶，過著隱居生活，二〇一一年五月一日，美軍將其獵殺。

塔利班政權被推翻之後，美國和西方在阿富汗的戰略目標很快發生轉變：幫助阿富汗完成重建，建立民選的世俗政府。小布希承認，他競選總統時，對阿富汗一無所知，如今卻認為幫助阿富汗完成「國家建構」是「我們自己國家的重要任務」，「我們已把這個國家從原始簡單的獨裁政權中拯救出來，現在我們有道德義務給這個國家留下更好的東西」。他甚至說：「我會謹慎地將軍隊當做國家建設的參與者來使用。」[10]這是一個相當糟糕的想法。

美國以傳教士般的宗教熱情、哲學家般的憧憬理想、慈善家般的慷慨大度，在阿富汗投入一千四百三十億的款項用於重建，企圖將阿富汗從原先的失敗國家，透過美式「國家建構」的社會改造工程，一舉建設為符合西方民主人權價值，而可以作為中亞地區典範的現代國家。[11]

然而，這是一件不可能完成的使命。阿富汗國家建設計畫漏洞百出，充斥著浪費、貪汙、效率低下、想法草率等問題，但最令美國官員困惑的是，他們根本不知道這些計畫究竟能否幫他們打贏戰爭。二〇〇四年，民選政府接管政權，卻始終沒有得到民眾支持。在一個沒有現代工業的國家，建立三權分立的民主政府如同建立空中樓閣。由少數歸國菁英把持的民選政府腐敗無能，無力處理複雜的社會政治經濟問題。

二〇一二年以來，約五百萬阿富汗人逃離家園。阿富汗難民人數在全球排名第三。超過百分之五十四的阿富汗人生活在貧窮線之下，每人每月收入不到三十一美元。阿富汗政府軍有九成以上士兵是文盲，美軍訓練他們之前，要先進行「掃盲」。

重新集結的塔利班開始了一場針對盟軍和阿富汗政府軍的游擊戰。美軍絕大多數的傷亡都發生在主戰場的戰鬥結束之後。曠日持久的恐怖暴力活動、對方混淆士兵與平民的游擊戰術，通過媒體呈現在公眾面前，讓美國民眾的態度和世界輿論發生翻轉。

塔利班不愁沒有財源和兵源。一位美國軍官回憶：無論是軍隊還是慈善組織，所有人都拿罌粟束手無策。如果放任不管，塔利班游擊隊會拿走農民種罌粟換來的錢去買武器。但如果燒掉罌粟，農民就會加入塔利班。有人試過給農民化肥去種糧食，但農民只會把化肥賣給塔利班做炸彈。如果說每個中國人的心中都住著一個毛澤東，那麼每個阿富汗人的心中都住著一個塔利班。如果其社會結構和民眾心理不發生根本性改變，外來力量無法徹底剷除塔利班。

面對塔利班的攻勢，二〇〇九年，歐巴馬政府決定向阿富汗「增兵」，駐阿美軍一度高達十四萬人——這一決定對於諾貝爾和平獎得主歐巴馬來說，多少是一個諷刺。

塔利班再次被擊潰，但戰爭並未結束。

據布朗大學研究估計，在這場美國介入的有史以來最漫長的戰爭中，阿富汗安全部隊損失近七萬人，平民和塔利班武裝的死亡人數各為五萬餘人左右。北約部隊陣亡三千五百人，其中美軍陣亡兩千四百人，另外超過兩萬名美國士兵受傷。

美國國會文件顯示，截至二〇一七年底，美軍在阿富汗的行動至少消耗二點四萬億美元，其中一點五萬億美元與作戰直接相關，用於阿富汗重建的費用按實際購買力計算已超過二戰之後重建大半個歐洲的「馬歇爾計畫」——這些錢若用於美國國內，足以讓不堪重負的基礎建設如公路、橋梁、機場、電力系統等脫胎換骨。然而，花在阿富汗的鉅額軍費和援助，如同潑到沙漠中的水，很快乾涸，無影無蹤。

美軍不可能永遠駐紮在阿富汗，不可能永遠給像長不大的巨嬰的阿富汗政府餵奶。美國需要盡早結束這場沒完沒了的戰爭，讓美軍及其他人員安全有序地撤離。這是川普對此一難題的明智判斷。

二〇二〇年二月二十九日，美國與塔利班在卡達首都多哈簽署了一份旨在結束戰爭、「使阿富汗恢復和平」的協議。根據該協議，美國將逐步減少駐軍，塔利班則承諾不再讓阿富汗成為恐怖分子的庇護所。

然而，二〇二一年一月，政府更迭之後，拜登將阿富汗撤軍行動搞砸了。拜登堅信三十萬美國訓練出來的阿富汗政府軍有能力對抗塔利班，又相信塔利班不會推翻阿富汗政府，其雜亂無章的撤軍行動釀成巨大災難。這場災難的頂峰是二〇二一年八月二十六日喀布爾機場發生的恐怖襲擊事件，造成十三名美軍陣亡——而川普任內最後十一個月，沒有一個美軍士兵在阿富汗陣亡。年長的美國人驚恐地發現，一九七五年美國從西貢倉皇撤退的歷史在阿富汗重演了。

美國國防部公布的十三名殉職美軍名單中，大部分年僅二十多歲，包括兩名陸戰隊女兵。二十三歲的女兵吉伊（Nicole Gee）死前一週曾在社交媒體發表一張她在機場手抱一名阿富汗嬰孩的照片，並寫道：「我熱愛我的工作。」不料，這張照片成為她在社交媒體上的最後身影。[12]另一名在機場大門口遇難的女兵是海軍陸戰隊中士皮查多（Johanny Rosario Pichardo），年僅二十五歲。海軍陸戰隊在一份聲明中說：「她的服務不僅對疏散數以千計的婦女和兒童至關重要，而且體現了作為一名海軍陸戰隊員的意義：為了保護美國的價值觀而將自己置於危險之中，以讓其他人從這些價值觀中獲益。」然而，究竟什麼是「美國的價值觀」？這個問題的答案，過去寫在《獨立宣言》和美國憲法中；如今，卻言人人殊。

如果是川普執政，美國撤軍的情形會大不一樣。川普回溯任內與塔利班政治領袖巴拉達（Abdul Baradar）斡旋時，曾清楚向對方表明——要是塔利班敢輕舉妄動，就會遭到美軍十倍奉還，「他們一有行動，我們就出動戰機，我們完全掌控塔利班，沒有我們允許，他們動也不敢動」。[13]

對美國而言，阿富汗戰爭結束了，但阿富汗的內戰和動蕩遠未結束。美國在阿富汗達成了反恐目標，卻未能幫助阿富汗完成重建，其國際威望受到沉重打擊。中共及其在臺灣的在地協力者開動文宣機器恐嚇說，美國會像放棄阿富汗一樣放棄臺灣，臺灣只能乖乖接受中國的統一。

當初，小布希看到美軍在阿富汗如秋風掃落葉，沒有等到阿富汗政局穩定下來，又發動伊拉克戰爭。小布希宣稱的原因是海珊政權與蓋達組織勾結和擁有大規模殺傷性武器——這兩點都是靠不住的。

海珊與賓拉登彼此惺惺相惜，卻並無直接往來，更與九一一事件無關。有關海珊和伊拉克在九一一共謀的推測，是無中生有。小布希對海珊的痛恨，一定程度上是因為海珊曾策畫暗殺已卸任的老布希。

小布希政府宣稱伊拉克有大規模殺傷性武器——國務卿鮑威爾在聯合國大會上信誓旦旦地說一定有，但戰後的查核卻沒有（當然，廣義地說，殺人如麻的海珊本人就是大規模殺傷性武器）。這使得伊拉克戰爭的合法性備受質疑，小布希政府遭遇信任危機。[14]

小布希對情報部門重大錯誤的寬宥態度讓人瞠目結舌：「我早就決定，不會因為關於伊拉克的錯誤情報，而批評中央情報局努力工作的愛國主義者們。我不想重複一九七〇年代那些毀掉情報部門士氣、令人不快的、互相推卸責任的調查。」中情局及其他情報系統提供錯誤情報，是其被誤導，還是刻意誤導總統，需進一步甄別——但此一事實毋庸置疑：通過伊拉克戰爭獲利最大的，是情報系統、軍工集團及各類跟國防有關的承包商。

小布希對情報部門的縱容（或者他不敢碰這個「針插不進、水潑不進」的獨立王國，他的父親老布希曾擔任中情局局長），讓他自討苦吃。「九一一那一天，情報部門忽略了一些重要的消息。對於這樣的失誤，我感到很驚訝，希望得到一個合理的解釋。但我知道，在這場危機還未度過之前，不應該公開指責或責怪誰。」[15]既然無人受到應有的懲罰，情報部門就繼續犯錯。

九一一之前，中情局局長特尼特（George John Tenet）早已了解一些事即將在美國發生——在九一一的早晨，當一名助手告訴特尼特劫機事件時，他正在華盛頓一家豪華酒店享受早餐，他的即刻反應是：「賓拉登肯定設計了這件事。」他推測：「我懷疑劫機是否和那個進行飛行員訓練的人有關。」他和他的部門為何沒有採取有效措施阻止恐怖襲擊？

這種推斷並非陰謀論：美國情報部門普遍偏左，潛伏著相當數量的「美國的敵人」，他們在冷戰時代對抗蘇聯集團低效無能，卻隱祕地參與若干國內的政治鬥爭，甘迺迪遇刺和水門事件背後都有他們的影子。他們更無所不用其極參與搞掉「華府外來者」川普總統的大陰謀——從炮製「通俄門」（Russiagate）假情報到參與策畫二〇二〇年總統大選全國性舞弊。

中情局與聯邦調查局的腐敗無能及在國內政治分歧中被武器化，直到川普開始第二個任期才開始得到有效的整治。情報機構的失能，是美國外交政策製定者被錯誤情報誤導從而制定錯誤的外交政策的重要原因。

伊拉克戰爭從二〇〇三年三月十七日開打，參戰的聯軍最高時高達三十萬人。精銳的共和國衛隊沒有撤到巴格達背水一戰，而是自動瓦解了。伊拉克很快建立起民選政府，局勢卻持續動蕩不安。

二〇〇三年十二月，美軍在一個簡陋的地洞裡捕獲蓬頭垢面的海珊——後來，這個冷戰時代曾得到美國扶持（美國利用海珊對抗伊朗）的獨裁者，被伊拉克法院判處絞刑。

然而，海珊授首並不意味戰爭終結。對美國的游擊戰仍在持續，伊拉克不同民族、部落、教派之間的內戰也如火如荼。「在那裡，生與死的界線幾無異於一層膜，薄且清澈。僅僅一步之差，有時便使你踏入地府，有時卻逃出生天。」[16]這是美國戰地記者費爾金斯（Dexter Filkins）在戰爭現場發回的報導，他親眼目睹若干朝夕相處的陸戰隊士兵陣亡，他本人多次與死亡擦肩而過。

二〇一一年十二月十三日，歐巴馬在接見伊拉克總理馬利基（Nouri al-Maliki）時宣布，「在近九年後，我們在伊拉克的戰事本月落幕」。十五日，駐伊美軍部隊在巴格達舉行降旗儀式，國防部長帕內塔（Leon Panetta）出席儀式。

歐巴馬過快地從伊拉克撤軍，跟後來拜登倉皇從阿富汗撤軍如出一轍——若干伊拉克偏遠地區出現權力真空，助長了比海珊更兇狠殘暴的「伊斯蘭國」崛起。歐巴馬違背了鮑威爾對小布希談及的「陶瓷鋪規則」——「你打碎了它，就得負責收拾它。」小布希打碎了陶瓷，他和繼任者必須收拾它。歐巴馬把罐子摔破，讓美國的國際聲望嚴重受損，中東地區的和平遙遙無期。

美國在伊拉克撤軍比阿富汗更早，但官兵傷亡人數比在阿富汗多。九年間，美軍在伊拉克陣亡四千多人，受傷三萬兩千多人。由各種原因造成的伊拉克平民的死亡更高達六十萬人。

「布希主義」不是「雷根主義」，而是「新威爾遜主義」

小布希政府是雷根政府之後又一個保守派政府，在大多數社會政策上比老布希政府更保守。但小布希不是雷根，「布希主義」也不是「雷根主義」——「布希主義」以先發制人、政權變更、單邊主義和追求「仁慈的霸權」的外交政策為標誌。

雷根譴責蘇聯是「邪惡帝國」與小布希列出「邪惡軸心」似乎一脈相承——小布希於二〇〇二年一月二十九日在國情咨文中指出「支持恐怖主義的國家」即為「邪惡軸心」，

明確指出的國家包括北韓、伊朗和伊拉克的海珊政權。兩者表面上都是認定「反對暴政和暴君是美國的一個道義責任」，但實際上差異很大。

雷根反擊蘇聯，是因為蘇聯對美國構成即時且嚴重的威脅。蘇俄處於基督教文明圈之內，是有可能促成和平演變及民主轉型的國家。而小布希聲討的邪惡國家，並未對美國直接構成即時且嚴重的威脅，而且不處於基督教文明圈之內，促成其和平演變和民主轉型更困難。

小布希將阿富汗和伊拉克的民主化和自由化納入「向全球推廣民主」議程——這是「新保守主義」的重要觀念。保守主義評論家布坎南（Pat Buchanan）認為，「新保守主義者「擾亂了雷根革命並綁架了小布希時期的政策」，「新保守主義」人士抓住保守主義運動和小布希外交政策調整的契機，企圖按照美國模式改造世界。小布希身邊的「新保守主義」智囊們將占領伊拉克並對其進行「國家重建」，視為在近東重新洗牌的第一步。一九九七年，「新保守主義」智庫「新美國世紀計畫」（Project for the New American Century）呼籲再造中東，據其分析，伊拉克戰爭將確保世界民主，伊拉克應成為阿拉伯世界第一個民主國家，再影響其鄰國效法。伊斯蘭主義將失去影響力，因為經濟繁榮和民主自由有傳染性。他們認為，美國的軍事存在能讓該地區獨裁政權清醒過來。然而，他們很快嘗到抽象理論與現實事務相撞所表現的脆弱性。[17]

對於阿富汗，小布希認為：「我們要派出地面部隊，然後一直把軍隊留在阿富汗，直到塔利班和基地組織被趕跑，一個自由的社會慢慢出現。」他指出：「重建阿富汗也是建設我們自己國家的重要任務。……我們對幫助阿富汗人民建立一個自由社會有戰略上的興趣。恐怖分子只在混亂、絕望和壓抑的環境中尋找棲身之處，可是一個民主的阿富汗確實是一個有希望的選擇，與極端分子的設想截然不同。」對於伊拉克，小布希抱有同樣的期許：「從伊拉克戰爭一開始，我的信念就是自由無界——中東的民主會促使那裡更加和平。期間的確有事與願違的時候，但我從未放棄這個真正的信念。」小布希將二戰之後美國幫助西德、日本和南韓實現民主化的歷史作為論據：

我曾經研讀過德國、日本和韓國的戰後史。這三國都曾有美軍駐紮，並經歷數年，才完成過渡，從遭受戰爭的殘忍蹂躪到建立穩定的民主政體。但是，過渡一旦完成，轉型所帶來的巨大影響力就會證明，過渡中的付出都是物有所值的。例如，聯邦德國最終成為推動歐洲繁榮的引擎、冷戰時期的一道自由之光；日本成長為世界第二大經濟體、太平洋區域和平穩定的關鍵角色；韓國成為美國最大的貿易夥伴之一，也是抵禦其北方鄰國的戰略堡壘。[18]

然而，小布希忽略了美國經驗的「普適性」問題。在不具備基督教文明或與之接近的民情秩序的國族中，不可能成功移植美國經驗。歷史學家布爾斯丁（Daniel Boorstin）的名言多次被柯克引用：「美國憲法無法出口到其他地方。」更準確地說，美國憲法只能出口到在一定程度上具備清教秩序和公民社會的現代國家，而無法出口到與清教秩序、公民社會格格不入的前現代國家，就像輸血，接受者和輸出者的血型必須一樣，若不一樣，不能救命，反倒要了對方的命。

二戰之後，美國對西德、日本和南韓的成功改造都是特例：德國是馬丁．路德宗教改革的發源地，路德神學雖有其政教兩分及帶有民族主義色彩的偏差之處，但路德改教之後，新教在德國占據上風，新教倫理給德國帶來統一和資本主義精神。日本不在基督教文化圈之內，但其武士和封建傳統跟歐洲的騎士及封建傳統近似，神道教及日本化的儒家與佛教都內生性地具備現代化要素，所以無論是明治維新還是戰後在美國引導下的民主化改造，都能一舉成功。南韓經過日本長期殖民和現代化建設，再加上基督教成為大眾信仰（基督徒人數接近總人口的四成），依靠美國的幫助走向現代化和民主化乃水到渠成。

與德國、日本和韓國相比，阿富汗和伊拉克都不具備類似的土壤和氣候。阿富汗與其說是一個國家，不如說是一個部落群，部落、種族和宗教衝突剪不斷、理還亂。阿富汗是全世界第三貧窮的國家，只有不到四分之一的人得到醫療保健服務，國民平均壽命只有四十六歲。美軍出兵前夕，阿富汗經過蘇聯的侵略、占領以及軍閥混戰、塔利班的野蠻統治，其社會結構中具有現代性的部分遭到毀滅性破壞，中產階級和專業人士或被殺、或逃亡——胡賽尼（Khaled Hosseini）的小說《追風箏的孩子》（*The Kite Runner*）對此有生動描述。

整個阿富汗已失去現代國家架構，淪為各自為政的部落或部落聯盟。小布希後來承認：「幫助阿富汗人民建立一個行之有效且符合其文化傳統的民主制度，需要漫長的時間。這一任務比我想像的更加艱鉅。」

伊拉克也是如此，美國一開始試圖利用什葉派和遜尼派的矛盾以及庫爾德人的獨立運動來「以夷制夷」，結果加劇了教派和民族衝突。美國扶持的中央政府貪腐無能，雖由選舉產生，但選舉只能使其具備名義上的合法性，而不能賦予其基本的穩定性。小布希高調宣稱「沒有人能否認，解放伊拉克是人權事業的一個成就」，但也隱晦地表示，「伊拉克人民離自由、民主、安全的夢想還很遠」。不過，伊拉克是石油生產大國，此前具備一定的現代化基礎，國家漸漸走上正軌。

法國思想家孟德斯鳩（Montesquieu）說過：「一般而言，一個民族不會選擇某種憲制：他們必然是由適合他社會環境的那種政府統治著。從某種意義上說，任何民族都會得到他們配得的那種政府，或至少他們的歷史和生存條件所帶給他們的那種政府。」美國無法強迫把自由民主憲政制度塞給阿富汗、索馬利亞這樣的國家，也無法強迫其居民接受自由這個禮物。給沒有味覺的人吃糖，他不會覺得甜；給沒有嗅覺的人灑香水，他不會聞到香味。

美軍擁有摧毀三流軍隊和推翻獨裁政權的能力，卻無法幫助當地建立全新且有效的政體。戰鬥和管理是差異極大的活動——軍隊無法承擔起職能之外的任務。

因為兩場輕率的戰爭，小布希政府揮霍掉保守派的民氣。二〇〇六年中期選舉時，「伊拉克、伊拉克、伊拉克」是民主黨自一九九四年來重新奪回參眾兩院控制權的原因。

保守派更大的失敗出現在兩年後：年輕、英俊（某些人認為的英俊）、誇誇其談的民主黨參議員歐巴馬，利用美國人的厭戰情緒及其種族身分而勝選，將美國引向羅斯福新政以來左翼的最高點。在對外政策上，他繼承了小布希在伊拉克和阿富汗的事業，讓美國更深捲入「阿拉伯之春」，尤其是在利比亞政權更迭中扮演關鍵角色。但事與願違，抱薪救火的結局更糟。在其任期屆滿之際，副國家安全顧問羅茲（Ben Rhodes）承認：「美軍可以做到許多大事。它可以打贏戰爭，但是一支軍隊無法創建一套政治文化或是打造一個社會。」[19]

「雷根主義」的勝利與「布希主義」的失敗，除了兩位總統領導力的差距之外，更重要的是政策本身的內涵與可行性。小布希贊同威爾遜的看法：只有一個民主的世界才是安全的世界，並要運用美國的武力來建造這樣一個世界。有人說，「布希主義」的理論根基是回復到「當代威爾遜主義」或「新威爾遜主義」。

若干在布希政府擔任高官的「新保守主義」者，被稱為獨特的「美國國際主義者」。他們拒絕接受越南戰爭的教訓，拒絕承認美國權力和責任的有限性，要求堅持二戰結束後杜魯門開創的美國國際主義外交政策。

現在世界上大多數人所理解的「新保守主義」，由克里斯托（William Kristol）和卡根（Robert Kagan）等人重新定義過（卡根後來轉變為反對川普的左派），早已偏離保守主義的核心價值——保守主義重視傳統和經驗，警惕「新」。新的東西，看似時髦、進步，實際上很可能帶來災難。所以，「新保守主義」不是真正的保守主義。

一九九六年，克里斯托和卡根在為《外交事務》雜誌撰寫的〈當前的危險〉等文章中，系統闡述了「新保守主義」的外交政策。他們同保守主義者柯克派翠克（Jeane D. Kirkpatrick）進行了一番辯論。這場辯論彰顯出「布希主義」與「雷根主義」的根本性差異。

雷根在競選中讀到柯克派翠克的文章，隨即寫了封短信給她，表示讚揚。隨後，兩人安排見面，柯克派翠克同意名列雷根的外交政策顧問，雷根當選後任命其為美國駐聯合國大使，其傳奇經歷是一場意義深遠的政治重組的信號——她參與了「雷根主義」的形塑。[20]

柯克派翠克認為，想要一個國家接受跟民主配套的紀律和習俗，「如果不是數百年時間，也往往需要數十年，」不能急於求成。她不反對第三世界的民主運動，其觀點的實質是：美國應該同等地將民主信念用於所有國家，必須保證，在尋求政治自由化的過程中，不至於事與願違地造成相反的結果。她反對「在任何時間、任何地方、任何條件下」都可以建立民主制的觀點。

小布希政府裡自詡為鷹派的「新保守主義」者則爭辯道，美國在任何可能的地方，無論是沙烏地阿拉伯和埃及，還是巴基斯坦和烏茲別克，都必須尋求民主改革。在此過程中，美國可以建立在其領導下的「仁慈的霸權」。克里斯托和卡根指出，美國應抵制正在興起的專制者和敵視的意識形態，並在可能的情況下削弱它們的基礎；追求美國的利益和自由民主的原則；給那些正在對反人類的惡魔進行鬥爭的人提供援助。他們明確地為美國促成的獨裁政權的變更辯護，並把它當作「新雷根」政策的核心組成部分——然而，他們忽視了民情秩序和宗教傳統的巨大慣性，同時高估了美國價值在不同水土和外部環境中的存活能力。這種單純而傲慢的樂觀主義跟保守主義背道而馳——正如新保守主義已然偏離保守主義的根基，「新雷根主義」（其實是「布希主義」）不再是雷根主義，「新」字宛如致命毒素，一滴滲入，整桶水都被汙染。

同時，克里斯托和卡根等人所代表的一九九〇年代興起的「新保守主義」的另一個特點是，他們一般對經濟學和國家發展缺乏興趣（包括舊保守主義者們念茲在茲的社會道德倫理議題，如持槍權、墮胎、同性戀、死刑等），他們總的來說只關心政治、安全和意識形態。這種新保守主義被稱之為「強硬的威爾遜主義」——他們把信念建立在權力上，他們心目中的英雄不是威爾遜，而是老羅斯福、小羅斯福、杜魯門這些運用權力或實力來追求更高目標的總統。他們認為，美國應當使用武力來為理想和利益而戰，不僅出於人道主義，也是為了透過促進自由民主而促進美國的安全。

源於左派的「新保守主義」是保守主義中的異端，向左派坍塌是必然

索恩（Melvin J. Thorne）在《二戰以來美國的保守思想：核心觀念》（*American Conservative Thought Since World War II: The Core Ideas*）一書中，梳理了戰後美國保守主義思想運動的歷史發展，將保守主義者分為三個流派。

第一個流派是以經濟學家和政治學家米塞斯和海耶克代表的「古典自由主義」或「自由意志論」。他們追隨亞當．史密斯、托克維爾、阿克頓（John Acton）所闡明的「真正的個人主義」的英國傳統思想，反對羅斯福新政式的大政府和蘇聯式的計畫經濟以及凱恩斯主義，倡導自由市場和自發秩序。他們因納粹興起而從歐洲移居美國，「奧地利學派」蛻變為「芝加哥學派」。

之後，芝加哥大學教授奈特（Frank Knight）和西蒙斯（Henry Simons）創辦《自由人》（*The Freeman*）雜誌，影響了《國民評論》（*National Review*）雜誌創始人、作家巴克利（William F. Buckley Jr.）——後者是將雷根推向全國政治舞臺的重要推手。《自由人》雜誌、《國民評論》雜誌、朝聖山學社、個人主義者協會（Intercollegiate Society of Individualist）、經濟學教育基金會（Foundation for Economic Education），也包括芝加哥大學，聯手將「古典自由主義」打造成一場宏大的思想運動。

第二個流派是以芝加哥大學英語系教授維沃（Richard M. Weaver）、政治學教授施特勞

斯以及柯克、沃格林（Eric Voegelin）、維利克（Peter Viereck）等人為代表的「傳統主義」。他們關注的領域不是經濟學，而是社會、文化、政治、哲學、道德和宗教等方面。他們認為，保守主義意味著傳統價值體系的恢復，而不是保護物質利益。他們延續伯克、紐曼（John H. Newman）、阿諾德（Matthew Arnold）的思想脈絡，強烈反對法國啟蒙主義，以及由此帶來的實證主義和相對主義。他們認為，思想會產生後果，「邪惡的思想」會產生「邪惡的行為」。維沃指出，「西方世界的衰落」是有害的思想勝利的結果，西方文明的墮落一直追溯到十四世紀末理性的衰微，當時西方人做出了「罪惡的決定」。

這一陣營的先鋒維利克，早在一九四〇年就撰文為一種「道德的、改良主義的保守主義」進行辯護，這種保守主義以「法律和行為的絕對準則的必要性和至高地位」為基礎。該文在美國率先使用「新保守主義」一詞。在一九四九年，他出版重要著作《再受重視的保守主義：對反叛的反叛》（*Conservatism Revisited: The Revolt Against Ideology*），批判盧梭（Jean-Jacques Rousseau）信徒對「自然人」（L'homme naturel）的崇拜，相信「原罪」說，反對「進步教育」。他闡述說，真正的保守主義不是放任主義的資本主義，而是一種充滿「尊重個人尊嚴的人本主義」，這種保守主義面向的價值是「和諧均衡」、「自我約束的自我發展」、「人文主義和古典的平衡」以及「歷史連續性」。它首先應建基於基督教精神和西方思想傳統譜系之上——「嚴格的道德戒律和猶太教的社會正義觀」、「對美好事物的追求及對古希臘精神不受約束的探究」、「羅馬帝國的宇宙神觀念及帝國法律的崇高地位」

以及「亞里士多德的哲學、托馬斯主義（Thomism）和中世紀的反唯名論（Nominalism）」。他概要地將保守主義界定為「原罪說在政治上的世俗化」。

這個流派的思想家們大都重視基督教傳統的復興。維沃呼籲回到「超驗的」基督教價值觀的文明中去，巴克利認為「我自己相信基督教與無神論的決鬥是世界上最重大的事件」，哈洛韋指出「基督教教義是我們了解上帝的本質及上帝對人的旨意最完美的啟示」，柯克強調「捍衛那些永恆的事物，保存秩序、法治和自由的傳統，維護可以容忍的道德秩序，並繼承文化的遺產」。

不過，這個群體的領袖人物大都屬於羅馬天主教徒或猶太人，對宗教改革和喀爾文主義持批評性看法，對清教徒傳統頗為陌生（柯克是少數例外）。納許（George H. Nash）在《美國保守主義思想運動：一九四五年後》（*The Conservative Intellectual Movement in America Since 1945*）一書中指出，這群「新保守主義者」所標記的基督教，往往是一種具有明顯的天主教乃至中世紀特色的基督教。「新保守主義」的「天主教特徵」或「猶太教特徵」，使其在某種程度上偏離了作為美國建國根基的清教秩序。

以施特勞斯來說，他最推崇希臘和猶太傳統，對新教不置一詞。他宛如桃源中人，治學與授課方式脫離現實與潮流，在一個主流學界認定「上帝已死」和「政治哲學已死」的時代，以解經為己任，幾乎只對柏拉圖文本和猶太經典做出闡釋。他關注的焦點在於「雅典與耶路撒冷」，即理性與啟示之間的選擇或衝突，正是這兩者之間的張力賦予西方政治傳統的「精髓」或「脈絡」。[21]

施特勞斯的核心思想是對道德相對主義的批判。他認為，自由主義的危機是因為自由主義放棄其絕對主義的基礎，並試圖變成徹底的相對論者。相對主義和自由主義的問題在於，它們都有可能退化為「不嚴肅的信念，即所有的觀點都是平等的」。他聲稱，政治事務的精髓不是中立，要理解某一政治主張的真實面目，就必須從好與壞、正義或不義的角度嚴肅對待之。政治哲學作為一種嘗試，「旨在真正了解政治事物的本性及正當的或好的政治秩序」。[22]

施特勞斯梳理了美國的洛克（John Locke）淵源。他對洛克的評價就是對美國的評價——美國是最卓越的洛克式國家，是在愈來愈被現代性之更激進形式所控制的世界中，帶有洛克遺存的國家，它被洛克的根源保護著，從而不受來自歐洲的現代性衝擊。但是，施特勞斯對於梭羅（Henry David Thoreau）、愛默生（Ralph Waldo Emerson）、惠特曼（Walt Whitman）等人如何有助於美國形成獨特的美洲文學和文化保持沉默，更對美國的清教徒傳統和喀爾文主義避而不談。韋伯認為，資本主義連同現代世界，乃出自新教改革（更準確地說，是喀爾文宗）。但施特勞斯不贊同此論題，他認為資本主義是洛克與以往自然法傳統革命性決裂的結果。對於美國為何能奇蹟般地逃過馬基維利（Niccolò Machiavelli）的汙染，托克維爾的答案是——美國的自由根源潛藏在其清教徒背景中。但施特勞斯竭力迴避這一點，他引用十八世紀「第一位雅各賓派（Jacobin）」潘恩（Thomas Paine）的天賦人權和世界和平的觀點，來填補此一缺口。

施特勞斯在學術界的繼承人，從不同側面闡發其政治哲學，進而通過為政府工作，或憑藉智庫和其他影響輿論導向的手段，直接或間接地影響政治決策，將其觀念付諸實施——其中最具代表性的是曾在國務院和國防部任要職，並參與制定外交和防務政策的沃爾福威茨。然而，施特勞斯思想中的陰影——他與德國傳統的關係，他與施密特（Carl Schmitt）的隱祕呼應，也隨之侵入廣義的保守主義思潮和政治實踐之中。

在此關鍵節點上，柯克與施特勞斯分道揚鑣。柯克高度重視美國秩序的根基——基督教文明，尤其是清教徒精神。柯克不認為自己是「新保守主義者」，只願歸入保守主義陣營。他指出，無論哪種定義，「新保守主義」都不是正統的保守主義，他反對「新保守主義」那種企圖從民主資本主義中提煉出一種意識形態的做法，也沒有興趣去捍衛一個黨派的政治議程。他沒有社會復興的宏偉計畫，也沒有用某一種價值一統世界的願望——他想要去提倡一種精神氣質，真正的保守主義應當具有文學色彩、哲學意蘊和詩意，制定政策的目的在於維護秩序、正義和自由。這些品質，在新保守主義者們身上找不到。

保守主義的第三個流派是「新保守主義」。廣義的「新保守主義」名為 new conservatism，指二戰後萌芽、一九五〇年代漸成氣候、在雷根時代蔚為大觀的政治經濟和社會文化思潮；狹義的「新保守主義」名為 neo conservatism，指一九六〇年代濫觴、在小布希時代執掌權力尤其是決定外交政策的思潮和觀念。後者可算作前者的分支，坊間又通俗地音譯為「牛康派」，這個《紐約時報》專欄作家布魯克斯（David Brooks）創用的新名詞「牛康派」（NEO-CONS），背後有某種險惡的影射：「新」暗示著其成員的猶太血統，這是左派的反猶主義獵巫修辭學的表現。

這群右派大都是由內心充滿幻滅感的自由主義者和左派轉變而來，正如該圈子中教父級的克里斯托（Irving Kristol）所言：「新保守主義者就是自由主義者。」他於一九七六年發表〈何謂新保守派〉一文，因此該年被稱為「新保守主義元年」。

克里斯托在《新保守主義：一種思想的自傳》（*Neo-conservatism: The Autobiography of an Idea*）中回憶，他和歐文・豪（Irving Howe）、貝爾（Daniel Bell）、格萊澤（Nathan Glazer）等人的身世頗為相似，是講意第緒語（Yiddish）的東歐猶太移民第二代，「我們都是大蕭條時代的人，大多數來自中下層或工人階級家庭，其中相當多的人是城裡的猶太人，如果不是新政的各種政策，對我們來說，一九三〇年代是絕望的年代，所以我們至少對新政的精神有一種忠誠感」。二戰時，他們一起投筆從戎，後來甚至畢業於同一所大學——號稱「窮人哈佛」的紐約城市大學。

對這群人來說，馬克思主義是初戀，政治激進立場與生俱來，而且是大學生涯的全部經驗。日復一日，他們聚在斗室中討論世界大事，充滿意識形態激情。當他們決定信仰時，問的只是「何種激進主義？」克里斯托選擇托洛茨基（Leon Trotsky），但二十二歲前便離開托派，以後長期以自由主義者自居。其他那些社會主義信奉者因為反對史達林暴政而被稱為「反共」，縱容史達林者被稱為「反反共」。他們的立場多是從二戰後的知識根源中導出，從文藝批判進入政治批判場域，然後聚焦於外交政策。

克里斯托對各種激進思想都能認同，卻不願全盤接受某一種，因此總要在原主義前冠以「新」字。他一生經歷了新馬克思主義——新托洛茨基主義——新民主社會主義——新自由主義——新保守主義的奇特心路歷程。

一九六〇年代，隨著民主黨急劇左轉，克里斯托成了黨內異議者。一九六五年，他與貝爾（Daniel Bell）創辦新刊物《公共利益》（*The Public Interest*），表述「新保守主義」觀點。一九七二年，麥戈文（George McGovern）成為民主黨總統候選人——其競選聲明說，他將「跪著」爬到河內跟越共談判，並給每個家庭發放一千美元福利。在克里斯托看來，這標誌著新左派已把持民主黨，壟斷自由主義本身。這迫使他們離開民主黨及其代表的自由主義，另成一股獨立政治思潮——「新保守主義」。

在神學上，克里斯托及其知識群落頗受神學家尼布爾（Reinhold Niebuhr）和歷史學家小史列辛格（Arthur Meier Schlesinger Jr.）的影響。尼布爾政治神學的核心觀念是自由，力量、愛、正義三者共同構成自由的三個維度。尼布爾有句名言：「人秉持公義的能力使民主成為可能，而人罪性中不公義的傾向使民主成為必須。」儘管他對人的罪性有所體認，卻深受自由派神學侵蝕，一直都是民主黨人，也企圖將其政治神學為民主黨的外交和內政提供闡釋。

世紀之交，小布希入駐白宮之後，「新保守主義」第二代加入政府。政府中的「牛康派」又被稱為「火神派」——得名於萊斯的家鄉豎立著一尊火神塑像。小布希政府中的「火神派」與民間「新保守主義」者們有草蛇灰線般的關聯，卻不完全「精神同構」。

以萊斯而論，她並非「新保守主義」群體之一員。作為蘇聯問題專家，她對蘇聯的觀點與大學和政府內的專家相似。一九八六年，她撰文指出，蘇聯不會放棄東歐，蘇聯不是一個企業，不會與虧損部分切割，「國家，特別是大國，不是以這種方式來表現的」。這篇文章發表三年後，戈巴契夫放棄干涉東歐民主運動，放任柏林牆倒下，結束蘇聯對東歐的統治。一九九一年，萊斯為訪問烏克蘭的老布希撰寫「基輔講稿」，警告烏克蘭「自殺式民族主義」。然而，演說發表後三個月，烏克蘭獨立，蘇聯解體，那篇演講成為笑柄。

萊斯不認同雷根對蘇聯的嚴厲譴責，她像大多數美國人一樣，「對冷戰時期所謂的美國是一座『民主的燈塔』的說法總有些懷疑」，認為雷根的說法「太誇張」，讓人「感到非常尷尬」，「美國充其量是個並不完美的國家」。直到一九八九年和一九九〇年在東歐和蘇聯訪問後，那些她看起來「陳腐」的話，都變成真理與事實。

萊斯是作為季辛吉和斯考克羅夫特外交政策傳統的繼承人爬上高位的。在史丹福大學任教和在老布希政府任職期間，她自稱是現實主義信條的支持者，即以國家利益和均勢外交為基礎的強硬外交政策。在小布希時代，她轉向鷹派，卻無甚洞見。

在小布希內閣中，鮑威爾是比萊斯更偏左的現實主義者和自由主義者，媒體稱之為

「勉強為之的戰士」。在第一次海灣戰爭期間，作為參謀長聯席會議主席的鮑威爾，過高估計伊拉克的戰力，開戰之前向老布希總統建議徵召後備軍人，結果敵人不戰而潰，戰爭只持續五天，亦稱之為「五日戰爭」或「百時戰爭」。[23]

鮑威爾是支持老布希停止進軍巴格達的高級將領之一，他對伊拉克的民情秩序的評估大致是對的：「布希總統把海珊罵成是魔鬼的化身，也無助讓民眾明白，何以他還能掌握權力。無論如何，認為如果海珊下臺，會有一個信仰民主，一面手捧可蘭經，一面拿著聯邦憲章的人來取代海珊，這種想法就太天真了。」在小布希任內，他以國務卿身分捲入第二次伊拉克戰爭，儘管他本人並不情願。他看重族裔身分超過政治立場——當歐巴馬出馬作為民主黨候選人競選總統時，他捨棄數十年的共和黨人身分，以民主黨盟友的角色為之助選，之後更是起勁地反對川普。

茶黨及川普的崛起，與「新保守主義」的終結

隨著伊拉克戰爭陷入泥潭，小布希第二任期後半段焦頭爛額。二〇〇八年的總統大選，共和黨全面潰敗。歐巴馬當選後，掌權的「新保守主義」者們煙消雲散。克里斯托哀歎說：「所有的好事在二〇〇九年一月都到頭了。歐巴馬宣誓就職總統的那一天，標誌著保守主義時代的終結。」他說錯了，那一刻只是標誌著「新保守主義」時代的終結。保守

主義還將風雲再起，只是大部分「新保守主義」者都急劇向左跌落。

與當年利用大蕭條打造空前龐大聯邦政府的小羅斯福一樣，歐巴馬也利用金融危機大大加速美國走向社會主義的「通往奴役之路」。熱愛自由的美國民眾不會坐以待斃——美國人不會像德國人那樣坐視希特勒摧毀威瑪共和國。金融危機過後那個夏天，美國全國廣播公司（NBC）財經頻道的評論員桑塔利（Rick Santelli）以「茶黨」之名呼籲芝加哥人行動起來，反對歐巴馬政府擴權，反對高稅收、高支出和醫保改革，並要求縮減政府規模和平衡政府預算。隨即引發各地聯動，各地出現示威集會活動。至二〇一〇年，茶黨已經在美國結集了一千一百多個分支機構，成為一股不可忽視的政治力量。茶黨認為他們所師法的，正是美國建國前，波士頓居民為反對英國政府未經殖民地人民的同意徵收茶稅而群起抗暴，最後贏得一個新生國家。

美國學者斯考切波（Theda Skocpol）和威廉姆森（Vanessa Williamson）在《茶黨與共和黨保守主義的再造》（*The Tea Party and the Remaking of Republican Conservatism*）一書中，為茶黨運動的參與者描繪出清晰的肖像：就政治理念而言，茶黨是兩路人馬的會合，一路是傳統的宗教保守主義者，深受基督教福音派影響，關注道德倫理問題；另一路是自由至上主義者，反對政府干預市場經濟和私人生活。這兩路人馬雖有理念差異，但都相信美國現行的政治制度迫使辛勤工作的納稅人供養一大批好逸惡勞的搭便車者，必須起而抗爭。

茶黨也反對美國的外交政策，反戰、反對美國世界警察角色，認為「深層政府」打造的「新世界秩序」並不符合美國的國家利益，只是為少數菁英服務——世上有少數權力菁英階級組成祕密集團在幕後操控世界，其目的是建立威權主義世界政府。

茶黨運動比「新保守主義」更右、更具草根性、更關注美國文明的持守而非國際影響力的擴張。茶黨運動的很多立場都與「新保守主義」迥異。茶黨反全球化，也堅決反共，認為美國受到中國的嚴重威脅和挑戰，而歐巴馬對中國採取綏靖主義政策。[24]

小布希時代的「新保守主義」持「美國文明普世論」，茶黨及舊保守主義則持「美國文明例外論」。政治學家福賽斯指出，「美國例外論」包含下述觀念：「美國人組成了一個異常優秀和偉大的民族；他們首先代表了對個人主義和自由的信奉：這是一個建立在個人自由主義的理念基礎上的社會和國家。」杭亭頓認為，在歷史上，美國的民族認同在文化上由西方文明的遺產界定，在政治上是由美國信條的原則界定。他警告，摒棄美國信條和西方文明，意味著美利堅合眾國終結與西方文明的終結。沒有美國，西方便成為世界人口中微不足道和衰微的部分，居住在歐洲大陸一端小而無關緊要的半島上。[25]左翼歷史學家霍夫施塔特亦承認，「作為一個國家，我們的命運依賴於一種而不是多種意識形態」。

美國憲制、美國信念以及美國觀念秩序，短時期內難以在基督教文明圈之外推廣和複製，除非此處具備與美國相同或相似的民情秩序（比如此前美國成功改造或引導的德國、日本、韓國和臺灣的民主轉型）。阿富汗戰爭和伊拉克戰爭的苦果劃定了一道美國模式的邊界，美國必須自我設限。

對此問題的不同答案，決定了「新保守主義」與保守主義之分野——冷戰時代，「新保守主義」在外交上堅決反共，高度支持雷根政府；蘇聯崩潰之後，「新保守主義」失去目標（沒有注意到中國崛起以及中國是另一版本的共產極權的事實），因反恐而成為主張改造非民主國家的國際主義者，背離了保守主義的基本價值，乃至站在保守主義對立面。

民調顯示茶黨贏得四千萬美國人支持。茶黨進軍國會，斬獲不少議席，將若干共和黨建制派議員拉下馬——二〇一四年的國會期中選舉，茶黨推出的候選人、大學教授布拉特（David Brat）僅憑二十萬美金，就將投入五百四十萬美金競選的維吉尼亞共和黨人、眾議院多數黨領袖坎托（Eric Cantor）擊潰，震驚全美。但茶黨未能誕生一位卡里斯馬式（charisma）領袖。在二〇一六年的總統大選中，茶黨及保守主義者終於找到代言人——川普。

在川普的競選活動中發揮關鍵作用的右翼評論家班農（Steve Bannon），早在二〇一四年就預見性地宣稱將有一場「全球性的茶黨運動」，全球勞動者厭倦了由政經菁英組成的「達沃斯黨」（Davos Party，由達沃斯論壇得名，指支持全球化的菁英集團）的支配。隨後，班農執掌的布萊巴特新聞網（Breitbart News Network）開始推動茶黨勢力登上歐美輿論場，應運而生的川普成為茶黨代言人，擊敗共和黨建制派，讓為共和黨建制派服務的「新保守主義者」大驚失色。川普的競選口號「讓美國再次強大」與茶黨呼籲的「奪回我們國家」相呼應，在中產階級選民和被全球化傷害的工農大眾中產生強烈共鳴。左派和「新保守主義者」斥之為民粹，隱藏在背後的話是：他們承認自己喪失了民心。

川普於二〇一六年成功當選，被茶黨支持者們視為「茶黨精神」深入白宮的標誌。川普的減稅政策和遏制聯邦政府膨脹，深得茶黨之心。至此，茶黨理念被整合進「川普主義」，而「川普主義」乃是保守主義在這個時代的最強音。

川普及茶黨對全球化持負面看法，因為全球化已淪為「反民主的全球化」，正如學者吳國光所說：「民主作為一種價值、一種公眾問責制度、一種有效治理方式，都遭到了嚴重的甚至根本性的挑戰，而這些挑戰正是來自於作為一套制度的全球化本身和它的各種政治經濟後果。」[26]川普式保守主義與「新保守主義」最大的不同在於：川普重視全球化中的輸家（中南部工農大眾）的利益，「新保守主義」重視全球化中的贏家（東西兩岸的菁英群體）的利益，於是雙方在政策上形成對立：川普反對來自全球化的不公平競爭，「新保守主義」則鼓勵全球化，並視之為企業主要競爭力來源。

川普在外交事務上結束了美國為國際組織的無謂犧牲，同時將美聯儲（Federal Reserve System，類似於美國中央銀行）置於財政部控制之下，既打擊了「深層政府」，也讓全球性「陰謀集團」失去儲蓄罐。作為「深層政府」和「陰謀集團」一部分的共和黨建制派，因為川普動了他們的奶酪，對川普的仇恨超過對左派的反感。

從川普參選開始，就遭到共和黨建制派和「新保守主義者」的強烈反對，他們發起「Never Trump」（不要川普）運動，轉而支持民主黨候選人希拉蕊。比如，川普在辯論中對小布希的弟弟傑布（Jeb Bush）的辛辣攻擊，使布希家族對其恨之入骨，不惜背叛共和黨而投票給民主黨候選人。[27]兩位前總統布希父子都公開反對川普，使自己在保守派陣營中的資源和信譽如雪山般崩塌——布希家族從德州崛起，兩位布希的總統圖書館都建在德州，此前德州人以他們為榮，到圖書館參觀的民眾排起長龍；但當布希家族與川普決裂後，德州人發現這兩位前總統不是代表他們的保守派，其總統圖書館一夜之間門可羅雀。川普成為衡量真保守與假保守的試金石。

川普當選總統後，少部分「新保守主義者」如波頓（John R. Bolton）加入川普政府並出任國家安全顧問（但由於其「新保守主義」的好戰立場與川普政府不輕易發動對外戰爭的整體外交政策背道而馳，加之頭號敵人是俄羅斯還是中國的重大分歧，波頓很快與川普鬧翻，被解職後，出書惡毒攻擊川普），大多數「新保守主義者」（包括小布希內閣中的諸多高官）則強烈反對川普。

除布希家族之外，老布希的國防部長和小布希的副總統錢尼（Dick Cheney）一家也激烈反對川普。錢尼的長女利茲（Liz Cheney）是明尼蘇達州聯邦眾議員，與九名眾院黨友倒戈，投票贊成第二次彈劾川普。二〇二一年五月十二日，共和黨眾議員舉行閉門會議，僅用數分鐘即以口頭表決方式，解除利茲「眾議院共和黨會議」主席之職。次年八月十六日，利茲初選失利，其政治生命完結。利茲向傳媒聲稱，她反對川普是為了將共和黨帶回「保守主義的基本原則」。可笑的是，這一家人由於在同性戀上立場迥異，早已分崩離析：錢尼次女瑪麗（Mary Cheney）是公開出櫃的同性戀者，為了利益與權力，曾積極幫助反對同婚的小布希競選。後來，當利茲為競選國會議員而公開反對同婚時，姊妹倆在媒體上展開激烈罵戰。這是美國菁英階級喪失公民美德的個案。

小布希時代的「新保守主義者」對川普的攻擊，使他們臉上最後一層保守主義油彩全然脫落，從此可名正言順地自稱民主黨人——更左傾的民主黨人未必願意接納這些朝秦暮楚的叛徒。

保守派健將、福斯電視臺主持人卡森（Tucker Carlson）在《當我們被困在同一艘船上》（*Ship of Fools*）一書中，以專章梳理「新保守主義」代表人物比爾・克里斯托（Bill Kristol，歐文・克里斯托之次子、威廉・克里斯托之弟）之「川普仇恨學」的來龍去脈。[28]比爾・克里斯托在九一一之後一直是伊拉克戰爭的鼓吹者，在毫無證據的情況下斷言伊拉克針對美國政客和媒體展開炭疽病毒攻擊。他聲稱，如果發動伊拉克戰爭，中東地區將觸發「連鎖反應」，美國「將在阿拉伯世界受到尊重，甚至受到全世界的尊重」。事實證明他的見解大錯特錯。

川普參選初期，比爾・克里斯托承認川普的言論更貼近事實、更貼近美國人民的心情。他在二〇一五年八月寫道：「我仍然不支持川普，但我再一次轉向『反反川普』的陣營。對於川普的大多數批評，都讓人感到有心胸狹窄的幽靈在作祟。」當川普公開批評伊拉克戰爭及背後的推動者之後，他感到「新保守主義」的政治遺產被川普踐踏，陷入暴怒，在電視上一度快哭出來。從此，他被「心胸狹窄的幽靈」所控制，與川普勢不兩立。

比爾・克里斯托被川普擊潰，失去在《旗艦周刊》（*The Weekly Standard*）二十多年的工作，因讀者人數下滑被合夥人趕出公司。他花了大部分時間在推特上怒罵川普，以「共和黨法治」（Republicans for the Rule of Law）組織之名在時代廣場打出巨幅廣告，支持對川普的彈劾。他成了民主黨的支持者，附和民主黨將華盛頓特區變為州的議案，主張入侵古巴，將古巴變成美國的一個州——就連左媒旗艦CNN都不認可如此荒唐的建議。

卡森以嘲諷的口吻結束有關比爾・克里斯托的章節：「二〇一八年春天，克里斯托考慮自己出馬參選總統，還為出兵伊拉克辯護，並打算推動新的戰爭，這次也許在敘利亞，或是在黎巴嫩和伊朗。如同在華盛頓的多數人一樣，他一點長進也沒有。」

另一位曾定義「新保守主義」的寫手卡根（Robert Kagan），在川普崛起之前遁入左派智庫布魯金斯學會（Brookings Institution），這種賣身投靠讓他在左派陣營中獲得夢寐以求的榮譽——這位三十多年前曾擔任雷根時代國務卿舒爾茨（George P. Shultz）撰稿人的「保守派的大腦」，被左派的《政治》（*POLITICO*）雜誌評為二〇一六年「改變美國政治的思想者、實踐者和遠見者」五十人之一。為了對得起左派賞賜的飯碗，他在《華盛頓郵報》（*The Washington Post*）拋出討伐川普的萬字長文〈我們的憲法危機已經到來〉。

卡根不敢像歐巴馬和希拉蕊那樣將川普的支持者貶斥為「失敗者」，因為川普的很多支持者比他更「成功」——川普的許多支持者「認為川普強勢且有魄力，膽敢與建制派、民主黨、自由媒體、激進組織、科技巨頭和麥康奈（Mitch McConnell）式的共和黨人較量，川普超凡的領導力給了千百萬美國人使命感、賦權感和新的身分認同感」。他承認「川普的大多數支持者都是好父母、好鄰居和社區可靠成員」，但又打出種族牌妖魔化對方：「在很大程度上，他們的偏見屬於典型的美國白人偏見。」他無視川普贏得有史以來最多非裔、拉丁裔和亞裔選票這一事實——對川普的支持超越種族，這種支持是對「美國之所以成為美國」的建國價值的支持。

在這篇語氣接近馬克思《共產黨宣言》（*The Communist Manifesto*）的長文中，卡根再次將川普比喻為希特勒（這是左派早已用爛的話術），宣布與共和黨和保守派決裂——更準確地說，他回歸原本就嚮往的左派暖被窩。他以法官的姿態給共和黨發出死刑判決書：「今天的共和黨是一個僵屍政黨。」既然共和黨已是僵屍政黨，民主黨人為何擔心其民調落後？（在二〇二四年的大選中，川普成功地將共和黨建制派排除在決策層之外，共和黨全國代表大會的會場顯示，共和黨已脫胎換骨）卡根危言聳聽地說：「美國民主正在步入黑夜。」可笑的是，竭力破壞美國核心價值、取消文化、消除性別、破壞家庭和婚姻、操弄批判性種族理論、將聯邦政府擴權、瘋狂印刷鈔票造成通貨膨脹的，不正是極左派嗎？強迫民眾戴口罩、打疫苗、踐踏基本公民權利和自由的，不正是愈來愈像共產黨的民主黨人嗎？

比爾．克里斯托和卡根是「新保守主義者」中「敗德者」的典型案例，他們的墮落顯示了，喪失宗教信仰和觀念秩序的「新保守主義者」，可能在「通往奴役之路」上滑落多久和多遠。

注釋

1 喬治·沃克·布希（George Walker Bush）：《抉擇時刻》，（北京）中信出版社，2011年，頁237。

2 茲比格涅夫·布里辛斯基（Zbigniew Brzezinski）：《第二次機遇：三位總統與超級大國的危機》，（上海）上海人民出版社，2008年，頁116-119。

3 筆者對伊拉克戰爭的看法，隨著本人身分認同的轉換而翻轉。當筆者身為中國異見人士時，對伊拉克戰爭表示支持，因身處中共暴政之下，對伊拉克平民歡迎美軍推翻海珊暴政的「被解放」心情感同身受。是故，筆者曾與反美和反對伊戰的中國新左派及民族主義者展開筆戰。二〇一八年，當筆者成為美國公民、成為保守主義者之後，認同美國優先、美國第一、美國自我設限，對伊戰轉而持批評意見。

4 赫伯特·麥馬斯特（H. R. Mcmaster）：《全球戰場》，（臺北）八旗文化，2022年，頁181、頁270。

5 雷根與老布希的差異，在老布希處理重大國際突發事件時可看得一清二楚：一九九一年，蘇聯共產黨頑固派發動推翻戈巴契夫的「八一九」政變，老布希的國家安全顧問史考克羅夫特（Brent Scowcroft）建議，政變很可能成功，鑒於以後不得不跟政變領導人打交道，要「留一條後路」，不要使用「非法」等字眼。老布希同意此建議，用「超越憲法」來定義政變。發表第一次講話時，聽起來他似乎認為政變已成功，有意與緊急狀態委員會交往。政變者在其控制的傳媒上反復引用老布希的話。美國民眾和西方盟友都深感困惑。老布希當晚又發表第二次講話加以糾正。政變很快失敗，這一事件未造成持久的不良影響，但表明白宮對事態判斷有誤，這點在老布希整個任期未能予以糾正——鑒於蘇聯所發生的深刻變化，解釋它的第一個標準不應是歷史上的經驗（比如，當年頑固派曾通過政變成功推翻赫魯雪夫）。在許多方面，蘇聯已成為一個完全不同的國家。美國駐蘇聯大使小傑克·F·馬特洛克（Jack F. Matlock Jr.）指出：老布希一直不能擺脫曾誘使他八月十九日凌晨發布不幸聲明的本能。小傑克·F·馬特洛克：《蘇聯解體親歷記》（下），（北京）世界知識出版社，1996年，頁688-691。

6 老布希與柴契爾夫人在外交政策上存有分歧：老布希期望英國加入歐洲一體化進程；柴契爾夫人認為，歐洲一體化會削弱英國的影響力，並使英美關係變得疏遠，「如果積極支持歐洲防務一體化，如果英國作為歐洲的一員有義務在未來某個時候加入歐洲貨幣一體化政策，那麼無疑都會削弱英美之間的傳統友誼，而且對各方面而言都是悲劇。如果英國進一步推進歐洲計畫，創建一個超級國家，那麼就會喪失大西洋彼岸的盟友，也許再也無法挽回彼此的盟友關係。」柴契爾夫人深知，英美與歐洲的傳統及價值觀不一樣。多年後英國脫歐，證明站在正確一方的是柴契爾夫人和雷根，而不是老布希。

7 詹姆斯・曼（James Mann）：《布希戰爭內閣史》，（北京）北京大學出版社，2007年，頁201-203。

8 威廉・J・本內特（William J. Bennett）：《美國的希望與恐懼：1988-2008》，（南昌）江西人民出版社，2011年，頁214。

9 赫伯特・麥馬斯特：《全球戰場》，頁191。

10 喬治・沃克・布希：《抉擇時刻》，頁192。

11 克雷格・惠特洛克：《阿富汗文件》，頁154。

12 與吉伊當了三年室友的中士哈里森（Mallory Harrison）在臉書哀痛發文：「我最好的朋友在二十三歲時離世，知道她離開這世界的當下是在做她最喜歡的事情時，我感覺十分平靜。吉伊是一名海軍陸戰隊員，她很關心人們，用力去愛，她也是這黑暗世界的一盞明燈。」

13 川普在接受媒體訪問時指出，持續升溫的阿富汗危機肇因於拜登做出「可能是我們國家史上最愚蠢的舉動」。拜登的撤軍順序與川普的規畫相反。「拜登先把軍隊撤出，然後才說希望撤離平民，接著塔利班就來了。他們忘了帶上世界上最了不起的軍備，真令人難以置信，連小朋友都明白應該讓軍隊最後離開。我們的國家被一群不清楚自己在做什麼的人帶領。」川普提到，他的政府殲滅「伊斯蘭國」，正是因為有實際作戰的「偉大將軍」，而非在媒體上侃侃而談的「電視將軍」——拜登身邊充斥「覺醒將軍」，心思全擺在「政治正確」的議題上，枉顧國家安全，讓美軍這支世界上最強大的軍隊變得分裂而衰弱。

14 二〇一五年，最初堅定支持小布希的英國前首相布萊爾（Anthony Blair）以及前美國駐伊拉克高級指揮官佛林（Michael Flynn）將軍皆表示，發動伊拉克戰爭是錯誤的。二〇二〇年六月八日，川普總統在推特上發文說：「鮑威爾不是說『伊拉克有大規模殺傷性武器嗎？』，他們沒有，但是我們去打了一仗！」小布希坦承，「我曾相信，有關伊拉克大規模殺傷性武器的情報是可靠的」，但實際上「有關伊拉克大規模殺傷性武器的情報是錯誤的」，「每當想到這件事，我就有一種噁心的感覺，直到現在還是這樣」。

15 喬治・沃克・布希：《抉擇時刻》，頁 126。

16 戴斯特・費爾金斯（Dexter Filkins）：《永遠的戰爭》，（臺北）大家，2012 年，頁 207-208。

17 庫必來・亞多・阿林（Kubilay Yado Arin）：《新保守主義智庫與美國外交政策》，（上海）上海社會科學院出版社，2017 年，頁 78-79。

18 喬治・沃克・布希：《抉擇時刻》，頁 335。

19 史蒂芬・華特（Stefhen M. Walt）：《以善意鋪成的地獄》，（臺北）麥田，2019 年，頁 97。

20 詹姆斯・曼：《布希戰爭內閣史》，頁 97。

21 史蒂芬・斯密什（Steven B. Smith）：《閱讀施特勞斯：政治學、哲學、猶太教》，（北京）華夏出版社，2012 年，頁 21。

22 列奧・施特勞斯：《什麼是政治哲學？》，（北京）華夏出版社，2014 年，頁 3。

23 科林・鮑威爾：《我的美國之旅》（下），（臺北）智庫文化，2001 年，頁 775。

24 二〇一六年四月，中國駐美國大使崔天凱與美國華盛頓州州長英斯利（Jay Inslee）會面，為了歡迎崔天凱，華盛頓州議會大廈外頭特地升上中國五星旗，而且五星紅旗位於美國國旗和華盛頓州州旗中間。當地的茶黨人士非常不滿，進入州議會，將五星旗降下，而一旁駐守的警員並未阻止降旗行為。

25 塞繆爾・杭亭頓（Samuel Phillips Huntington）：《文明的衝突與世界秩序的重建》，（北京）新華出版社，2002年，頁342-354。

26 吳國光：《反民主的全球化：資本主義全球勝利之後的政治經濟學》，（香港）牛津大學出版社，2020年，頁282。

27 柯林頓在總統競選中擊敗老布希，兩人在競選中彼此攻擊，但布希家族與柯林頓家族之間隨後建立起某種超越黨派的「友誼」，他們經常在公共場合親密擁抱，芭芭拉（Barbara Bush）曾打電話給兒子小布希說：「看來你讓父親和你的同父異母弟弟（指柯林頓）重逢了。」這個誇張的玩笑，與布希家族對川普的仇恨對照鮮明，讓人感歎：共和黨建制派與民主黨所共同建構的「深層政府」有多麼可怕。

28 塔克・卡森（Tucker Carlson）：《當我們被困在同一艘船上》，（臺北）好優文化，2019年，頁172。

第八章

斗米養恩，擔米養仇：美國二次拯救歐洲，歐洲卻忘恩負義

歐洲的再造是必要的。但絕不是用一種致力於非美或反美的歐洲自決來完成。任何想要把歐洲與美國對立起來的企圖，絕不會把歐洲統一起來，只會將之分裂。

——提莫西・賈頓・艾許（Timothy Garton Ash）

在二戰的廢墟中，法國人莫蘭哀嘆說：「一九四五年，歐洲死了，死於戰敗國或被解放的國家廢墟之下……完全依附大西洋彼岸的美國保護，使我們成為美國的衛星國。」一九四六年冬，對歐洲來說，是最寒冷的冬天——無論是實際的溫度，還是人的感覺。從一九二〇年代就擔任《紐約客》（*The New Yorker*）駐巴黎通訊員的弗蘭納（Janet Flanner）描述道：「在巴黎或可能整個歐洲，都瀰漫著一種無助的災難即將來臨的感覺……不安的氣氛……人們期盼著發生些什麼，或者，更糟糕的是，什麼都不會發生。整個歐洲大陸正在緩慢地進入一個新的冰河時代。」

對許多歐洲人而言，寒冷、電力中斷、飢餓、混亂顯示了歐洲總體的衰退和文明的崩解。「歐洲在道德上和經濟上……輸掉了戰爭」，作家康諾利（Cyril Connolly）說，「我們所有人在其中成長、閱讀、寫作、戀愛、旅行的歐洲文明大幕已經降落；邊上的繩索已經磨破；中間的柱子已經破裂，桌子椅子全都成了碎片，帳篷裡空無一物，玫瑰已經枯萎」。「這是墳場，這是死亡之地」，波蘭作家布羅涅夫斯卡（Janina Broniewska）在波蘭獲得解放後立即返回華沙，但華沙已面目全非，成為一片瓦礫。同樣，一九二九年出版《柏林，亞歷山大廣場》（*Berlin Alexanderplatz*）的德國作家德布林（Alfred Döblin）被迫流亡十二年後回到德國，震驚地看到有些城鎮「只剩下名字了」。[1]

那時，極少有人相信經濟和其他各方面的復甦即將來臨，生存是最基本和最高的訴求。有些人憂鬱不已，如同感覺末日來臨。「這種世界形勢在歐洲顯然體現得極為清晰，但在遠東也一樣，它威脅著我們祖祖輩輩所知曉的整個世界的根基和機體。」艾奇遜對杜魯門如是說。[2]

世界正在坍塌，又正在艱難重建中——很快，大半個歐洲將被「馬歇爾計畫」拯救，這是美國有史以來最大規模的外援計畫。美國人希望西歐在經濟和政治上實現一體化，該計畫以此為方向設計。但肯楠辛辣地指出，歐洲人既沒有政治力量，也沒有「清楚的遠見」設計新未來。[3]

與此同時，美國成了分崩離析的世界唯一繁榮而富足、民主而自由的世外桃源，這或許佐證了很多美國人相信的「美國例外論」和「美國的昭昭天命」。假如一九四五年美國允許歐洲民眾移民，恐怕超過一半歐洲人都會移民美國。一九四五年，西西里的一個政黨發起一場運動，要求美國將西西里收為一個州。美國拒絕該提議，但戰後移居美國的義大利人超過西西里居民總數。

一九四五年下半年，大批饑寒交迫的歐洲人排隊站在少數還在營業的電影院前，準備用微薄的收入買票觀看美國電影。美國的聲望是巨大的、無可置疑的，與之相伴的僅有一絲悲傷、渴望的艷羨。夜晚，美國的大城市像天國的教堂一般光芒四射，散發著人性純良的、溫暖的、金色的樂觀主義之光，城市裡到處都是充滿活力、體格強壯的人，他們從未受過絕望的打擊。歐洲人似乎接受了美國人對自己的定義：此乃天意，因為美國人是上帝的選民，他們選擇了這種生活方式。[4]

半個多世紀之後，歐洲已足夠富足——歐盟的經濟總量接近美國的三分之二，多國人均收入超過美國。歐洲不再服從和欽佩美國。反美主義在歐洲由潛流變成大聲喧嘩，儘管歐洲的民主和富足完全仰賴美國的善意——美國在整個冷戰期間無償保護西歐免受蘇俄的侵略，但歐洲對美國毫無感激之情。

九一一之後，在言論上，歐洲菁英知識分子與社會大眾之間出現了清楚的分野：前者大放厥詞，頗有幸災樂禍之意，將伊斯蘭世界視為弱者，將美國視為強者，將恐怖襲擊視為弱者迫不得已的反抗——很快，同樣的反抗模式將降臨到歐洲諸國頭上。後者則對受害者表現出真心的同情，這是出於「人同此心，心同此理」的同理心，是人類原初的良心——很多知識分子不具備良心。

伊拉克戰爭打響之後，歐洲尤其是西歐的菁英和民眾對美國的態度前所未有地一致——反對，反對，還是反對。美國在伊拉克戰爭中犯了很多錯誤，但這些錯誤足以讓歐洲人全盤否定美國，乃至將美國視為最大的威脅嗎？

對於很多歐洲人來說，美國是不折不扣的「另類」。早在二〇〇〇年，艾略特（Michael Elliott）就宣稱：「歐洲者，非美國也。」他們拒絕接受「跨大西洋文明」的說法。

美國對歐洲政策最大的失誤，就是忽視了人性幽暗的一面——這正是美國賴以立國的清教秩序中人性論的核心部分。美國自身漸漸疏離了清教秩序，導致美國變得過於慷慨大方。美國的外交政策制定者們忘記了「斗米養恩，擔米養仇」的道理：做好事也要掌握分寸，若做過頭，就容易助長被幫助者的軟弱、懶惰、依賴和貪婪的心理，讓其以為一切都是天經地義、理所當然。如此一來，他們在無法自力更生的同時，反而還會倒過來把錯都歸究在幫助者身上，甚至譴責幫助者沒有讓其得到更多的好處。

歐洲是破滅與暴政之地，美國是照出歐洲之醜陋的一面鏡子：歐洲憎恨美國，正如希臘憎恨羅馬

十九世紀，美國人已不再把自己看作歐洲人。歐洲尚未發生兩次世界大戰，當時到歐洲旅行一趟的美國作家馬克．吐溫（Mark Twain）就敏銳地發現，歐洲是破滅與暴政之地，誕生於反抗歐洲國家暴行中的美利堅合眾國，則是照出歐洲之醜陋的一面鏡子。

美國是「不情願的帝國」。傑佛遜憧憬的美國是「小國富民」，希望建立較大的聯邦政府的漢密爾頓也主張美國不要捲入歐洲的紛爭。但後來，美國與羅馬帝國一樣，不由自

主地走上大國之路。歷史學家梅登（Thomas F. Madden）認為，美國與羅馬是人類歷史上「唯二」的「信任帝國」——「無論對待朋友還是敵人，羅馬都能夠負責任地使用其權力，從而得到雙方的信任，也正是由於這種信任，羅馬帝國本身誕生了！」羅馬人的本意並不想鑄造一個帝國，這一想法反而幫助他們成就了真正的帝國。美國人也是以一種獨特方式行動，總是做著認為對自己和對盟友都最適當的事，在不知不覺中被拉進帝國的行列。和羅馬一樣，美國也建立起史上罕有之物——與「征服帝國」相對應的「信任帝國」。[5]

美國為維持戰後「美利堅治世」的巨大付出，並未得到享受此一「治世」的諸多歐洲國家的承認與感恩。昔日，享受著羅馬帝國秩序的國家，偏偏憎恨羅馬帝國，尤其是得益最多的希臘；今日，享受著美國秩序的國家，偏偏憎恨美國，尤其是得益最多的「老歐洲」。梅登將此現象形容為「帝國與它那日漸衰老的文化母體之間的愛恨情仇」。

在兩次都是由歐洲人發起的世界大戰中，美國派出數百萬軍隊，犧牲成千上萬條生命，為的是建立起和平自由的歐洲。整個二十世紀，美國人給予歐洲國家數百億美元幫助重建，又花費更多錢幫助建立軍事防禦系統。然而，對當今西歐而言，感激成了一個陌生概念。美國花錢在這些國家部署軍隊和飛彈，最終贏得冷戰，使歐洲遠離蘇俄軍事占領的威脅。但世上最荒謬的事情出現了：被保護者高聲對向其提供無償保護的保鏢說不。

美國人不禁自問：為什麼歐洲如此盛行反美主義？

日光之下無新事。當年，古羅馬人為保障希臘人的和平自由傾盡金錢、時間和鮮血。

但是，他們時常被報以侮辱、指責和嘲笑。

當羅馬興起時，希臘日漸衰敗。希臘諸城邦受到馬其頓的腓力國王攻擊，在絕望之中派遣使者前往羅馬求助。他們求助於羅馬有兩個簡單原因：其一，羅馬強大；其二，羅馬人運用權力的方式值得信任——它並沒有建立征服帝國，它是一個信任帝國，羅馬軍隊不會來了之後就不走了。

在第二次馬其頓戰爭中，羅馬軍隊擊敗腓力國王（Philip II of Macedon），迫使其退回馬其頓。獲得解放的希臘人慫恿羅馬軍隊乘勝追擊，徹底擊潰腓力。遠征軍統帥弗拉米寧（Titus Quinctius Flamininus）斷然拒絕：「羅馬從未在戰後毀滅對手。」他允許腓力保有其王國並成為羅馬的盟友。之後，羅馬從希臘半島撤軍。這是羅馬習慣的做法——將落敗的敵人變成朋友。他們不想要外國的領土，只想要盟友。這也是晚近一百年來美國一以貫之的做法：歡迎擺脫蘇聯控制的東歐國家加入北約；擊潰伊拉克獨裁者海珊後，將伊拉克改造成盟友；美國盟友大都是昔日的敵人：英國、日本、德國、奧地利、義大利等。[6]

不久後，希臘各城邦在此受到來自東方的安條克（Antiochus III the Great）的軍事威脅。曾擊敗漢尼拔（Hannibal）的羅馬名將大西庇阿（Scipio Africanus）和弟弟盧基烏斯（Lucius Cornelius Scipio）再次遠征，迫使敗安條克退回敘利亞。歷史上的強國必定會在戰爭勝利之後完成領土和人口的征服，將軍隊所到之處當成新的殖民地。羅馬沒有這樣做。羅馬人宣布小亞細亞所有城邦都是自由而獨立的，羅馬軍隊很快撤離希臘。

羅馬希望為希臘締造永久的自由與和平，這一期待很快落空——就如同一戰之後美國從歐洲撤軍一樣，撤軍留下權力真空，歐洲的和平沒有維持太久，歐洲陸地型帝國突如其來的瓦解與繼承國的難產，導致歐陸陷入暴力循環，歷史學家將兩次大戰之間的時間稱為「歐洲內戰的延長」。[7]

當年，羅馬離開希臘之後，反對羅馬的人在希臘大受歡迎，支持羅馬的人受到暴民詆毀。「反羅馬主義」成為通往希臘權位之路的門票，有人報告羅馬元老院：「現在，甚至毫無可取之處的人，只憑藉反對你們的政策而在他們國家享有最高榮譽。」希臘作家馬蓋奈斯寫了一本又一本反對羅馬的小冊子，由此暴富。他說，羅馬若發生火災，他唯一感到悲傷的理由是「之後會有更多的建築物拔地而起」（九一一之後，很多歐洲人沿用類似說法）。他們心安理得地生活在受羅馬保護的世界裡，肆意詆毀羅馬人卻不用承擔後果。批評不會報復的對象無需勇氣。

一九九一年，蘇聯解體、冷戰結束後，美國也面臨同樣境遇。美國人深信，共產主義的發展勢必意味著自由的喪失，而美國高度重視自由。冷戰結束，美國人視之為與歐洲盟友共同取得的勝利，但歐洲人並不領情。歐洲人認為，美國不是靠價值和實力擊敗蘇俄，而是靠運氣。歐洲評論家托德（Emmanuel Todd）認為，美國事實上一點也不強大，美國正處於解體過程中。歐洲、俄羅斯和日本將聯合起來對抗美國。鑒於「歐洲在工業方面比美國強大」，歐洲人可以通過建立一個強大的「核攻擊力量」來解放自己、脫離美國。

法國人忘記他們曾贈送美國一尊自由女神塑像。在以法國為中心的歐洲，「美國文明」被當做「一種把惡劣的墮落強加於人的『文明』」。法國人痛斥，英美文明「不僅威脅人類的成果，也威脅人類本身」。反美是不同立場的知識分子唯一的共識，他們聲稱：反美主義就是人道主義。[8]在法文詞典中，「反美主義」是唯一在某個國家名稱前加上「反」這個前綴詞的詞彙，連其宿敵德國都不曾享受此種「殊榮」。法國人拒絕承認，若非美國的幫助，他們連講優雅法語的權利都將喪失，他們只能被德國或蘇俄占領，被迫講德語或俄語。

不僅是「老歐洲」，憎恨美國的國家和民族遍及全球。九一一之後，歡呼雀躍的穆斯林和中國人絲毫不掩飾對美國的仇恨。[9]

西元前一七一年，腓力國王的兄弟和繼承人柏修斯（Perseus of Macedon）率領軍隊南下企圖征服希臘。羅馬對其宣戰。同樣，少數希臘城邦依附柏修斯對抗羅馬。羅馬將軍保盧斯（Lucius Aemilius Paullus）擊敗柏修斯，再次恢復希臘的自由與獨立。這是羅馬第三次這樣做。

但希臘人對羅馬的痛恨在此後二十年發展到頂峰。希臘人所體認的自由，包括攻擊其他希臘城邦的自由——這跟羅馬人對自由的理解大相徑庭。亞該亞同盟（Achaean League）向與羅馬友善的斯巴達發起攻擊。羅馬派出代表團前去勸解。亞該亞同盟的領導人迪亞厄斯（Dionysius）無意跟代表團見面，帶領城邦民眾進行大規模反羅馬遊行示威，並猛烈攻擊代表團的議員們。幾位議員身受重傷，險些喪命。

羅馬人意識到，希臘人不配享有自由和獨立。羅馬派出軍隊，很快擊敗亞該亞同盟。羅馬軍隊占領科林斯（Corinth），召集當地居民聽取元老院法令。當地居民認為，羅馬人收拾殘局之後會像往常那樣離開。然而，這一次羅馬的命令斬釘截鐵：科林斯人必須全部撤離，隨即整個城市將被夷為平地。希臘人這才知道不能隨便玩弄羅馬人。[10] 今天川普對加薩的處置方式就是如此：已經給過你們太多改過自新的機會了，既然你們屢教不改，就只能將你們連根拔起。

對於自負的希臘人來說，需要「野蠻人」保護令他們感到羞辱。羅馬的恩德太大，大得讓他們無以報答。感激遲早會變成厭惡和憎恨。梅登的解釋是：沒有其他原因——希臘人就像年邁虛弱的父母，身處盛氣凌人、強大有力的子女保護之下，這種力量的不平等遲早會產生裂痕。

歐洲的反美主義，是由感激轉化成的怨恨。美國沒有要求歐洲對其感恩戴德或償還援助，但歐洲的那口感激之井早在很久之前就乾涸了。美國曾經是歐洲之子，如今卻成了歐洲之父——美國對沉溺於青春自戀中的歐洲過於驕縱了。

自一九六〇年代開始，「反美主義」就在西歐興起——一種類似的思潮也在美國蔓延（美國自身的「反美主義」，在菁英階層中最常見），兩者並非巧合。美國未能肅清本國內部的左派意識形態，也未能幫助歐洲夯實保守主義的根基——一個左翼的、反美的歐洲，是美國錯誤的外交政策結出的苦果。

冷戰之後，歐洲從「北極熊（蘇俄）」的壓力下解脫出來，處於失重狀態。歐洲開始尋找新的敵人，將敵人的帽子戴到保護者美國頭上（這種保護仍在持續）。一九九一年以來，「反美主義」在西歐成為一種時髦和「政治正確」，成為政客的演講題目，學者和媒體以此顯示其獨立性。「反美主義」在書籍、報紙和對話中司空見慣。人們嘲笑美國人是專橫粗魯、趾高氣揚的帝國主義者，被他們碰過的東西都降低成色。美國人像病毒在全球蔓延，留下麥當勞、迪士尼和可口可樂。以「反美主義者」自詡的法國評論家德布雷（Régis Debray）指出：「我們反對的美國主義已經不是屬於美國了，正像『極權主義』不再屬於俄國那樣。」他聲稱，「美國猿人」是某種「世界性的存在」，美國是「一種說『不』的生活方式」，是「散布全球的精神疾病」——他沒有意識到他使用的是希特勒形容猶太人的詞彙。[11]

這種對美國的憎恨，產生於威力強大的混合成分中，包括強烈的文化優越感、軍事實力的相對弱勢，以及安全需要依靠「野蠻人」的有損自尊的事實。古老文明不能也不願拒絕信任帝國提供的實質性幫助，它們滿足於指責信任帝國的「傲慢自大」（即帝國不聽話），敦促它要奉行多邊主義（即帝國要聽話）。但是，若保姆對嬰孩言聽計從，嬰孩還能存活嗎？（歐洲不願承認他們是失去治理能力的巨嬰，但二十世紀歐洲大部分地區都發生了駭人聽聞的屠殺。）

如果美國不出兵，歐洲能制止發生在家門口的巴爾幹種族屠殺嗎？

歐馬斯卡是一個人間地獄般的集中營。殺戮、殘暴和凌辱在這裡成為一種畸形的娛樂，守衛們在酷刑、毆打、殘害和屠殺犯人的時候，一面飲酒一面唱著歌，他們有特別的嗜好來強迫口交、獸姦和性侵害。守衛強迫一位犯人把另一位犯人的睪丸咬下來，然後拿一隻活生生的鴿子，塞進這位大聲嚎叫的犯人嘴巴裡面，使他窒息身亡。後來有位目擊證人前往海牙，在聯合國前南斯拉夫國際罪行法庭作證，提到守衛們的行為是如此野蠻殘暴，在心理上有點類似「觀看足球賽的群眾」。聯合國專家委員會認為歐馬斯卡是「不折不扣的死亡營」。[12]

在距離萬人塚尚遠的息斯卡（Cerska，斯雷布雷尼察〔Srebrenica〕郊區），你就可以聞到它的味道。令人作嘔的濃重屍臭味穿過樹叢，引導出連接墓塚的泥濘小徑，劊子手選擇這個地點很隱祕，散布輪痕的道路旁邊的偏僻的小丘，是一個人跡罕至的地方。前南斯拉夫國際罪行法庭的調查人員已經發現這處墓塚，在空中漂浮的惡臭氣味顯示正在進行開掘，以搜集戰爭罪起訴案件的證據。屍體穿著平民服飾，後腦有槍彈射擊的傷口，腐爛的雙手綁在背後。在現場的法醫專家非常肯定地說，這些男子和兒童遭到冷血兇手的槍殺。[13]

歐馬斯卡和息斯卡這兩個地名，歐洲的普通人不曾聽聞，但無論在地理還是在文化上，無疑屬於歐洲。廢除死刑、自由墮胎和同性婚姻合法化的歐洲，自以為比美國「文明」，然而，美國沒有像「文明」的歐洲，發生類似的種族屠殺——二十世紀的歐洲，死於屠殺和戰爭的人比非洲還多，歐洲並不比非洲「文明」多少。

南斯拉夫內戰於一九九一年爆發，幾乎跟冷戰結束同步。這是不同種族和宗教信仰群體之間犬牙交錯、環環相扣的系列戰爭，先後打了五場。其中，僅波斯尼亞戰爭就有三十萬人遇害，三百萬人尋求海外避難。

歐洲知識分子自信地宣稱，歐洲永遠不會再次發生納粹的暴行。話音剛落，不亞於納粹的暴行就在眼皮底下發生。歐洲人以為完美的「共同外交與安全政策」並沒有為種族滅絕畫上句號，他們眼睜睜地看著暴行愈演愈烈，恰恰是歐洲厭惡的美國兩次介入才終止了發生在歐洲家門口的慘劇。

當以歐洲軍隊為主的聯合國維和部隊向塞爾維亞裔軍隊屈辱地繳械投降之後，採取行動制止種族屠殺的只能是美國領導的北約。

一九九五年，美國總統柯林頓說服聯合國領導層、某些歐洲領導人，以及對歐洲事務不感興趣的美國民眾，授權北約對塞爾維亞進行大型轟炸行動。美國一出手，就反襯出歐洲大國有多麼無能。塞族人大肆吹噓且被歐洲人信以為真的戰鬥機器立即煙消雲散。一個多月後，在美國戴頓（Dayton）空軍基地舉行和平會談，三個星期後各方達成和平協議。

問題並未徹底解決。一九九七年，巴爾幹這個曾引爆第一次世界大戰的「火藥桶」又爆發科索沃危機。前共產黨人、塞族民族主義者米洛塞維奇（Slobodan Milošević）在科索沃展開新一輪大屠殺，歐洲各國意見紛紜、莫衷一是。又是北約出手對南斯拉夫聯邦共和國（Socialist Federal Republic of Yugoslavia）展開軍事打擊行動。米洛塞維奇很快垮臺，被抓到海牙國際法庭受審——他被捕時穿著浴室用的拖鞋，他沒有想到美軍行動如此迅捷。

在科索沃危機中，歐盟與美國的所作所為大相逕庭——美國國務卿克里斯多福（Warren M. Christopher）警告說：「這是來自地獄的問題。」以歐洲領頭羊自居的法國總統密特朗（François Mitterrand）指責美國人「過度誇大」事態的嚴重性。難得肯定美國國際干預的左翼歷史學家朱特（Tony Judt）評論說：「儘管華盛頓當局過了特別長的時間才關注巴爾幹事務，但是一旦開始關注，美國在那裡的表現就好多了。事實上正是由於美國的動議，才推動了每一階段的國際干預，這是西方國家中歐洲盟國一系列屈辱的源頭。」[14]

歐洲的和平主義者們不主張歐盟擁有軍隊，就如同昔日威爾遜不主張國際聯盟擁有軍隊一樣。當年，國聯沒有軍隊，未能保護被希特勒侵略的東歐諸國、被義大利侵略的北非；今天，重複國聯模式的歐盟，又如何保護受到俄羅斯威脅的東歐呢？

對於一九八九年之前被困在鐵幕後的東歐國家來說，重回歐洲並非為了擺脫美國，而是遠離二十世紀的種種厄運，在面對俄羅斯時得到西方盟友保護。他們認為，只有美國才能幫助這片舊大陸，使這塊土地上的惡魔們不敢肆意妄為。這個判斷是對的，但西歐不願承認此事實。

二〇〇七年五月，羅馬尼亞議會以兩百五十七票對一票，同意邀請三千名美軍士兵永久駐紮。總理特里佩努（Calin Popescu Tariceanu）讚揚該投票結果，稱數十年來羅馬尼亞人「只有一個願望：希望美國軍隊會來，幫我們擺脫蘇共。今天，羅馬尼亞不再是一個尋求救世主的受害者，而是美國的夥伴」。

二〇二〇年，美國總統川普宣布，將美國在德國的四萬駐軍撤出一萬兩千人，美國陸軍第五軍總部將從德國搬遷到波蘭。這是因為德國沒有達到北約成員國的國防預算占國民生產總值百分之二的約定。德國官員在得知撤軍與波蘭新協定後，批評此舉會削弱北約的力量，並讓俄羅斯更肆無忌憚——他們希望永遠享受美國免費的保護，與此同時，美國必須心甘情願地承受他們的辱罵以及與中國暗通款曲。

歐盟宣稱其國民生產總值已超過美國，它是世界排名第一的經濟體，但這個數字是摻水的。歐盟自誇其成員國共有兩百萬軍隊——超過一百五十萬的美軍。有些歐洲領導人開始談論建立單一的歐洲軍事力量去「平衡美國霸權」。西班牙總理薩帕特羅（José Luis Rodríguez Zapatero）說：「歐洲必須相信二十年之後它將成為世界上最重要的力量。」這只是遙不可及的美夢。西班牙軍隊和警察鎮壓加泰隆尼亞（Catalunya）的獨立運動綽綽有餘，要維護歐洲的和平卻力不從心。

號稱兩百萬的歐洲軍隊中，只有百分之三到五受過訓練，能用於軍事部署。科索沃危機之後，歐洲領導人組建名為「戰鬥群」的快速反應部隊。這個擁有「全面行動能力」的六萬人部隊中，可隨時調度的單位只有兩個，每個單位有一千五百名士兵。動用這支部隊需要繁瑣的手續，足以讓「快速」轉化為「慢速」，進而變得無用。從歐盟的法律上看，「歐盟共同外交與安全政策高級代表」是這支部隊的負責人，但派遣武裝力量、決定外交政策，都必須得到歐盟委員會部長會議許可。季辛吉在幾十年前問過的一個諷刺性問題——「如果我想打電話給歐洲，該撥哪個號呢？」——仍未過時。[15]

一九九一年十二月，歐洲共同體（European Community）十二個成員國代表在馬斯垂克（Maastricht）達成協議，將歐共體改名為歐盟，並決定使用單一歐洲貨幣。二〇〇四年和二〇〇七年，前蘇聯控制的東歐各國及馬爾他、塞浦路斯等分兩批次加入歐盟，歐盟擴展為二十七國。二〇一二年，歐盟獲諾貝爾和平獎，這是最莫名其妙的諾貝爾和平獎之一，跟歐巴馬獲獎一樣荒謬——歐盟對和平並沒有突出貢獻，歐盟的軍隊沒有行動力和戰鬥力，終結南斯拉夫內戰的是美國而不是歐盟。歐盟是粗暴干涉各成員國自由市場的經濟利維坦，關於預算和補貼的爭論讓其內部勾心鬥角、精疲力盡。在邊境恐怖組織威脅日益加強之際，歐盟沒有美國聯邦調查局（Federal Bureau of Investigation）那樣統一的執法機構，也沒有於美國中情局那樣的情報機構。

布魯塞爾的歐盟總部宛如路易十六金玉其外、敗絮其中的宮廷，官僚和遊說團體像蒼蠅群，籠罩其上。平時，他們像「無事袖手談心性」的中國儒生一樣起草修辭精美的文件，一旦到了緊要關頭，卻呆若木雞。看看普丁在車臣的種族滅絕、對烏克蘭的肢解，歐洲做了什麼？歐洲只是東張西望，保持沉默，最多發表不痛不癢的聲明，並繼續與莫斯科保持良好關係。布魯塞爾沒有能力保護東歐人。南斯拉夫與車臣，以及烏克蘭發生的事情，本是歐盟向世界展現其實力和道德高度的機會，但歐盟的正人君子們卻急忙往桌子底下鑽。[16]

和平主義被歐盟作為崇高理想，現實中卻可望而不可及。德國歷史學家韋勒爾（Hans-Urich Wehler）指出，和平主義的反戰，不足以作為一種知識的基礎。微弱的高尚情操，不免眼高手低，是無法堅持到底的。以和平為訴求的高貴精神從未產生過集體的歐洲公眾。無論在內政或外交上，和平主義都無法提供持久的基礎。當塞族在斯雷布雷尼察製造大屠殺時，歐洲的和平主義者走上街頭抗議就能讓屠夫放下屠刀嗎？和平主義「只會將歐盟癱瘓成一個廢物。任何事情要追問其正當性，和平主義充其量只能當做非慣例決策的裝飾品而已」。[17]

南斯拉夫內戰顯示，歐盟連發生在家門口的問題都無法解決。在此情形下急於「脫美」，乃是愚不可及。歐洲人必須承認：在感情上，並沒有足以為一般歐洲人民普遍認同的實體——除了一種共同的貨幣與一個不倫不類的政治架構外，「歐洲」既不成其為邦國，也算不上聯邦，頂多只是在布魯塞爾有不痛不癢的官僚機構。歐洲稱不上一個「民族」，難以要求如此眾多民眾效忠，乃至於為其慨然赴死。

歐盟並不比昔日紙上的「神聖羅馬帝國」高貴和真實。歐盟並未培養其足以支持政治和經濟整合機制的歐洲認同。美國政治哲學家桑德爾（Michael J. Sandel）指出，支持歐洲進一步整合的人擔心「民主的赤字」，也就是由專家委員會成員與公務員而不是民選代表來主持歐盟大多數事務。這樣一種「稀薄的政治感」失去了「有血有肉的政治必然具有的憤怒、激情、承諾和派性」。這造就的是「生意人的歐洲」，而不是「公民的歐洲」。

曾任捷克總統的哈維爾指出，歐洲缺乏共同的道德目標：「歐洲今天缺乏一種精神……歐洲沒有真正認同於整合的目的與意義。」他呼籲歐洲機構「培養這樣一些價值，歐洲一體化的精神與特質可以從中成長起來。」[18]

然而，去基督教化的歐洲（尤其是西歐）到哪裡去尋找共同的道德目標？歐洲人拋棄了基督教，還認為美國人的虔誠信仰是愚蠢的——美國高比例人群信仰上帝會使其政策不夠理性而更依賴宗教信仰。《經濟學人》（*The Economist*）在一篇社論中指出：「對於歐洲人來說，宗教信仰是美國例外論中最奇異、最令人不安的一個特徵。……在美國，相信聖靈感孕的人竟然是相信進化論的人的三倍多，對於這一點歐洲人都覺得不可思議。」在發表此種自以為是的感歎的同時，歐洲左派菁英忘記了，正是他們相信的絕對理性和人人善良，將歐洲拖入極權暴政的深淵。

去美國化的歐洲，是「拉丁帝國」，還是「日耳曼帝國」？

歐洲統一的夢想由來已久，從羅馬帝國崩解之後就有了。然而，查理曼（Charlemagne）大帝未能統一歐洲，拿破崙未能統一歐洲，希特勒也未能統一歐洲，冷戰更是將歐洲分割為鐵幕兩邊截然不同的世界。

一九五〇年五月九日，法蘭西第四共和國政府外長舒曼（Robert Schuman）用略帶德國腔的法語，在法國外交部鐘錶大廳裡，向西歐各國領導人發出一個大膽，甚至看似荒唐的提議：實現煤鋼資源的聯合管理。讚成舒曼計畫的國家有六個：西德、荷蘭、比利時、盧森堡、法國、義大利，它們都與神聖羅馬帝國有些姻緣。

後來，出生於德國科布倫茨（Koblenz）的法國總統德斯坦（Valery Giscard d'Estaing）與德國總理施密特（Helmut Schmidt）聯手推動成立歐洲理事會及歐洲統一進程——兩人均參與過第二次世界大戰，前者在一九四五年隨盟軍跨過萊茵河進入德國境內，後者則在一九四一年隨德國國防軍東進直至莫斯科城下，他們幸虧沒有在戰場上相遇乃至射殺對方。

德斯坦論及「歐羅巴計畫」時，並未脫離法國政客和文人一貫的宏大敘事：當極具競爭力的新興國家崛起，中國重新登上歷史舞臺，源自歐洲的傳統文化、精神以及社會價值受到衝擊。在艱鉅的時代背景下，「歐羅巴計畫的目標就是在歐洲的土地上創建一個強大到足以與其他大國競爭的經濟體、保持就業率以及繼續傳遞自身的文化與社會價值。這就意味著歐洲在一體化進程中必須邁上一個新的臺階。因為哪怕是最大的歐盟成員國，也不可能單槍匹馬地完成這一歷史使命」。[19]

德斯坦這位「《歐盟憲法》之父」只是將歐盟當作經濟體和文化體，沒有提及歐盟也應當是政治體乃至軍事體——但事實是，僅僅是經濟體和文化體的歐盟，無法應對當今世界嚴峻的挑戰。德斯坦沒有說出的真義，他的重要智囊科耶夫（Alexandre Kojève）替他說出來——科耶夫這位來自俄國、深諳拜占庭式宮廷戲和馬基維利政治哲學的學者，毫無忌憚地表達了其來自黑格爾和尼采的「權力意志」。

科耶夫是戰後歐洲重建的設計師。在科耶夫看來，歷史已經終結（福山的歷史終結論是從科耶夫借用而來）。自法國大革命和拿破崙征服之後，歐洲其他國家向法國大革命的原則開放。就連中國推翻帝制的革命「也不過是《拿破崙法典》（*Code Napoléon*）在中國的引入」，而美國「已經達到了馬克思主義的『共產主義』的最後階段」。[20]因此，現代歷史已一無是處，淪為一個舞臺。

科耶夫將其天分用於捍衛歐洲——尤其是法國——的自治，以免遭受東方或西方的主宰。在提交給戴高樂的報告《法國國事綱要》中，他以康有為式的「大話」將其戰略全盤脫出（他對黑格爾的闡釋如同康有為對孔子的闡釋，都是托古改制、六經注我）：法國將在美蘇之間形成「第三種力量」，將歐洲統一為「拉丁帝國」（排除英國和德國），法國將作為其首善之區。

在科耶夫的思維方式中存在著一種非哲學甚至非人道的東西——他的政治哲學的真正目的是告訴統治者如何實現權力最大化，讓法國稱霸歐洲、甚至世界，為了達成此一目的可不擇手段，他比馬基維利和霍布斯（Thomas Hobbes）更冷酷無情。科耶夫所憧憬的統一，不是抽象的、形式上的統一，而是要在實質上交由法蘭西民族來控制的統一。他使用過一組讓人恐怖的詞語——「賦予拉丁軍隊一種獨特的法國性格」。他的修辭術具有法蘭西的文化特質，將一切包裝得如此精緻，剔除希特勒《我的奮鬥》中野蠻粗俗的部分，但其本質上仍是法國版兼俄國版的《我的奮鬥》。

在科耶夫心中，「拉丁帝國」是跨國性的政治統一體，由加盟的民族國家構成。拉丁各民族在精神上的親緣關係使拉丁帝國的產生具有可能性：它們都有天主教色彩；語言上密切的親緣關係使各國交流方便；在文明發軔之初，各種拉丁文明之間存在著滲透，可達成協調。拉丁精神包含一種深刻的美感，拉丁帝國可確保拉丁民族形成真正的統一體，並在世界和歷史面前證明其合法性。但僅僅依靠這種聯繫不足以保證帝國成為現實，必須盡早建構統一且有效的政治體，不遜色於英聯邦和蘇聯。

科耶夫始終是俄國人，而非法國人（正如季辛吉始終是德國人，而非美國人）——法國太小，滿足不了其政治野心。科耶夫比任何人都更精準地把握到法國大革命與俄國共產革命之間的精神聯繫。據伯林（Isaiah Berlin）透露，科耶夫曾給史達林寫過信，兜售其「斯拉夫版」的「帝國綱要」，只不過史達林不予回應。

法國從來都是歐洲統一的三心二意的支持者。至於德國，它的廣袤面積和中心位置曾一度使自己和其他國家面臨危險，第三帝國的精神遺產讓它備感痛苦，在德國統一之後相當長一段時期內，它是歐洲「不情願的領導者」。[21]

這種自卑感和內疚感是需要被克服的。德國領袖級新左派知識分子哈伯瑪斯（Jürgen Habermas）在伊拉克戰爭中找到了德國乃至歐洲「脫美」的契機。二〇〇三年二月十五日，歐洲的各大城市發起大規模的反戰遊行示威，哈伯瑪斯稱之為「堪稱二次世界大戰以來規模最大的一次，象徵著一個歐洲公共領域的誕生，日後必將留名青史」。[22]

哈伯瑪斯在跟德希達（Jacques Derrida）聯名發表的公開信中指出，「只有核心歐洲才足以使歐盟具有某種國家的特質」。在其心中，「核心」只能有一個，即德國——只是因為與德希達聯署才勉強提及法國，如同施密特為德斯坦的《歐羅巴計畫》（*Europa*）所寫的序言中所說：「當今歐洲危機的迷局，必須通過法德共識、共事才能取得突破。」

經過哈伯瑪斯的論述，德國將由「不情願的領導人」華麗轉身為「理所當然的領導人」，歐洲成為「聯邦德國的歐洲」。[23]儘管他技巧性地補充說，「扮演帶頭的角色並不表示要排除別人」、「歐洲的前衛核心不應該將自己封閉起來自稱一個新的『小歐洲』，而應該一如往常地扮演火車頭」，但他緊接著透露了心裡話——「核心歐洲對外的行動能力愈強，並且愈是能夠證明，在一個複雜的全球社會中，受邀請國家能夠成功通過那道門檻的幾率就愈高」、「在未來歐洲憲法的架構下，不會再出現分離主義」。[24]此表述背後，充滿唯我獨尊的傲氣乃至殺氣：德國是火車頭，是守門人，負責頒發歐盟入場券。

明眼人一眼就可看出，自從告別社會主義之後（蘇聯式社會主義），歐洲左派一無所有，唯一的信條是奠基於「歐洲」之上的「民主跨國化」的「世界主義共同體」。然而，哈伯瑪斯的論述中卻洋溢著某種強烈的「歐洲民族主義」，他忘記此一真理——「公開宣稱自己的光榮與獨特，以前正是民族主義肆虐的溫床，如今卻深信它無害，這種想法究竟是怎麼來的？」[25]

歐洲其他國家、特別是過去深受德國傷害的國家，願意相信德國早已「改過自新」並接受其領導嗎？北歐人有話要說：對許多斯堪的納維亞人而言，美國比德國領導的歐洲更貼近他們的心。曾任丹麥首相和北約秘書長的拉斯穆森（Anders Fogh Rasmussen）說，丹麥的安全，美國超強的保證遠比「德、法、英之間脆弱的權力平衡」來得有效。[26]

東歐對德國更不放心。對於哈伯瑪斯多次提及的康德（Immanuel Kant）的「永恆和平」，波蘭公共知識分子柯茲明斯基（Adam Krzeminski）訴諸歷史，揭穿此一美麗的謊言：康德的著作出版於一七九五年十月萊比錫博覽會期間，就在一個月前，波蘭被第三次瓜分。康德對普魯士官方的波蘭政策從未挺身而出表達清楚的立場，並毫不掩飾對波蘭人的種族歧視，認為波蘭是「一個追求毫無節制自由的民族」，「這樣的民族必須要施以強制教育，毫無節制的民族不加以管束就會傲慢、懶散」。[27]

哈伯瑪斯的敘事策略是：若將美國塑造成惡魔和敵人，歐洲就能同仇敵愾，通過強化敵人意識完成自我建構。他斥責美國「在全世界輸出自身的生活方式，源於帝國錯誤的、自我中心式的普遍主義」。韋勒爾並不同意此種說法，他反問：「在過去的半個世紀中，歐洲一體化之所以成為可能，豈不正是美國提供的保護傘及其在政治上的各種支持，才得以致之？」在戰略上採取與美國之間的有限衝突，的確可以提升歐洲的獨立自主與歐洲的自信心。但如果歐洲準備把這種跟美國的衝突長期搞下去，最終的結果可能變成輸家，後來才發現跟俄國和中國結盟徒然使自己陷入極端的險境之中。[28]

哈伯瑪斯所說的由「核心歐洲」建構的「歐洲價值」是什麼呢？簡言之，包括世俗主義、社會公義、生態以及對新科技的不信任。以福利國家弭平階級衝突，以及在歐盟的框架內自我約束國家的主權，是新近樹立的典範。歐洲人對於國家的組織與管理能力充分信任，但對市場的功能卻表示質疑。歐洲人寧願相信國家的教化力量，並寄望於國家矯正「市場失靈」。[29]

這種對國家的絕對信任和對市場的無限懷疑，是典型的「德國觀念」，也是哈伯瑪斯認同的「自法國大革命以來的」、需要在全球實現的「人人權利平等」的普世價值。包辦民眾生老病死的福利國家，首先在俾斯麥（Otto von Bismarck）的德意志第二帝國出現，然後在希特勒的第三帝國登峰造極。德國人被專制和福利同時馴化。

在一九三三年至一九四五年間生活過的德國人，「他們以為他們是自由的」，將「通往奴役之路」當做「通往自由之路」。作為福利政府（其福利優於所有同時代的西方民主國家），納粹政權得到絕大多數德國民眾支持，「納粹主義是一次大眾運動，而非惡魔似的極少數人對無助的數百萬人的專制」。有德國猶太人血統的美國記者邁耶（Milton Mayer）通過對十個德國人的長期追蹤訪談後發現，納粹「是大部分德國人所欲之物——或者說，在現實和幻想相結合所造成的壓力之下，它是他們開始想要的事物。他們想要它；他們得到了它；而且，他們喜歡它。」[30]

哈伯瑪斯強調，法國大革命的理想遍及歐洲（他對美國革命不屑一顧），歐洲人具有敏銳的「辯證啟蒙」意識。當代歐洲熬過了二十世紀的極權統治，政治必須具有道德的基礎。「現在，我們不缺少道德標準來評判目前主導的經濟和社會結構，也不缺少道德標準對現存機制和已成慣例的實踐提出再多些『全球公正』的要求。」[31]但是，去除宗教信仰，用什麼超驗標準評判道德上的對與錯？

哈伯瑪斯強調的歐洲共同價值，包括世俗化和去基督教化。二〇〇五年春，在布魯塞爾舉行的歐盟制憲會議上，一些教宗支持的代表試圖在歐盟憲法序言中插入關於歐洲基督教起源的特定參考文獻，但他們失敗了。定稿的文件中沒有任何關於道德價值的、影響深遠的哲學性和神學性語言。[32]這是哈伯瑪斯所樂見的結果。

哈伯瑪斯對美國的仇恨，不僅因為伊拉克戰爭，即便沒有伊拉克戰爭，他也仇恨美國。他的仇恨有更深層原因——美國是一個基督教國家。哈伯瑪斯在定義歐洲價值時特別強調，歐洲已告別了「宗教蒙昧」的時代，他勉強提到「基督宗教與資本主義」等「歐洲的遺產」、「西方的心靈根植於猶太—基督教傳統，的確有其獨特之處」，又立即加以否定——在歐洲，理性大獲全勝，「世俗主義的發展相當成熟，政治與宗教涇渭分明，對於任何越界的行為，人們都不免質疑」。

當然，哈伯瑪斯在將基督徒的虔誠定義為「蒙昧」時，卻不敢用同樣的標準去質疑已進入歐洲心臟的穆斯林對宗教信仰的虔誠，也不敢阻止穆斯林在其歐洲社區所做的政教合一的嘗試。他知道批評美國、批評基督徒是安全的，批評另一個群體卻有可能像英國作家魯西迪（Salman Rushdie）那樣惹來殺身之禍。

偉大的詩人艾略特在一九四七年指出：對於戰後千瘡百孔的歐洲，「新的整體只能從舊的根基裡茁壯成長：基督信仰，以及歐洲人共同繼承的經典語言」。但歐洲左翼知識分子不認同這個根基，英國社會學家德朗提（Gerard Delanty）認為，此觀點「毫無根據」，基督教的歐洲只是「白人布爾喬亞民族主義在民粹主義的華麗政治修辭中找到的新表達方式」。[33]

美國人曾對舊大陸懷有美好想像。當歐洲人在稍早建立東方神話時，美國人如法炮製打造歐洲神話。對美國人而言，歐洲首先是一種對於自身歷史較為短暫的彌補，其次是一種美學的範疇。美國人將歐洲浪漫化為政治上無關緊要的長輩，美國人對歐洲的浪漫化是對一種已逝之物的渴望，而且表現出廣義的西方文明的意識。藉由把歐洲浪漫化，美國人將自己定義成古代文明之一元（美國是希臘、羅馬的後裔，美國的國父們迷戀希臘、羅馬式建築），且已青出於藍而勝於藍。[34]

另一方面，美國人從清教徒的世界觀出發，意識到歐洲的問題所在——否則，美國人的祖先何必逃離豐衣足食的歐洲，來到蠻荒之地的美洲新大陸？歐洲被清教徒看作是沒有宗教信仰自由及其他自由的地方。如傑佛遜所說，歐洲充滿了「因那些國王、貴族和教士而起的不幸」，美國則是「夢想與未來」之地。歷史學家德沃特引用梭羅的話說：「向東走，只是因為被迫而行；可是，向西行，我可以自由而走……我必須走向奧勒岡，而不是朝向歐洲。」這並非美國轉向內在，或是目光變得狹隘，而是「走向進步與自由，並遠離舊世界的仇恨與束縛」。[35]

在大張旗鼓地「去基督教」的同時，歐洲對穆斯林張開懷抱。歐洲已擁有兩千萬以上穆斯林人口，這兩千萬人口在歐洲可算是一個中型國家。伊斯蘭教已成為歐洲的第二大宗教，其信徒增長速度遠超基督教。當伊斯蘭恐怖分子肆虐全球之際，歐洲的政治領袖們愕然發現，不少伊斯蘭國聖戰士是在歐洲出生和長大、擁有歐洲各國國籍、受過歐洲高等教育的年輕人。為了遏制伊斯蘭極端主義，歐洲開始努力樹立「歐洲式的伊斯蘭」，也就是由歐洲世俗主義洗淨戾氣的伊斯蘭。歐洲各國左支右絀——是貫徹政教分離原則，把宗教摒除在公共場所之外？還是在基督教文化圈裡劃分出一個讓伊斯蘭教安身立命之處？還是進行歐洲式的伊斯蘭教改革？[36]

歐洲人聚焦於推廣所謂的進步議程，卻背棄了民主自由的傳統和價值。他們以前輩自居，卻要由美國副總統范斯來教訓他們什麼是民主自由、什麼是美國和歐洲共同捍衛的價值觀。當歐洲左派企圖取消選舉、取消言論自由、取消宗教信仰自由之際，范斯大聲疾呼：「民主基於人民的聲音，是至關重要的神聖原則。這裡沒有討價還價的餘地。你要麼堅守這一原則，要麼就沒有。歐洲民眾有發聲的權利。歐洲的領導人面臨抉擇。我堅信，我們無需懼怕未來。接納民眾的聲音，即便這聲音出人意料，即便你並不認同。……在我看來，這就是民主的偉大魔力。相信民主，就是要明白我們的每一位公民都有智慧、都有發言權。如果我們拒絕傾聽他們的聲音，即便我們取得了最輝煌的勝利，也意義不大。」歐洲左派政治菁英聽到這番話，瞠目結舌，鴉雀無聲。

哪一條才是正道：歐洲「脫美入中」與英國「脫歐入美」

整個冷戰時代，美國致力於對抗蘇聯東歐集團，卻忽略了西歐內部左派反美思潮的興起。冷戰結束後，「脫美」（去基督教化）成為歐洲的「決斷」。

法國外長韋德里納（Hubert Védrine）認為，需要一個「非美國的歐洲」——由法國帶頭——將美國從「超強」位置上拉下馬來。他認為，歐洲挑戰美國的號角應當鎖定在美國所引發的一些惡疾上：「極端自由的市場經濟、視國家如無物、非共和的個人主義、自以為美國是全球『不可或缺』的角色並予以強化、習慣法、唯英語獨尊、獨鍾新教而輕天主教觀念。」他無異於號召開始一場「好的歐洲與壞的美國」之間的「文化鬥爭」。[37]自二戰以來，美國歷屆領導人及美國政策經常遭到歐洲人反對，但雙方之間的敵意和不信任感從未如此之深——二〇一六年川普當選美國總統，這種敵意和不信任感臻於頂峰。

在歐洲知識分子與菁英當中，囿於「政治正確」，對別的文化和國家公開以言詞或行為表達敵意，本來是一種禁忌，但對象如果是美國，則可以接受。且聽小說家德拉布爾（Margaret Drabble）的宣言：「我的反美主義幾乎無法控制。」就連長期任教於紐約大學的左翼英國歷史學家朱特也承認，此類歇斯底里的反美情緒就是「一種反猶主義的有用替代品」。[38]

脫美之後，歐洲何去何從？歐洲人選擇「入中」之路。早在二〇〇五年，西歐人在接受民調時就表達，比起美國，他們更喜歡共產中國。

二〇二〇年十二月三十日，習近平與歐盟執委會主席馮德萊恩（Ursula von der Leyen）宣布完成歐中貿易協定談判。歐盟貿易執委杜姆布羅夫斯基斯（Valdis Dombrovskis）讚揚該協議是「中國迄今與第三方所達成最具企圖心的貿易協議」。這是主導歐盟外交政策的德國梅克爾政府「最大的外交成就」。[39]

德國經濟已被中國鎖定。以德國為首的歐洲國家覬覦中國的市場和廉價勞動力，德國近三十年的經濟繁榮不是緣於自身的科技創新，而是分享中國的「低人權優勢」。德國拒絕加入英美的抗中聯盟，對中國百依百順。臺灣旅德評論人劉威良指出：「德國官方至今都認為在中國有龐大商機，於各種場合都明確表明，他們不願也不可能得罪中國，他們自認跟美、日是不同陣營，把自己區隔於反共與共產聯盟陣營之外的第三勢力，希望藉由模糊地帶的第三力量來結合並討好雙方陣營，因而從兩邊當中得利。但就現實而言，他們其實就成為中國反制民主國家聯盟的破口棋子。」40

德國一覺醒來，發現中國像吸血鬼一樣，吸乾德國的血後就要拋棄德國了。二〇二一年七月九日，德國發行量最大的媒體《圖片報》（*Bild*）發表評論文章，題為「中國正在攻擊我們！」。作者舒勒（Ralf Schuler）曾多次陪同梅克爾出訪中國，發現德國提出的話題總是相同的：中方應結束盜竊智慧產權，要為德方在中國的公司提供平等和公平的貿易和生產條件，制止北京的廉價鋼鐵等。但事與願違：「友好的」習先生一直微笑著，但從不做出改變。德國鋼鐵業已衰落，大型汽車製造商對中國市場高度依賴。中國毫不掩飾對權力和霸權的追求，公開談論中世紀曾領先的巨型帝國。通過「一帶一路」，中國正在創建「國家鏈」。中國早已買下歐洲的重要基礎設施。文章作者指出，川普總統早就認識到西方對中國過於依賴的危險性，現在是歐洲認清中國侵略者身分的時候了。

德國的西門子（Siemens）、福斯（Volkswagen）等工業巨頭，在納粹時代忠心耿耿地為第三帝國的征伐服務，獲得數以萬計的被占領國的平民和戰俘作為奴隸勞工；如今，這些德國企業在新疆幫助中共建立關押百萬維吾爾人的集中營，也悄悄利用囚徒作為奴隸勞工——他們將在納粹時代做過的事情在中國重演，居然還有臉說他們早已完成了徹底去納粹化的轉型正義。即便如此，中國也沒有對德國人手下留情，中國人很快用盜竊來的電動車技術實現「彎道超車」，迅速完成電動車的換代，讓嚴重依賴中國市場的德國汽車企業陷入滅頂之災。跟中國合作，不可能雙贏，如同吸毒一樣，剛開始欲仙欲死，但很快就是精盡人亡。

歐盟內部對「脫美入中」政策亦存在不同意見。歐洲議會對華關係代表團團長、左派的德國綠黨政治家比蒂科弗（Reinhard Bütikofer）評論說，這是歐盟犯下的「戰略錯誤」，歐盟試圖把北京在勞工權利方面的承諾說成「一項成功」是「很荒謬的」。歐洲的對華外交正在重蹈卡特當年外強中乾的人權外交政策的覆轍。

德國《明鏡周刊》（*Der Spiegel*）報導，一百餘名歐洲專家學者起草了一封致歐盟機構的公開信。這封信批評歐中投資協定是「建立在對中共性質的幼稚理解上」，「加劇了歐盟對中國現已存在的戰略依賴性，並且有悖於歐盟的基本價值」。

長期以來，美國對歐洲的背刺熟視無睹。直到川普執政，美國才對這個三心二意的盟友發出嚴正的譴責。美國對歐洲向中國投降提出尖銳批評。國務卿龐培歐指出：「中歐投資協定是一個薄弱不堪的協議，協定內容並沒有真正保護歐洲工人不受到中國共產黨的掠奪。」白宮經濟顧問、貿易及製造業辦公室主任納瓦羅（Peter Navarro）批評說，中歐貿易協議是一個糟糕的協議，對於新疆再教育營與對香港的鎮壓而言，這是對原則的妥協。副國家安全顧問博明（Matthew Pottinger）表示，「布魯塞爾或歐洲的官僚們無所遁形。……

歐盟不顧中國惡劣的人權狀況，匆促與之合作，把遮羞布給撤掉了」。經濟評論員摩爾直言：「歐洲到底在搞什麼鬼？當中國在經濟、軍事、安全與人權上對整個世界構成威脅時，歐洲卻對他們綏靖，歐洲怎麼能站在中國而非美國這邊？」[41]

歐洲與美國疏遠、加入中國主導的「天下秩序」，會有美好的明天嗎？德國歷史學家韋勒爾早已警告，歐洲的政治統一不能靠跟美國長久做對而達成，美國為世界上唯一的強權，還會持續一段時間。「說起來算幸運的，在傳統與血緣、語言與文化、價值與政治制度上，歐洲跟美國都有著緊密關聯。因此，把一個半威權體制的俄國或一個極權主義的中國當夥伴，那才真是無藥可救的短視。」[42]

美國知道歐洲人建立歐盟的原因之一是不願受到美國支配，但美國樂見其成。只是歐盟無法塑造出「歐洲民族主義」以凝聚人心。歐盟有一面旗幟和一首聯盟歌曲，但鮮有人揮舞聯盟旗幟，也沒有多少人知道聯盟歌曲是什麼。新歐元紙幣看起來恰到好處地表現了「歐洲的」特質——紙幣上的拱門和橋梁並不是真實存在的建築物，設計者們不可以「特許」任何一國的文化遺產印在上面。這些圖案是抽象的，就像歐盟本身一樣。[43]

很少有歐洲人承認自己是「歐洲公民」——連歐洲人認同的「歐洲憲法」都沒有，何來「歐洲公民」？德國歷史學家溫克勒（Heinrich August Winkler）承認，許多在布魯塞爾做出的決定，民主合法性實在太弱，在沒有得到成員國的主權擁有者（人民）明確授權下，將權力從民族國家層面轉到共同體層面。以減少民主為代價來實現「更統一的歐洲」，長久以來，菁英們的歐洲計畫都是按這個模式發展的，由此引起人們的冷漠和厭惡。[44]

就在歐盟領袖們致力於擴大歐盟版圖的同時，歐洲內部的分裂層出不窮。加泰羅尼亞的獨立運動如火如荼，西班牙政府強力打壓，通緝民選的獨立運動領導人——這些民選領袖成為歐盟內部的流亡者，對歐盟憲章不啻是莫大諷刺。歐盟聲言支持科索沃獨立，卻在西班牙反對下不支持加泰羅尼亞獨立，雙重標準無法自圓其說。在富庶的比利時，佛蘭德斯（Vlaanderen）的分離運動勢力強勁，即便在歐盟主導者之一的法國，也存有新喀里多尼亞（Nouvelle-Calédonie）和科西嘉（Corsica）的分離運動。看來，統一未必是歐洲的主流，分裂未必是一種被埋葬的願望。

歐盟內部的瓦解，並非緣於歐洲的各種分離運動，而是歐盟自身的侷限。歐盟的創建者德斯坦承認，歐盟選舉的投票率已跌落到四成，三十五歲以下年輕人的棄權率竟高達七成，「歐盟神話被淡忘，失業率又居高不下，歐洲茁壯成長的一代人將有可能拋棄歐盟的計畫」。[45]他將二〇一二年在布魯塞爾舉行的選舉稱之為「一場政變」，歐盟理事會的決策權旁落，歐盟前景愈發暗淡。

希臘的債務危機讓歐盟的財政政策名聲掃地：二〇〇一年，希臘的財政赤字高達國內生產總值的百分之十三，卻炮製假財務報告告知歐盟只有百分之一，通過審查，引進歐元。二〇〇九年，希臘債務危機一發不可收拾，歐盟注入三千兩百億紓困資金，仍未扭轉困境。希臘經濟崩潰，主犯是希臘自己，歐盟是從犯——如果說希臘是任性的孩子，布魯塞爾就是嬌慣縱容孩子的失職父母。

希臘的困境只是冰山一角。英國（包括作為其觀念秩序繼承者的美國）與歐陸的分歧是根本性的，這是英國脫歐的深層原因。英國保守黨思想家漢南（Daniel Hannan）指出，英國與歐陸的區別在於法治、物權和個人自由的實現方式。雅各賓派之後歐洲大陸對民主的追求將多數人統治置於個人自由之上，盧梭所信奉的民眾「公意」可以剝奪公民的私有財產和人身保障。而盎格魯圈的民主完全不同——普通法確定了「自由個體凝聚成自由社會」的觀念。[46]

漢南認為，歐陸模式有一個明顯的缺陷——他們把人權全部規定在憲章裡，這樣一來，相關原則就只能通過國家指定的法庭解釋，最後守護自由的重任就落到少數人手中。如果少數人淪陷了，自由即無從談起。而在盎格魯圈，對自由的爭取是每個人的事。換言之，歐陸的自由存在於理論中，盎格魯圈的自由存在於事實中。十九世紀英國的保守黨政治家迪斯累利（Benjamin Disraeli）說過：「比起他們紙上談兵的自由主義，我更喜歡自己享受到的自由；比起人的權利，我更在乎英國人的權利。」[47]

漢南曾擔任歐洲議會議員，近距離觀察到歐盟的種種痼疾。當德斯坦將起草言辭華麗的《歐盟憲法條約》稱作「我們的費城時刻」之際，漢南敏銳地發現兩者之間的根本差異：美國的國父們莊嚴地向國民承諾「生命、自由和追求幸福的權利」，歐盟的創建者們卻著眼於保障歐洲人的「罷工、免費醫療和適足住房權」——連新政中的羅斯福都不敢做出如此美好的允諾。實際上，歐盟連充分就業都無法達成，其承諾是水月鏡花，只能一次性騙取選票。短期來看，免費醫療、免費教育以及更多的失業救濟金、更短的工作時間、更早的退休年齡、更高的最低工資標準……這些東西相當讓誘人。歐洲的勞動者不必像美國的勞動者那樣朝九晚五，更不必像亞洲的勞工那樣勤思苦幹。但其結果必然是高稅收才能支撐高福利，工廠企業紛紛外移，人們失去創業的激情、勞動的榮譽感，也失去曾支撐歐洲崛起的、韋伯所說的「新教倫理與資本主義精神」。

英國與歐盟之間，本來就是一場錯誤的婚姻，早日離婚，對彼此都好。自二〇一六年全民公投開始，經歷兩次大選、三位首相，終於塵埃落定：十二月三十日，歐盟委員會主席和歐洲理事會主席簽字，同一天經英國議會批准寫入《歐盟（未來關係）法》，再獲女王伊麗莎白二世御准，協議自三十一日二十三點生效。英國首相強森（Boris Johnson）宣稱「這個偉大國家的命運從此牢牢掌握在我們手裡」，支持者歡呼迎來「新時代新曙光」。強森在新年講話中表示，英國重新取回自由，將是一個「開放、慷慨、外向、國際主義及自由貿易」的國家。

歐洲理事會主席圖斯克（Donald Tusk）在歐盟高峰會前引用歌手藍儂（John Lennon）歌曲〈想像〉（Imagine）的一番談話令人玩味。圖斯克說：「我的幾位英國朋友曾經問我，脫歐決定是否可能反轉？我能否想像英國繼續留在歐盟？我告訴他們，事實上歐盟就是建立在一個不可能達成的夢想上，所以，誰曉得呢，你可以說我是個夢想家，但我不是唯一的人。」這位來自波蘭的政治人物寓意深長地說：「我仍然有夢想，從政如果沒有夢想，那將是個惡夢。」

對於歐盟而言，英國脫歐是其遭遇的一次最深刻的危機，超過此前歐盟經歷的三次危機：一九五四年，法國國民議會否決《歐洲防禦共同體條約》，導致建立更緊密歐洲政治共同體的計畫受挫；一九六三年，法國總統戴高樂封閉歐洲共同體，即所謂的「空椅子策略」；二〇〇五年，法國和荷蘭的全民公投拒絕了《歐洲憲法條約》。這一次，英國的退出，意味著對歐洲政治文化影響最大的國家離開了。它是分權制、代議制政府、法治、制衡制度的祖國，同時還是擁有最佳地理位置、交通便利、資訊匯集和最富裕外交經驗的歐盟成員國，也是歐洲軍事力量最強大的國家。[48]

堅定的歐洲聯邦主義者們認為，英國的離開意味著異議的消失，應當抓住這個機會，強化「聯盟方式」，讓歐盟機構朝著聯邦方向發展，將歐盟委員會建立成一個「真正的歐洲政府」，甚至放棄民族國家的民主制度，而採用一種由布魯塞爾的官僚機構實行的開明專制。他們不知大禍將至，還以為從此可以為所欲為。

歐盟是一個惡夢，是搖搖欲墜的利維坦。霍布斯認為，利維坦——也就是政府——是「（在不朽的上帝之下的）世俗的神，我們賴以得到和平與安全」，世俗國家——一個人工創造的東西——是人類唯一的救主（直至耶穌重返）。[49]歐盟的締造者們升級了這個觀念，要創建在世俗國家和世俗政府之上的超級國家、超級政府，這是無知者無畏，而「敵人一直存在於我們天性無知的黑暗之中，而且在撒播性靈錯誤的稗子」。[50]

如果歐洲避免歐盟走向中央帝國的企圖，回歸希臘、羅馬及基督教的傳統，對美國有更多的認同與感激，那麼歐洲與美國之間的競爭或許能有雙贏的美好結果，如格拉齊亞（Victoria de Grazia）所說：「在全球變遷的大圖表中，美國與歐洲之間的衝突主要圍繞在相互對照的生活方式、物質利益和政治雄心方面，而不是集中在更深層次的文明衝突上。」[51]

俄羅斯侵略烏克蘭，是北約失能和美國失焦的惡果

一九四九年四月四日，美國、加拿大、英國、法國、比利時、荷蘭、盧森堡、丹麥、挪威、冰島、葡萄牙和義大利等十二國在美國首都華盛頓簽訂了《北大西洋條約》（North Atlantic Treaty），北約正式成立。一九五二年，北約第一次擴張，希臘、土耳其加入。一九五五年，聯邦西德加入。

北約的基本宗旨是，成員國在集體防務和維持和平與安全方面共同努力，促進北大西洋地區的穩定和福利。北約的核心是憲章第五條：對任何締約國的攻擊都被看做是對所有成員國的攻擊。換言之，成員國一旦受到攻擊，其它成員國有義務給予武力幫助。當時北約針對的敵人，是蘇聯及華約組織。北約首任秘書長伊斯梅（Hastings Ismay）聲稱：北約的目的是要「防止俄羅斯進入，讓美國人進來，壓制德國」。

北約成立之初，不用美國遊說，歐洲國家爭先恐後擠進去。在義大利和法國，天主教民主黨政府和自由派政府都把國家送進北約。在英國和低地國家，工黨和保守黨都支持北約。就連長期維持中立的丹麥和挪威，左翼的社會民主黨人也積極申請加入，挪威駐美大使解釋說：「挪威在一九四〇年已經學到教訓……今天，我們不相信中立的地位能免於被侵略。」

隨着一九八九年柏林圍牆的倒塌，華約於一九九一年七月宣布自行解散，次年蘇聯解體，北約失去了頭號夙敵。隨後，北約力圖由一個單純的軍事組織轉型爲政治軍事組織，所面對的議題也由過去的軍事威脅，擴展到恐怖主義、能源安全、網路安全、大規模殺傷性武器擴散等領域。此後，北約經過幾次擴張，擁有三十個成員國。

在俄羅斯發動侵略烏克蘭戰爭之前，以法國和德國為首的「老歐洲」國家以為從此天下太平，對履行北約的義務漫不經心。

德國是歐洲最大的經濟體，不願再對美國低眉順首，而與俄羅斯和中國關係密切。當俄國併吞克里米亞之時，歐美大部分國家認為俄國違反國際法，德國政界卻表示：「是不是違反國際法還有待商榷。」對普丁的同理心溢於言表。哈伯瑪斯這位滿口自由民主人權的左翼知識分子，也對普丁侵犯人權的暴行熟視無睹——他贊成德國總理梅克爾到莫斯科參加紅場閱兵儀式，並認為梅克爾的在場重申了「新」德國精神：「戰後德國的世世代代沒有忘記，他們也是被俄羅斯軍隊——被這些最大的受害者之一——所解放的。」[52]他對蘇俄軍隊在德國的諸多暴行隻字不提（認為那是右派的專利）。梅克爾和哈伯瑪斯等人反對美國發動伊拉克戰爭，卻不反對俄國在車臣、喬治亞、烏克蘭和敘利亞的戰爭暴行。德國左派口蜜腹劍，他們個個心知肚明：德國的石油和天然氣有超過三分之一仰賴俄國。

二〇一八年七月十一日至十二日，北約在布魯塞爾召開被稱為史上難度最高的峰會。從貿易、能源到防衛任務，大西洋兩岸歧見日益加深。川普與梅克爾唇槍舌戰，嚴厲批評德國是俄羅斯的「俘虜」，痛批德國建造天然氣管道向俄羅斯大量購買能源，卻不願實踐諾言，增加北約防務開支。川普在一場緊急會議上，警告各盟國領袖，若是不肯增加對北約組織的防衛費用分攤比率，美國可能退出該組織。

北約盟國在二〇一四年的威爾斯峰會中勉強同意，在十年內將國防支出增加到占國內生產毛額百分之二的目標。但川普認為，百分之二仍嫌不夠，應該提高至百分之四。在其施壓獲得部分成功後，川普對媒體表示：「美國過去並未獲得公平對待，但是現在有了。美國對北約組織的承諾，依舊相當強烈。」他指出，在其他會員國增加對北約組織的防衛費用方面，已有「相當大的進展」，其他會員國「將以之前從未見過的規模」提高對北約防衛經費的分攤比率。

對此，美國國務卿龐培歐指出：「所有北約盟國都必須履行他們對共同防禦做出的承諾。……歐洲各國尤其是西歐，現在是世界上最富裕的國家，他們貢獻數十億美元造就臃腫不堪的福利國家，卻拒絕支付足夠的資金，捍衛自己的人民免於俄羅斯、恐怖主義和網路攻擊。中國的威脅甚至不在他們的考慮範圍之內。不公平分攤就像搭美國便車，這是行不通的。」[53]經過川普政府的施壓，北約盟國同意二〇二〇年底前增加一千三百億美元的開支，二〇二四年前增加四千億美元。

然而，這個承諾宛如水月鏡花。美國歷史學家和政治評論家漢森（Victor Davis Hanson）指出，北約成員國承諾將各自GDP的百分之二用於國防，十一年後，北約三十二個國家中仍有九個國家猶豫不決——儘管歐洲邊境發生了三年可怕的烏克蘭戰爭。歐洲最富庶的德國就是其中之一，其國防支出僅占GDP的百分之一點五，過去兩年基本上為負值或持平。歐洲不願意傾聽和接受川普與范斯的建設性批評——歐洲目前面臨的最大威脅，並非來自外部敵人如俄羅斯或中共，而是內部價值觀的動搖與民主自由的衰退。歐洲應該承擔更大的國防責任，而非繼續依賴美國的庇護。然而，防衛的本質不僅是軍事層面的問題，更涉及西方世界所珍視的價值觀。「我們應該保衛的不是疆界，而是信仰民主、自由與人權的共同體。若不先確立為何而戰的目標，那麼再多的軍備與資源投入也無濟於事。」

反戰的歐洲人認為美國窮兵黷武。然而，要證明川普政府堅持北約加強防禦的合理性，只要看看俄羅斯入侵烏克蘭就行了。

俄烏戰爭，是北約失能、是美國的歐洲政策和俄羅斯政策失敗的結果。

歐巴馬執政時，普丁悍然出兵侵吞克里米亞半島，美國無所作為。但川普入主白宮四年，大幅提升美軍戰力，以實力維持和平，普丁不敢有所動作。拜登以選舉舞弊入主白宮後，面對俄羅斯侵略烏克蘭箭在弦上的態勢，沒有像川普那樣強力壓制，卻愚蠢地亮出底牌——美國不會介入這場危機，似乎故意鼓勵普丁出兵。於是，普丁順水推舟，悍然出兵。

這場戰爭未能像普丁預設的那樣速戰速決，烏克蘭沒有一觸即潰。但是，戰局曠日持久，戰場上的情勢對烏克蘭並不樂觀：烏克蘭的反攻毫無戰果，反倒丟失更多領土。一個人們不願面對的鐵般事實是：俄羅斯並非紙老虎，如果美國和北約不參戰，烏克蘭不可能靠自己的兵力及西方的援助贏得這場戰爭。

俄羅斯入侵烏克蘭之後，拜登政府結合盟友之力對俄羅斯實施一萬六千多項制裁，多家俄羅斯銀行的資產被凍結、且被排除在 Swift 國際資金清算系統之外。西方還對俄羅斯出口的石油設置價格上限。但制裁效果有限，俄羅斯設法以更高的價格向國外（尤其是中國和印度）出售石油，一支由大約一千艘油輪組成的「影子艦隊」被用來運輸俄羅斯的石油。美國智庫戰略與國際研究中心（Center for Strategic and International Studies）的斯內格瓦婭（Maria Snegovaya）博士表示，「制裁並沒有讓俄羅斯在這場戰爭中付出足夠的代價，這意味著俄羅斯在未來一段時間內還能繼續該戰爭」。

在二〇二四年三月十七日的俄國大選中，普丁以百分之八十七點二的超高支持率大獲全勝。普丁掌控的媒體進行大量宣傳，說服俄國人相信只有普丁才能保證穩定，將侵烏描述為俄國對抗北約東擴、攸關國家存亡的一戰，且只有在普丁帶領下才能獲勝。儘管選舉存在舞弊和操控，但普丁獲得超過所有西方領導人的高民意支持度也是事實。

俄烏戰爭原本不該爆發。普丁以對外戰爭激發民族主義和民粹主義，鞏固其威權統治，無可爭辯是侵略者。但另一方面，西方左派高調、無條件地支持烏克蘭，甚至將這場戰爭形容為「一場民主與專制、自由與鎮壓、基於規則的秩序與暴力統治之間的鬥爭」，表面上看義正詞嚴，但他們故意無視烏克蘭的真實境況：烏克蘭跟拉脫維亞、立陶宛、愛沙尼亞等成功實現民主轉型的原蘇聯加盟共和國不一樣，是民主轉型完全失敗的國家。烏克蘭獨立之後，通過選舉上臺的每一個總統和總理都深陷腐敗醜聞。烏克蘭是歐洲最大的非法器官出口國和性奴隸出口國。烏克蘭政府和軍隊腐敗不堪，西方的軍援常常被盜賣，很多先進武器不翼而飛，在前線英勇作戰的很多都是志願軍。

蘇聯解體、烏克蘭獨立後，這個見利忘義的國家是幫助中國實現軍事現代化的重要推手——中國的第一艘航空母艦，是通過向烏克蘭高官行賄的方式低價從烏克蘭購買的。烏克蘭賣給中國戰鬥機 T-10K（前蘇聯蘇33的原型機）以及圖紙，使得中國殲15順利誕生。烏克蘭賣給中國的 KH55 巡航飛彈，使得中國的東風飛彈在技術上大幅提升。烏克蘭賣給中國的「鎧甲」雷達體系，使得中國的雷達技術迅速進入先進國家之列。中國計畫用於武統臺灣的野牛級氣墊登陸艇也引自烏克蘭，兩艘在烏克蘭建造，兩艘在中國建造，同時向中國轉讓全部技術資料，進而中國將其完全國產化——即中國命名的 958 型氣墊登陸艇，該登陸艇一次可以將一個全副武裝的兩棲登陸連運上灘頭。中國長劍10巡航導彈也與通過烏克蘭獲得的蘇聯 Kh-55 空地導彈頗有淵源，該導彈是蘇聯主力空射巡航導彈，射程兩千五百公里。中國 L-15 教練機即教練 10 的發動機，來自烏克蘭馬達西奇（JSC Motor Sich）。中國為巴基斯坦開發的 MBT-2000 哈立德主戰坦克所用的柴油發動機 6TD-2E，來自烏克蘭馬雷舍夫（Malysheva）工廠。中國海軍燃氣輪機的發展，也離不開由烏克蘭「曙光」機械設計科研生產聯合體引進的 UGT-25000 燃氣輪機。一九九〇年代以來，中國政府啟動「雙引工程」，專門引進烏克蘭等前蘇聯國家的人才和技術，時任國務院總理的李鵬（六四屠夫）放言：「這是一批窮數十年之力都無法培養出來的優秀人才，對我國而言是千載難逢的好機會，一定不能錯過。」數千烏克蘭軍工專家應邀來到中國，幫助中國提升武器水平，其中很多人在中國娶妻生子、落地生根，低調定居在成都、西安等地的諸多軍工企業。有西方軍事專家指出，烏克蘭至少幫助中國軍事技術水平向前提升了二十年。

如今，烏克蘭的土地被俄羅斯侵占，卻繼續充當中國的應聲蟲，公開支持中國對臺灣的主權要求。

烏克蘭總統澤倫斯基（Volodymyr Zelenskyy）並非西方主流媒體塑造的力挽狂瀾的英雄，他不過是烏克蘭版的蔣介石而已——他無力改善烏克蘭的腐敗和混亂狀態，對西方進行道德勒索，卻又祈求普丁最大的支持者習近平出面調停，這不是與虎謀皮嗎？烏克蘭與中日戰爭期間的中國國民政府一樣，鋪天蓋地炮製大敗俄羅斯的假新聞，到頭來人們才發現都是一地雞毛。

另一方面，拜登制定的天文數字般的援烏計畫，缺乏必要監管，變成拜登集團和軍工復合體自肥的淵藪，拜登以此為名設置了諸多新的官僚機構。川普再度入主白宮之後，澤倫斯基害怕被川普政府查賬，終於說出驚天祕密：拜登政府聲稱給烏克蘭一千七百億美金的援助，烏克蘭僅僅拿到七百億。那麼，另外一千億跑到哪裡去了？難道這筆鉅款自己長了飛毛腿跑掉了？共和黨國會議長強生（Mike Johnson）指出，對烏克蘭的援助必須謹慎規畫、嚴格管控，美國納稅人的錢不能亂花。

「漁陽鼙鼓動地來，驚破霓裳羽衣曲」，烏克蘭戰爭唯一的「正面價值」，就是讓歲月靜好的老歐洲從春夢中醒來。北約的歐洲成員國紛紛增加軍費、增強國防，不需要川普來鞭策，自己就快速行動起來。

歐洲在以俄羅斯入侵烏克蘭為標誌的二〇二二年，軍隊開支增加了百分之十三。這是三十多年來最強勁的增長，以不變美元（constant dollars）計算，恢復到一九八九年柏林牆倒塌時的支出水平——如果他們更早聽從川普的勸說，就不至於手忙腳亂了。

二〇二四年二月，北約秘書長史托滕柏格（Jens Stoltenberg）表示，北約歐洲成員國今年的國防開支總額將達到三千八百億美元（仍不到美國的一半）。為提升德國聯邦國防軍軍備，德國總理蕭茲（Olaf Scholz）宣布撥出一千億歐元專款。儘管如此，德國仍在追趕北約其他成員國的步伐——德國國防預算占 GDP 的比例從百分之一點五提升到百分之二，而波蘭的比例是百分之四。而且，英國華威大學的國際問題學者洛夫曼（Georg Löffmann）

表示，一千億歐元的國防撥款並不足以讓德軍成為具有可信實力的軍隊。

同時，老歐洲意識到，靠自身力量不足以抵抗俄羅斯的帝國擴張，還是得依靠美國的保護。歐盟委員會副主席、歐盟外交政策負責人博雷利（Josep Borrell Fontelles）在X上寫道：「歐盟安全受到威脅。俄羅斯對我們構成生存威脅。」與此同時，最具象徵性的畫面是：在靠近烏克蘭邊界的東歐領空，北約主要靠美軍部署的十二架 F-35 多用途隱身戰鬥機執行監視和空中巡邏任務。

俄烏戰爭的爆發，根源在於普丁和俄羅斯的帝國野心，也在於美國在冷戰後錯誤的對俄政策。俄羅斯的制度轉型雖不算成功，也非全然失敗，畢竟俄國不再是共產極權國家。美國在蘇聯崩潰之後的那段歲月，未能積極幫助俄國推進政治和經濟改革，美國提供的休克療法帶來一場災難。北約和歐盟過快東擴，讓俄國的主流民意將美國和西歐視為敵人。

冷戰已經結束，美國卻繼續在冷戰框架下看待俄羅斯——將俄國當做首要敵人。事實上，無論從經濟體量還是政治影響力，俄羅斯即便要成為美國的首要敵人，也力不從心。美國首要的敵人是中國而不是俄羅斯。

外交政策學者密斯（Daniel Quinn Mills）、羅斯菲爾德（Steven Rosefield）指出，美俄不該成為敵人，但也無法當朋友，美俄關係最好的說法應當是亦敵亦友（frenemy）。今日美俄有共同的敵人——最主要是伊斯蘭武裝組織與中國，美國可以利用俄羅斯的力量對付兩者。「俄羅斯位於對抗伊斯蘭國家與中國野心的最前線，所以自然是美國在中東與遠東地區的盟友，然而，美國政客卻不斷地抨擊俄羅斯，彷彿美俄又回到冷戰時期的極度敵視態度。這是非常嚴重的失策。」[54]

川普在白宮時，試圖實施這一新的、務實的對俄政策，卻被民主黨和左派勢力破壞，甚至炮製「通俄門」事件，對川普展開調查和彈劾，還讓無辜的佛林將軍幾乎身敗名裂。如果川普的新俄羅斯政策成功並成為美國外交的新規範，造成數十萬人死亡和數百萬人流離失所的俄烏戰爭不可能發生。今天那些高調反俄的西方左派（以及躲藏在他們背後的深層政府、軍工復合體），在某種意義上正是普丁的共謀者。

俄烏戰爭最大的受益者是中國，中國很可能像利用九一一以後美國的反恐戰爭那樣，再次贏得一段戰略空窗期。

所以，美國和西方應當盡快結束烏克蘭戰爭，以便集中資源應對中國更嚴峻的挑戰。《政治風險雜誌》（*Journal of Political Risk*）出版人、國際戰略分析師科爾（Anders Corr）指出，西方各國計畫大幅增加國防開支也是要應對中國的威脅：「西方國家增加國防開支的直接原因是俄羅斯，在入侵烏克蘭後，俄羅斯是一個明顯的短期威脅。但這也是由於來自中國的威脅愈來愈大。近年來，中國的國防預算每年增加約百分之七至八。這應該引起我們的關注，因為它遠遠高於中國每年的GDP增速和通貨膨脹。……習近平增加軍費並不是出於中國主權面臨威脅，而是他試圖將北京的控制和影響力強加給全球更大的地區，以符合中共實現全球霸權的最終目標。」

美國保守派評論家布坎南認為，中國正採取前進行動，在全球範圍內挑戰美國：從其「一帶一路」倡議中提供數十億美元，以建設一條從阿富汗喀布爾（Kabul）到巴基斯坦白沙瓦（Peshawar）的公路；重申對南海主權的主張；粉碎香港民主獨立的主張；繼續新疆維吾爾族的種族滅絕政策；定期在臺灣海峽派出大批戰機軍演，向臺北傳遞統一只是時間問題的資訊；向中印邊境地區派遣五萬名士兵、實施軍事化。他在比較美中面臨的政治、軍事、經濟形勢後指出，美國在很大程度上幫助中國取得今天的成就：如果不是美國決定向中國製造的商品開放世界上最大的消費市場，讓北京加入世界貿易組織，並坐視美國工業和製造業的一大部分轉移到中國，在中國而不是在美國生產，那麼中國的經濟增長就不可能實現。一九九〇年至二〇二一年間，美國進口中國製造的商品，為北京提供了數萬億美元資金，以實現其成為地球第一大國的戰略目標。[55]

布坎南認為，美國有能力依靠在政治、經濟、科技以及文化方面的能力，而非武器，來贏得與中國的競爭。美國將通過贏得這場競爭，一勞永逸地解決攸關人類未來的競爭。

二〇二五年二月十三日，美國國防部長赫格塞斯第一次在北約防務會議上發表演講，闡述美國新的外交和防務政策。他的演講沒有一句是此前民主黨高官喜歡說的空話、套話、漂亮話，句句在理，句句屬實，句句割肉，句句見骨。他的演講宣告了歐洲單方面靠美國國防支援的時代正式結束，美國的戰略重點從歐洲轉向印太，從大西洋轉向太平洋，而且這一轉變是不可逆轉的。

赫格塞斯指出：「維護歐洲安全必須是北約歐洲成員國的首要任務。歐洲應該承擔大部分對烏克蘭的軍事與非軍事援助。歐洲應當捐贈更多彈藥和裝備，發揮各自的優勢，擴大國防工業基礎。最重要的是，要讓國民清楚了解歐洲面臨的威脅，坦率地告訴國民，只有增加國防支出才能應對威脅。百分之二的國防支出是不夠的，川普總統呼籲提高到百分之五，我同意他的看法。增加對自身安全的承擔，就是對未來的投資，也就是部長所說的『以實力實現和平』。」

然而，過去幾年歐洲領導人並沒有做好準備，今天仍然沒有從文恬武嬉的狀態中清醒過來，反而紛紛責怪美國不繼續幫忙，是背叛盟友、是出賣烏克蘭。正如有評論人所指出的那樣：歐洲繼續把精力放在異想天開的綠能法規，諸如禁止塑膠瓶蓋、塑膠吸管和塑料袋，以及對小企業課徵更重的稅來資助龐大的社會福利計畫。然而，歐洲無法用看似高大上的ESG政策（永續發展中的環境保護指標，包括控制溫室氣體排放、減少能源消耗、推廣再生能源、使用環保包裝、重視綠色金融與綠色消費等）建立強大的軍隊，因為根本不存在所謂「碳中和」的坦克。同時，中國和俄羅斯完全不在乎氣候目標。川普政府在第一任期就已經看清這點，如今他的回歸更是加強了這個訊息：歐洲若不認真對待國防，就將被世界拋在後頭。

美國的首要敵人是中國，而不是俄羅斯——俄羅斯的經濟總量只相當於中國的廣東省，俄羅斯雖然發動了烏克蘭戰爭，但它並沒有能力在全球範圍內的軍事、政治、經濟、文化和價值觀等所有領域挑戰美國。中國早已取代當年的蘇聯，成為美國最危險的敵人，正如美國國務卿盧比奧（Marco Antonio Rubio）所說：「中華人民共和國是我們國家有史以來遇到的最強大、最危險且幾乎勢均力敵的對手。他們不僅是技術競爭對手，還是工業、經濟、地緣政治和科學領域的競爭者。這將是重新定義二十一世紀的挑戰。」另一方面，美國在印太區域的盟友——日本、南韓、臺灣、菲律賓、印度、澳大利亞、紐西蘭等——在政治、經濟和軍事上的重要性早就超過了自以為是的歐洲。

赫格塞斯毫無保留地將對歐洲人來說頗為冰冷的事實陳述出來，美國不是無所不能的超級英雄，美國必須將其使命分出輕重緩急來，而歐洲不再處於美國任務名單的首位：「今天，我們也要清楚明白地表達，嚴峻的戰略現實使美國無法將主要焦點放在歐洲安全上。美國本土正面臨嚴峻的威脅，我們必須，也正在全力確保自身邊境安全。我們還面臨共產中國這個旗鼓相當的競爭對手，它有能力也有意圖威脅我們本土和在印太地區的核心國家利益。美國的優先事項是嚇阻中國在印太地區開戰。同時也認知到資源有限的現實並做出取捨，以確保嚇阻不會失敗。防禦絕不能失敗，這關係到我們所有人。由於美國將注意力優先放在這些關鍵威脅上，歐洲盟友必須站到前線。」

赫格塞斯比大部分歐洲國家的軍事領導人都年輕，但他的宣誓卻宛如對不願長大的巨嬰的最後警告，也好像是醫生說出病人相當嚴峻的病情：「我們可以共同建立一個分工模式，來最大限度發揮歐洲和太平洋地區各自的優勢。我們請求各國加緊兌現你們已做出的承諾。我們也呼籲各國及其國民加倍努力，不僅要滿足烏克蘭當前的安全需求，也要確保歐洲的長期防衛和嚇阻能力。我們的跨大西洋聯盟已經持續了數十年，我們期待它在未來世代維持下去，但這不會自動實現。這需要我們的歐洲盟友挺身而出，承擔起歐洲大陸安全的責任。美國仍然堅定支持北約與歐洲防衛夥伴關係，這毫無疑問。但美國將不再鼓勵依賴性的不平衡關係，我們的關係將以促使歐洲承擔自身安全責任為優先。坦誠將會是我們今後的政策，但這是一種基於團結的坦誠。」

這是警世鐘，而不是喪鐘。那麼，歐洲會從沉睡中驚醒，還是繼續沉睡？

注釋

1 伊恩・克肖：《地獄之行：1914-1949》，頁 503。

2 維克多・塞巴斯蒂安（Victor Sebestyen）：《1946：現代世界的形成》，（太原）山西人民出版社，2015年，頁 309。

3 伊恩・克肖：《地獄之行：1914-1949》，頁 549。

4 約翰・盧卡斯：《美國的崛起：1945 年美國的崛起與現代世界的誕生》，頁 169-170。

5 托馬斯・F・梅登：《信任帝國》，頁 5。

6 托馬斯・F・梅登：《信任帝國》，頁 110。

7 羅伯・葛沃斯：《不會結束的一戰：帝國滅亡與中東歐民主國家興起》，頁 37。

8 菲利普・羅杰（Philippe Roger）：《美利堅敵人：法國的反美主義的來龍去脈》，（北京）新華出版社，2004 年，頁 391-394。

9 當時，一個來自中國地方電視臺的、由十四個記者組成的代表團，正巧作為美國國際教育研究所（Institute of International Education）的客人在美國訪問。九一一那天，他們在華盛頓的一個會議室裡看到飛機撞擊世貿大廈的畫面，有好幾個記者當著主人的面大笑或歡呼。國務院東亞局決定將這些噁心的客人送回家。負責教育和文化事務的單位則認為，中國人可能只是因為尷尬或緊張，他們並無惡意。這場爭論到了常務副國務卿阿米蒂奇（Richard Lee Armitage）那裡，他不認同文化相對主義，當即下令：「送他們回家，這些人應該在下一架離開這裡的飛機上。」

10 托馬斯・F・梅登：《信任帝國》，頁 129。

11 菲利普・羅杰：《美利堅敵人：法國的反美主義的來龍去脈》，頁 476-477。

12 羅伊・古特曼（Roy Gutman）、大衛・瑞夫（David Rieff）編：《戰爭的罪行》，（臺北）麥田，2002 年，頁 450。

13 羅伊・古特曼、大衛・瑞夫編：《戰爭的罪行》，頁 300。

14 托尼・朱特：《戰後歐洲史》（下），頁 627。

15 托尼・朱特：《戰後歐洲史》（下），頁 682。

16 亞歷山德拉・萊涅爾 - 拉瓦斯汀（Alexandra Laignel-Lavastine）：《歐洲精神》，（長春）吉林出版集團，2009 年，頁 14。

17 漢斯—烏爾里希・韋勒（Hans-Urich Wehler）：〈美國何妨強大！歐洲不妨屈就：回應哈伯瑪斯〉，哈伯瑪斯（Jürgen Habermas）等：《舊歐洲、新歐洲、核心歐洲》，（北京）中央編譯出版社，2010 年，頁 150。

18 邁克爾・桑德爾（Michael J. Sandel）：《民主的不滿：美國在尋求一種公共哲學》，（南京）江蘇人民出版社，2008 年，頁 396。

19 瓦萊里・吉斯卡爾・德斯坦（Valéry Giscard d'Estaing）：《歐羅巴計畫：歐洲拯救行動》，（上海）上海譯文出版社，2020 年，頁 129-130。

20 古熱維奇、羅茲：〈導言〉，列奧・施特勞斯（Leo Strauss）、亞歷山大・科耶夫（Alexandre Kojève）：《論僭政》，（北京）華夏出版社，2016 年，頁 7。

21 斯蒂芬・葛霖（Stephen Green）：《不情願的大師：德國與新歐洲》，（南京）江蘇鳳凰文藝出版社，2017 年，頁 282。

22 哈伯瑪斯（Jürgen Habermas）、德希達（Jacques Derrida）：〈二月十五日，歐洲人民的團結日：以核心歐洲為起點，締結共同的外交政策〉，哈伯瑪斯等：《舊歐洲、新歐洲、核心歐洲》，頁 24。

23 哈伯瑪斯（Jürgen Habermas）：《歐盟的危機：關於歐洲憲法的思考》，（上海）上海人民出版社，2019年，頁115。

24 哈伯瑪斯、德希達：〈二月十五日，歐洲人民的團結日：以核心歐洲為起點，締結共同的外交政策〉，哈伯瑪斯等：《舊歐洲、新歐洲、核心歐洲》，頁26-27。

25 揚·羅斯（Jan Ross）：〈巧克力峰會的幽靈〉，哈伯瑪斯等：《舊歐洲、新歐洲、核心歐洲》，頁93。

26 阿爾多·凱爾（Aldo Keel）：〈從斯堪的納維亞的角度俯瞰核心歐洲〉，哈伯瑪斯等：《舊歐洲、新歐洲、核心歐洲》，頁107。

27 亞當·柯茲明斯基（Adam Krzeminski）：〈前有康德，今有哈伯瑪斯：從波蘭觀點看「核心歐洲」〉，哈伯瑪斯等：《舊歐洲、新歐洲、核心歐洲》，頁176-177。

28 漢斯－烏爾里希·韋勒爾：〈美國何妨強大！歐洲不妨屈就：回應哈伯瑪斯〉，哈伯瑪斯等：《舊歐洲、新歐洲、核心歐洲》，頁152-153。

29 哈伯瑪斯、德希達：〈二月十五日，歐洲人民的團結日：以核心歐洲為起點，締結共同的外交政策〉，哈伯瑪斯等：《舊歐洲、新歐洲、核心歐洲》，頁30。

30 米爾頓·邁耶（Milton Mayer）：《他們以為他們是自由的：1933-1945年間的德國人》，（北京）商務印書館，2013年，頁3。

31 哈伯瑪斯：《歐盟的危機：關於歐洲憲法的思考》，頁102。

32 費利克斯·吉爾伯特（Felix Gilbert）、大衛·克萊·拉奇（David Clay Large）：《現代歐洲史：歐洲時代的終結，1890年至今》（下），（北京）中信出版社，2016年，頁782。

33 傑拉德·德朗提（Gerard Delanty）：《歐洲的誕生：神話·理念·現實》，（臺北）廣場，2010年，頁204、頁250。

34 傑拉德·德朗提：《歐洲的誕生：神話·理念·現實》，頁 188-189。

35 羅柏·卡普蘭（Robert David Kaplan）：《西進的帝國》，（臺北）馬可勃羅，2018 年，頁 37。

36 三井美奈：《伊斯蘭化的歐洲》，頁 266。

37 蒂莫西·加頓·阿什（Timothy Garton Ash）、拉爾夫·達倫多夫（Ralf Dahrendorf）：〈歐洲的再造：回應哈伯瑪斯〉，哈伯瑪斯等：《舊歐洲、新歐洲、核心歐洲》，頁 228-230。

38 托尼·朱特：《戰後歐洲史》（下），頁 731。

39 根據柏林墨卡托中國研究所（Mercator Institute for China Studies）的報告，歐盟在數十種產品上「嚴重依賴」中國，包括電子、化學、礦產、金屬、醫藥產品。依賴程度尤其高的產品當屬維他命 B，德國從中國的進口比例為百分之九十七點九；像氯黴素這樣的廣譜抗生素，從中國進口的比重為百分之九十七點四。出口亦如此——歐盟二十七國向中國出口的產品中，有接近一半是「德國製造」。二〇二〇年第二季度，中國首次成為德國出口貨物最重要的市場。

40 劉威良〈「疫情模範生」破功引起世界關注，但德國人認為臺灣失守只是時間問題〉，關鍵評論網，https://www.thenewslens.com/article/152105?utm_campaign=sharebtn&utm_medium=facebook&utm_source=social2017&fbclid=IwAR38vVxvARbY6ilQJ3-NOUTq69FUYkyza6peDG_JAVD4TilD3u6-CUkRJnI。

41 〈對中共綏靖？華盛頓痛批歐盟與中國達成投資協定〉，美國之音中文網，https://www.voacantonese.com/a/EU-China-investment-US-20201231/5721150.html。

42 漢斯—烏爾里希·韋勒爾：〈美國何妨強大！歐洲不妨屈就：回應哈伯瑪斯〉，哈伯瑪斯等：《舊歐洲、新歐洲、核心歐洲》，頁 152-153。

43 費利克斯·吉爾伯特、大衛·克萊·拉奇：《現代歐洲史：歐洲時代的終結，1890 年至今》（下），頁 786-787。

44 海因里希・奧古斯特・溫克勒：《西方的困局：歐洲與美國的當下危機》，頁 158。

45 瓦萊里・吉斯卡爾・德斯坦：《歐羅巴計畫：歐洲拯救行動》，頁 117。

46 丹尼爾・漢南（Daniel Hannan）：《自由的基因：我們現代世界的由來》，（桂林）廣西師範大學出版社，2015 年，頁 350。

47 丹尼爾・漢南：《自由的基因：我們現代世界的由來》，頁 350-351。

48 海因里希・奧古斯特・溫克勒：《西方的困局：歐洲與美國的當下危機》，頁 157-159。

49 A・P・馬蒂尼奇（A. P. Martinich）：《霍布斯傳》，（上海）上海人民出版社，2007 年，頁 266、頁 268。

50 湯瑪斯・霍布斯（Thomas Hobbes）：《利維坦》，（北京）商務印書館，2008 年版，頁 490。

51 維多利亞・格拉齊亞（Victoria De Grazia）：《不可抗拒的帝國：美國在 20 世紀歐洲的擴展》，（北京）商務印書館，2014 年，頁 16。

52 哈伯瑪斯：《歐盟的危機：關於歐洲憲法的思考》，頁 136。

53 麥克・龐培歐：《絕不讓步：龐培歐回憶錄》，頁 98-99。

54 丹尼爾・奎恩・密斯（Daniel Quinn Mills）、史蒂芬・羅斯菲爾德（Steven Rosefield）《狂妄而務實：川普要什麼？》，（臺北）好優文化，2018 年，頁 162-163。

55 Buchana: As America recedes, China rises. Stillwater News Press，https://www.stwnewspress.com/opinion/buchanan-as-america-recedes-china-rises/article_b2a865d2-de96-11eb-8e3c-230fc6dd5699.html。

國家圖書館出版品預行編目 (CIP) 資料

美國百年外交大敗局 / 余杰著 . -- 初版 . -- 新北市 : 遠足文化事業股份有限公司一卷文化 , 遠足文化事業股份有限公司 , 2025.03
面； 公分
ISBN 978-626-99433-1-9(平裝)

1.CST: 美國外交政策 2.CST: 國際關係
3.CST: 國際政治 4.CST: 外交史

578.52 114001183

美國百年外交大敗局

作　　者｜余杰

一卷文化
社長暨總編輯｜馮季眉
責任編輯｜翁英傑
封面設計｜張巖
內頁設計｜菩薩蠻電腦科技有限公司

出　　版｜一卷文化／遠足文化事業股份有限公司
發　　行｜遠足文化事業股份有限公司（讀書共和國出版集團）
地　　址｜231新北市新店區民權路108-2號9樓
郵撥帳號｜19504465 遠足文化事業股份有限公司
電　　話｜(02)2218-1417
客服信箱｜service@bookrep.com.tw

法律顧問｜華洋法律事務所 蘇文生律師
印　　製｜中原造像股份有限公司

2025年3月 初版一刷
定價｜580元
書號｜2TWD0003
ISBN｜9786269943319（平裝）
ISBN｜9786269943333（EPUB） 9786269943326（PDF）